2018—2019 年中国工业和信息化发展系列蓝皮书

2018—2019 年
中国软件产业发展蓝皮书

中国电子信息产业发展研究院　编著

黄子河　主编

韩　健　蒲松涛　副主编

電子工業出版社

Publishing House of Electronics Industry

北京 · BEIJING

内 容 简 介

本书在总结中国软件产业整体发展情况的基础上，从产业运行、行业发展、企业情况、重点区域、重点城市、特色园区、政策环境等多个维度，对2018年中国软件产业发展状况进行剖析，并对2019年中国软件产业发展趋势进行展望。

本书可为中央及各级地方政府、相关企业及研究人员把握产业发展脉络、研判软件和信息技术服务业前沿趋势提供参考。

图书在版编目（CIP）数据

2018—2019 年中国软件产业发展蓝皮书 / 中国电子信息产业发展研究院编著. —北京：电子工业出版社，2019.12

（2018—2019 年中国工业和信息化发展系列蓝皮书）

ISBN 978-7-121-38129-4

Ⅰ. ①2… Ⅱ. ①中… Ⅲ. ①软件产业—产业发展—研究报告—中国—2018-2019 Ⅳ. ①F426.67

中国版本图书馆 CIP 数据核字（2019）第 272988 号

责任编辑：宁浩洛
印　　刷：天津画中画印刷有限公司
装　　订：天津画中画印刷有限公司
出版发行：电子工业出版社
　　　　　北京市海淀区万寿路 173 信箱　　邮编：100036
开　　本：720×1 000　1/16　印张：19.25　字数：370 千字　彩插：1
版　　次：2019 年 12 月第 1 版
印　　次：2019 年 12 月第 1 次印刷
定　　价：158.00 元

凡所购买电子工业出版社图书有缺损问题，请向购买书店调换。若书店售缺，请与本社发行部联系，联系及邮购电话：（010）88254888，88258888。

质量投诉请发邮件至 zlts@phei.com.cn，盗版侵权举报请发邮件至 dbqq@phei.com.cn。

本书咨询联系方式：ninghl@phei.com.cn。

前　言

一

什么是 21 世纪驱动全球经济社会变革的重要力量，无疑，信息技术一定是大家的首选。正如同著名的 Gartner 曲线所显示的那样，当前，信息技术及其应用正得到飞速发展，已经超越了传统的信息产业边界，广泛覆盖并深入渗透到了人们生产生活的方方面面。近十多年来，云计算、大数据、移动互联网、物联网、人工智能、虚拟现实、区块链等新兴信息技术不断涌现，信息技术应用进入全面跨界融合的繁荣期，带动整个产业呈现出“服务化、融合化、智能化”的新趋势，并不断催生出新业态、新模式、新产业。

正如网景创始人马克·安德森（Marc Andreessen）所说，“软件正在吞噬世界”。当前，从技术使能的角度来看，软件技术贯穿于信息的取、传、理、用四大环节，在信息技术中始终处于灵魂地位。一方面，软件无处不在，所有新的信息技术平台、应用和服务模式，均离不开以软件技术为基础支撑。另一方面，软件定义也在持续推进，在技术的不断创新下，软件在汽车、能源、零售等传统领域中的作用和重要性正在不断加大，推动新产品、新服务、新模式的不断出现，进而驱动全球性的产业变革，重塑产业竞争格局。“软件定义世界”正在来临，人类社会也将进入物理空间与赛博空间并存的新世界之中。

二

软件是信息技术之魂、网络安全之盾、经济转型之擎、数字社会之基，是引领新一轮科技创新的原动力。当前，“软件定义”正在全面融入经济社会各领域，驱动数字经济蓬勃发展，推动智慧社会加速演进。习近平总书记指出，“当今世界，正在经历一场更大范围、更深层次的科技革命和产业变革。互联网、大数据、人工智能等现代信息技术不断取得突破，数字经济蓬勃发展，各国利益更加紧密相连。”全球各国均着力推动软件等新一代信息技术的创新与发展，将软件作为构筑未来全球竞争优势、促进全球共同发展的战略支点。软件已成为推动全球实体经济数字化转型及促进新兴技术创新与应用的关键引擎。

中国政府高度重视软件产业发展，党中央、国务院进一步明确了软件产业发展的战略思路，软件企业所得税优惠政策得以继续延续，为产业发展创造了优良环境。在以习近平同志为核心的党中央坚强领导下，在社会各界的共同努力下，中国软件产业取得了长足发展，成为全球软件产业发展的重要增长极。2018 年，中国实现软件业务收入 6.3 万亿元，同比增长 14.2%，实现利润总额 8079 亿元，同比增长 9.7%，高质量发展成效初显。2019 年 1—6 月，中国实现软件业务收入 3.3 万亿元，同比增长 15%，实现利润总额 4088 亿元，同比增长 9.9%，软件产业规模和效益同步提升。软件产业在国民经济各行业发展中增速依然保持前列，是驱动中国经济增长的重要动能。

当前，中国经济已由高速增长阶段转向高质量发展阶段，正处在转变发展方式、优化经济结构、转换增长动力的攻关期。中国必须把握好新一轮科技革命和产业变革的历史契机，做大做强软件产业，以数字产业化培育新动能，以产业数字化孕育新动力，以社会智慧化引领新发展。应坚持以习近平新时代中国特色社会主义思想为指引，牢固树立新发展理念，以供给侧结构性改革为主线，按照应用牵引、市场主导、价值驱动、生态优化、开放包容的原则，加强顶层设计，创新思路举措，完善市场环境，推动软件产业高质量发展。

2019 年 6 月 28 日，2019 年全球软件产业发展高峰论坛在北京开幕。工业和信息化部部长苗圩在演讲中指出，工业和信息化部将从五个方面推动软件产业发展。

第一，深化融合应用。面向经济社会数字化转型的重大需求，推进各行业各领域知识和技术的软件化，强化软件定义在工业互联网、大数据、人工智能、智能网联汽车等新兴领域的推广，促进实体经济数字化、网络化、智能化转型。

第二，突破核心技术。加强软件工程方法、底层算法等基础理论创新，以应用为牵引，深化产学研用合作，推动行业企业与软件企业构建协同联动的创新网络，突破一批核心关键软件技术，推动产业价值链迈向中高端。

第三，培育新型生态。引导优势企业强强联合，提升综合性解决方案能力，培育一批具有品牌和市场影响力的大型软件企业。推动产业链上下游协同发展和跨领域价值链横向拓展，发展具有生态构建能力的平台型软件企业，促进大中小企业融通发展。积极培育开源社区、开源基金会等开源载体，汇聚海内外开源软件人才，助力产业发展。

第四，优化产业环境。推广软件价值评估规范，完善软件价值评估机制，引导各地积极开展软件成本度量标准的试点。建立健全软件工程、软件评测、软件质量保障等第三方服务体系，持续加大知识产权保护力度。加强软件基础教育，推进信息技术新工科和国家示范性软件学院建设。

第五，加强开放合作。围绕“一带一路”建设，推进软件领域的技术、标准、人才等方面的国际交流，在更高水平上深入开展创新合作。

三

为全面掌握软件和信息技术服务业领域的发展动态，研判产业发展趋势和重点，中国电子信息产业发展研究院赛迪智库信息化与软件产业研究所研究编撰了《2018—2019 年中国软件产业发展蓝皮书》。本书在总结中国软件产业整体发展情况的基础上，从产业运行、行业发展、重点区域、重点城市、特色园区、企业情况、政策环境等多个维度，对 2018 年中国软件产业发展状况进行剖析，并对 2019 年中国软件产业发展趋势进行展望。全书分为综合篇、行业篇、区域篇、城市篇、园区篇、企业篇、政策篇、热点篇和展望篇共 9 个部分。

综合篇，对 2018 年全球软件产业发展总体概况和中国软件产业发展总体概况进行了阐述。

行业篇，选取基础软件、工业软件、信息技术服务、嵌入式软件、云计算、大数据、信息安全、人工智能、开源软件、区块链 10 个行业进行专题分析，对各行业领域 2018 年整体发展情况进行回顾，并从市场、技术、竞争等角度总结发展特点。

区域篇，对环渤海地区、长三角地区、珠三角地区、东北地区、中西部地区等区域进行专题研究，分析各区域产业整体发展情况、发展特点。

城市篇，对中国软件名城（综合型：北京、上海、南京、深圳、广州、杭州、成都、济南；特色型：福州、厦门、苏州、武汉）软件产业发展的情况进行梳理，并分析各自的发展特点。

园区篇，选取中关村科技园区海淀园、上海浦东软件园、大连高新技术产业园、中国（南京）软件谷、福州软件园、济南高新区齐鲁软件园等代表性软件园进行专题研究，总结分析了各个园区的总体发展概况和发展特点。

企业篇，选取基础软件、工业软件、信息技术服务、嵌入式软件、云计算、大数据、信息安全、人工智能、开源软件、区块链 10 个行业细分领域的代表性骨干企业，分析其发展情况和发展策略。

政策篇，对 2018 年中国软件产业政策环境进行了分析，对《关于加快推进虚拟现实产业发展的指导意见》《工业互联网 APP 培育工程实施方案（2018—2020 年）》《关于推动创新创业高质量发展打造“双创”升级版的意见》等 2018 年有关软件产业发展的重点政策进行了解析。

热点篇，总结论述了 2018 年软件的热点事件，选取了从国内外双视角看我国工业 APP 发展、我国软件产业税收优惠政策进入调整窗口期等热点问题，分别进行了事件回顾和事件分析。

展望篇，在对主要研究机构预测性观点进行综述的基础上，展望 2019 年我国软件产业整体发展趋势和重点行业发展趋势。

中国电子信息产业发展研究院赛迪智库信息化与软件产业研究所注重研究国内外软件产业的发展动态和趋势，尽量发挥好对政府部门的支撑作用，对区域经济、中国软件名城、软件园区（基地）、软件企业及产业协会的服务功能。希望通过我们不断的研究工作，对推动软件产业按照“建设制造强国和网络强国核心支撑”的总要求发展起到促进作用。

目　　录

综合篇

第一章　2018 年全球软件产业发展总体概况 002

第一节　产业规模保持稳步增长 ······002

第二节　开源模式驱动技术创新 ······003

第三节　新兴领域加速发展 ······005

第四节　跨界融合拓展应用空间 ······006

第五节　生态体系主导竞争格局 ······007

第二章　2018 年中国软件产业发展总体概况 008

第一节　业务收入高速增长，企业利润不断提升 ······008

第二节　IT 服务引领发展，软件产品平稳增长 ······010

第三节　软件出口增速回落，国际化进程仍需加快 ······012

第四节　集聚发展态势凸显，中心城市保持领先 ······013

第五节　东部地区稳定发展，中西部地区增速加快 ······013

第六节　从业队伍不断壮大，人均收入稳步增长 ······014

第七节　特色领域持续发展，新兴业态加速演进 ······015

行业篇

第三章　基础软件 ······020

第一节　发展情况 ······021

第二节　发展特点 …… 024

第四章　工业软件 …… 026

第一节　发展情况 …… 026
第二节　发展特点 …… 028

第五章　信息技术服务 …… 032

第一节　发展情况 …… 032
第二节　发展特点 …… 036

第六章　嵌入式软件 …… 039

第一节　发展情况 …… 039
第二节　发展特点 …… 040

第七章　云计算 …… 044

第一节　发展情况 …… 044
第二节　发展特点 …… 046

第八章　大数据 …… 050

第一节　发展情况 …… 050
第二节　发展特点 …… 053

第九章　人工智能 …… 056

第一节　发展情况 …… 056
第二节　发展特点 …… 058

第十章　开源软件 …… 062

第一节　发展情况 …… 062
第二节　发展特点 …… 065

第十一章　信息安全 …… 066

第一节　发展情况 …… 066
第二节　发展特点 …… 071

第十二章　区块链……073

第一节　发展情况……073
第二节　发展特点……075

区 域 篇

第十三章　环渤海地区软件产业发展状况……082

第一节　整体发展情况……082
第二节　产业发展特点……083

第十四章　长三角地区软件产业发展状况……086

第一节　整体发展情况……086
第二节　产业发展特点……087

第十五章　珠三角地区软件产业发展状况……090

第一节　整体发展情况……090
第二节　产业发展特点……092

第十六章　东北地区软件产业发展状况……094

第一节　整体发展情况……094
第二节　产业发展特点……095

第十七章　中西部地区软件产业发展状况……098

第一节　整体发展情况……098
第二节　产业发展特点……099

城 市 篇

第十八章　北京……102

第一节　总体情况……102
第二节　发展现状……102
第三节　发展特点……104

第十九章　上海 …… 105

第一节　总体情况 …… 105
第二节　发展现状 …… 105
第三节　发展特点 …… 107

第二十章　南京 …… 108

第一节　总体情况 …… 108
第二节　发展现状 …… 108
第三节　发展特点 …… 110

第二十一章　深圳 …… 112

第一节　总体情况 …… 112
第二节　发展现状 …… 112
第三节　发展特点 …… 114

第二十二章　广州 …… 116

第一节　总体情况 …… 116
第二节　发展现状 …… 116
第三节　发展特点 …… 118

第二十三章　杭州 …… 120

第一节　总体情况 …… 120
第二节　发展现状 …… 120
第三节　发展特点 …… 122

第二十四章　成都 …… 124

第一节　总体情况 …… 124
第二节　发展现状 …… 124
第三节　发展特点 …… 125

第二十五章　济南 …… 127

第一节　总体情况 …… 127
第二节　发展现状 …… 127

第三节　发展特点 …… 128

第二十六章　福州 …… 131

第一节　总体情况 …… 131
第二节　发展现状 …… 131
第三节　发展特点 …… 132

第二十七章　厦门 …… 134

第一节　总体情况 …… 134
第二节　发展现状 …… 135
第三节　发展特点 …… 136

第二十八章　苏州 …… 138

第一节　总体情况 …… 138
第二节　发展现状 …… 138
第三节　发展特点 …… 139

第二十九章　武汉 …… 142

第一节　总体情况 …… 142
第二节　发展现状 …… 142
第三节　发展特点 …… 143

园区篇

第三十章　中关村科技园区海淀园 …… 148

第一节　园区概况 …… 148
第二节　重点行业发展情况 …… 149

第三十一章　上海浦东软件园 …… 151

第一节　园区概况 …… 151
第二节　重点行业发展情况 …… 152

第三十二章　大连高新技术产业园 154
第一节　园区概况 154
第二节　重点行业发展情况 155
第三十三章　中国（南京）软件谷 157
第一节　园区概况 157
第二节　重点行业发展情况 158
第三十四章　福州软件园 160
第一节　园区概况 160
第二节　园区发展亮点 161
第三十五章　济南高新区齐鲁软件园 163
第一节　园区概况 163
第二节　重点行业发展情况 164
第三十六章　青岛软件园 165
第一节　园区概况 165
第二节　重点行业发展情况 166
第三十七章　广州天河软件园 168
第一节　园区概况 168
第二节　重点行业发展情况 169
第三十八章　深圳软件园 170
第一节　园区概况 170
第二节　重点行业发展情况 171
第三十九章　厦门软件园 173
第一节　园区概况 173
第二节　重点行业发展情况 174

企业篇

第四十章 基础软件企业……178
第一节 中标软件……178
第二节 人大金仓……179
第三节 深之度……181
第四节 金山办公……182
第四十一章 工业软件企业……184
第一节 宝信软件……184
第二节 航天云网……185
第三节 和利时……186
第四节 中望软件……187
第四十二章 信息技术服务企业……189
第一节 中软……189
第二节 神州数码……191
第三节 文思海辉……192
第四十三章 嵌入式软件企业……194
第一节 华为……194
第二节 中兴通讯……195
第三节 海尔集团……196
第四节 海信集团……197
第四十四章 云计算企业……199
第一节 阿里云……199
第二节 腾讯云……200
第三节 华为云……201
第四十五章 大数据企业……203
第一节 拓尔思……203
第二节 百分点……204

第三节 数据堂 …… 205

第四十六章 信息安全企业 …… 208

第一节 启明星辰 …… 208
第二节 绿盟科技 …… 209
第三节 深信服 …… 210
第四节 美亚柏科 …… 211

第四十七章 人工智能企业 …… 213

第一节 百度 …… 213
第二节 科大讯飞 …… 214
第三节 商汤科技 …… 215
第四节 旷视科技 …… 216

第四十八章 开源软件企业 …… 218

第一节 华为 …… 218
第二节 阿里巴巴 …… 219
第三节 恒拓开源 …… 220

第四十九章 区块链企业 …… 222

第一节 众享比特 …… 222
第二节 聚农科技 …… 224
第三节 成都链安 …… 225
第四节 信任度 …… 227

政 策 篇

第五十章 《关于加快推进虚拟现实产业发展的指导意见》 …… 230

第一节 政策背景 …… 230
第二节 主要内容 …… 230

第五十一章 《工业互联网APP培育工程实施方案（2018—2020年）》 …… 232

第一节 政策背景 …… 232
第二节 主要内容 …… 232

第五十二章　《工业互联网平台建设及推广指南》......234

第一节　政策背景......234
第二节　主要内容......234

第五十三章　《工业互联网平台评价方法》......236

第一节　政策背景......236
第二节　主要内容......236

第五十四章　《关于发展数字经济稳定并扩大就业的指导意见》......238

第一节　政策背景......238
第二节　主要内容......238

第五十五章　《关于推动创新创业高质量发展打造“双创”升级版的意见》......240

第一节　政策背景......240
第二节　主要内容......240

热点篇

第五十六章　从国内外双视角看我国工业 APP 发展......244

第一节　事件回顾......244
第二节　事件评析......245

第五十七章　我国人工智能发展需警惕核心深度学习框架的“双缺”问题......248

第一节　事件回顾......248
第二节　事件评析......249

第五十八章　人脸识别的信息安全问题......252

第一节　事件回顾......252
第二节　事件评析......253

第五十九章　我国软件产业税收优惠政策进入调整窗口期......256

第一节　事件回顾......256

第二节　事件评析 …… 257

第六十章　波音 737 坠机事故对软件业发展的警示 …… 260

第一节　事件回顾 …… 260
第二节　事件评析 …… 261

展望篇

第六十一章　主要研究机构预测性观点综述 …… 266

第一节　Gartner 的预测 …… 266
第二节　IDC 的预测 …… 272

第六十二章　2019 年中国软件产业发展形势展望 …… 276

第一节　整体产业发展形势展望 …… 276
第二节　重点行业发展展望 …… 280

后　记 …… 289

综合篇

第一章

2018年全球软件产业发展总体概况

软件和信息技术服务业是全球经济和社会发展的基础性、先导性、战略性产业，自20世纪70年代产业化以来，都是国际科技竞争和经济发展的重要战略制高点。随着云计算、大数据、人工智能、区块链等以软件为核心或支撑的新一代信息技术与传统行业融合程度不断向更深层次演进，软件也越来越成为各领域创新发展必不可少的支撑工具或环节。当前，软件正呈现出基础设施化的典型特征，"软件定义"正从局部领域、部分行业向各行各业延伸，软件技术和产品对于经济社会各领域业务运行的支撑功能越加显著，其在应用领域的"赋能""赋值""赋智"作用表现也越加突出。

第一节　产业规模保持稳步增长

2018年，伴随全球信息技术创新的持续高速演进，全球软件和信息技术服务业在全球经济普遍放缓的大背景下保持了稳定的增长势头，IT行业加快转型升级步伐。据Gartner数据，2018年全球IT支出为3.65万亿美元，较2017年增加3.9%，增速较去年同期提高0.1个百分点。Statista数据显示，2017年，全球IT服务支出已超过6700亿美元，其中最大的市场是美国。有专家指出，IT支出增速预计在未来几年都会保持增长，但由于英国脱欧等事件正在导致国际竞争格局发生变化，全球经济衰退可能出现，产业发展的不确定性加大。尽管存在一定的不确定性，但各企业的收入预期仍在增长，特别是，有关数字化、区块链和物联网的项目，以及从大数据、算法、机器学习到人工智能的一系列技术进步，将继续带动IT支出的增长。同时，伴随软件服务化、平台化的不断深入，传统的IT服务正渐渐被捆绑服务的交付新模式所取代，导致单一信息技术服务业务的市场份额减少，而新型的产品及服务业态得到快速发展。数据显示，企业软件支出仍呈现增长态势，预计在 2018 年增长 9.5%，据 Gartner 预计，各企业将把更多预算转向软件即服务（SaaS），将带动相关解决方案的支出，如金融管理系统（FMS）、人力资本管理（HCM）和分析应用程序等。全球 IT 支出预测如表 1-1 所示。

表 1-1　全球 IT 支出预测

	2017 年支出（十亿美元）	2017 年增速（%）	2018 年支出（十亿美元）	2018 年增速（%）	2019 年支出（十亿美元）	2019 年增速（%）
数据中心系统	178	4.4	179	0.6	179	-0.2
企业软件	355	8.9	389	9.5	421	8.4
IT 设备	667	5.7	704	5.6	710	0.9
IT 服务	933	4.3	985	5.5	1030	4.6
通信服务	1393	1.3	1427	2.4	1443	1.1
总计	3527	3.8	3683	4.5	3784	2.7

数据来源：Gartner。

注：表中 IT 支出值精确到十亿位，增速基于更准确的数值计算。

第二节　开源模式驱动技术创新

在开源等技术创新模式的推动下，软件业核心技术仍处在高速创新演进之中。开源软件是由信息技术发展引发的网络革命带来的，面向未来以开放创新、共同创新为特点的，以人为本的创新 2.0 模式在软件行业的典型体现。开源软件已经成为整个互联网时代的支撑。Android 手机以开源操作系统 Linux 为基础开发；互联网公司、金融交易机构采用开源数据库 Mysql 作为数据库引擎；开源 Web 服务器 Apache 可在大多数计算机操作系统中运行，是最流行的 Web 服务器端软件之一，市场占有率达 60%左右；开源安全开发包 OpenSSL 包括了主流的密码算法、常用密钥、证书封装管理功能及 SSL 协议，在互联网上提供加密传输，广泛被网银、电商网站、在线支付、电子邮件等重要网站使用。目前，开源技术在云计算、大数据、人工智能、虚拟现实等新兴信息技术领域中正发挥着越来越重要的作用，开源模式已经成为软件技术创新的重要模式。谷歌、Facebook、IBM、微软、华为均加大在全球主要开源项目中的投入力度，成为推动全球软件技术创新的主要力量。2018 年，开源世界的竞争更加激烈，开源的价值得到广泛认可，全球开源竞争格局发生了巨大变化。微软成功收购了全球最大的开源代码托管平台 Github，成为全球开源软件发展历史中的里程碑事件。此外，IBM 也完成了对全球最大的开源软件服务企业红帽的收购。

2018 年，全球参与开源项目的开发者数量保持稳定增长。根据 Github 发布的报告，截至 2018 年 9 月 30 日，GitHub 用户数超过 3100 万，较去年同期增加了 700 万，其中 80%的开发者来自美国以外的国家，GitHub 用户已遍布全球。从开源组织来看，2018 年 GitHub 上累计注册了超过 210 万个组织，较 2017 年增长了 40%，新增的注册用户主要来自美国、中国和印度。从全球范围来看，Github 上的开发者主要也来自美国、中国和印度，之后为英国、德国和加拿大，如图 1-1 所示。

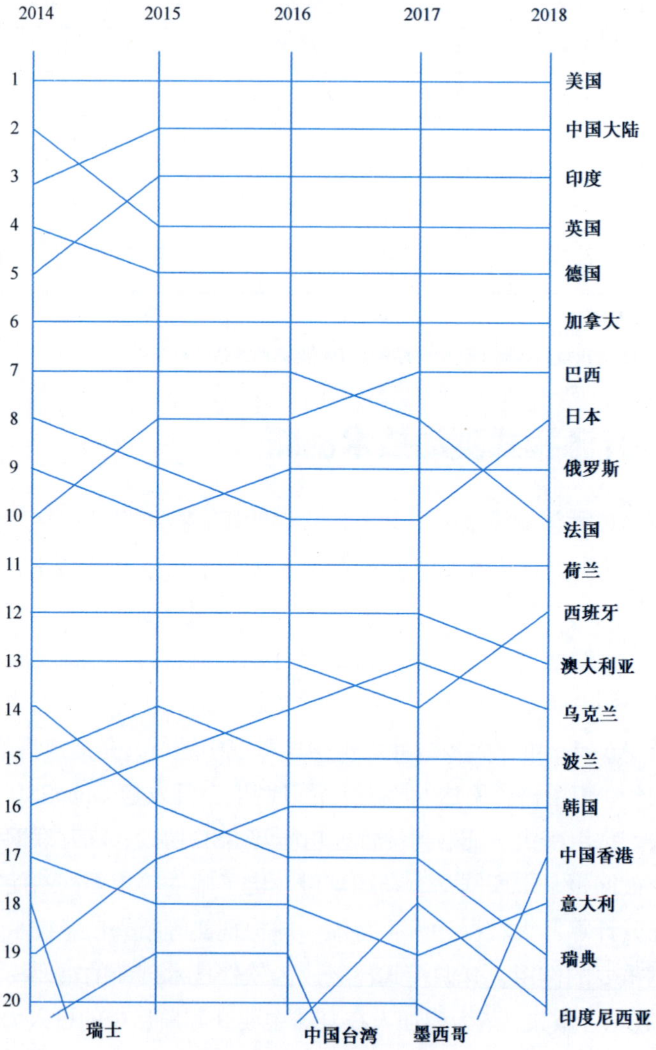

图 1-1 Github 开发者分布情况

（数据来源：Github）

第三节　新兴领域加速发展

新兴领域主要指云计算、大数据、人工智能、虚拟现实、物联网、区块链等，这些领域在政策支持和需求增长的双重推动下，发展势头较快，正成为全球软件产业发展的新引擎。

1. 云计算

根据 Gartner 发布的报告，全球云服务市场继续呈现出高速发展态势，2017 年全球公有云服务市场规模达 2602 亿美元，同比增长 18.5%。预计云服务呈现出的这种强劲发展势头有望在未来 5 ~ 7 年内继续保持下去。预计到 2020 年，全球云计算市场的规模将达到 4114 亿美元。从市场发展阶段来看，美国市场起步最早，发展最快。2017 年美国云计算市场占据全球 59.3%的市场份额，增速达 20%。从服务商来看，呈现出向巨头汇聚的特点，主要市场被亚马逊、微软、IBM 和谷歌四大巨头所占据。

2. 大数据

大数据已跨过基础设施建设带来的规模性高速增长阶段，进入应用发展阶段，在各行业应用逐步成熟，应用价值不断提升。国际数据公司（IDC）的监测数据显示，2016 年和 2017 年全球大数据储量分别为 16.1ZB 和 21.6ZB，预计未来几年，全球大数据储量规模仍将保持 40%左右的增长率。预计到 2022 年市场规模达 805 亿美元。

3. 人工智能

在深度学习技术和开源平台的推动下，人工智能技术门槛逐渐降低，受到全球下游应用需求的迫切倒逼，人工智能进入了加速发展的黄金期。根据 Gartner 的预测报告，2018 年全球人工智能市场规模高达 1.2 万亿美元，较 2017 年增长 70%以上。到 2022 年，预计人工智能驱动的商业价值将高达 3.9 万亿美元，其中，决策支持/增强、虚拟助理、智能产品和决策自动化系统将成为人工智能应用的主要产品或服务。

4. 虚拟现实（VR）

据 ABI ReseARch 预计，虚拟现实技术在未来几年将不断普及，到 2022 年，虚拟现实用户数将达到 2.56 亿，市场规模也将超过 600 亿美元，此外，增强现实与虚拟现实未来将不断融合。据预测，构成 VR 用户主体的是大众消费者，贡献了虚拟现实市场大部分的营收。但与此同时，虚拟现实企业及商用市场份额也在扩大，从 2015 年的 26%增长到 2022 年的 40%以上。

5. 物联网

据 IDC 预测，2018 年全球物联网支出达到 7725 亿美元，比 2017 年的 6740 亿美元增长 14.6%。预计未来 4～5 年物联网行业复合年均增长率（CAGR）将达到 14.4%，市场规模到 2020 年超过 1 万亿美元，到 2021 年超过 1.1 万亿美元。2018 年，物联网硬件将成为最大的技术类别，主要涉及模块和传感器，以及基础设施和安全设备，服务将成为第二大技术类别，其次是软件和接入。

6. 区块链

当前，区块链经济处于爆发前夜，金融行业应用已经相对广泛，其他行业的应用情况也进入了探索研发阶段。根据市场调研机构 Gartner、Marketsand-Markets 等机构的数据整理，预计 2016—2021 年，区块链直接市场价值将由 2016 年的 2.1 亿美元增长到 2021 年的 23.1 亿美元，复合年均增长率为 61.5%，各类基于区块链的延伸业务将达到 1000 亿美元，除金融业外，制造业和供应链管理行业将为区块链带来万亿美元级的潜在市场。

第四节　跨界融合拓展应用空间

伴随软件的无处不在及软件价值的下沉，"软件定义世界"的进程正在加快，"软件定义世界"也逐渐成为全球共识。正如 C++编程语言发明者 Bjarne Stroustrup 所言，人类文明将运行在软件之上，软件技术和产品已经成为支撑经济社会各领域业务运行的基本工具。一方面，软件和信息服务已经脱离原有的细分行业领域，加速向工业生产、电力、金融、交通、旅游、医疗、家居、电子商务、物流等各行业、各领域渗透融合，引发了多领域、多维度、深层次变革，拓展了大量新的市场需求。其中，典型的表现在于当前软件行业人才需求旺盛，各行各业都需要大量软件人才来支撑自身新型业务的发展，而传统的软件企业人才储备的难度也正在不断加大。另一方面，软件技术加速与经济社会各领域业务深度融合，催生了云计算、大数据、移动互联网、物联网、人工智能、虚拟现实、区块链等一批新技术、新产品和新服务，形成新的经济增长点，这些新技术很难被纳入传统的软件和信息技术服务业统计范畴，其技术特点具有鲜明的多行业技术的融合特征，基于软件而不限于软件。

第五节　生态体系主导竞争格局

伴随全球软件业态向服务化、网络化转变，软件企业普遍面临产品向服务转型的压力，软件和信息技术服务业的竞争正从单一企业竞争演进到以聚合生态系统协同效应的全产业生态竞争，产品、资源和服务的生态化趋势日趋明显，软件向更加综合、广泛的生态圈演变，硬件与软件、内容与终端、应用与服务的一体化整合速度加快。未来，随着软件和信息技术服务业在经济社会中的渗透力不断增强，软件服务将围绕主流软件平台体系构造产业生态，市场竞争从单一产品的竞争发展为基于平台体系的产业链竞争，产业纵向、横向整合步伐加快，围绕主流软件平台体系形成的产业生态系统将主导市场竞争。

第二章

2018年中国软件产业发展总体概况

2018年，我国经济发展步入新常态，软件和信息技术服务业发展进入全面转型调整期，行业业务收入保持平稳较快增长，呈现出稳中向好的运行态势，创新能力不断提升，产业结构持续调整优化，云计算、大数据、人工智能、区块链等新兴领域增势突出，“互联网+”持续推动软件与互联网融合创新，培育形成一大批新产品、新服务、新模式和新业态，企业市场综合竞争力稳步提升。

第一节　业务收入高速增长，企业利润不断提升

2018年在全球政治环境不稳定因素增多、市场竞争激烈、国内经济步入新常态的背景下，我国软件和信息技术服务业整体运行保持稳中向好的发展态势。软件和信息技术服务业完成软件业务收入达到6.3万亿元，比2017年增长14.2%，如图2-1所示。从全年增长情况来看，走势基本平稳。全行业实现利润总额8079亿元，比2017年增长9.7%。从分季度数据来看，一至三季度利润总额增速分别为10.8%、10.2%、21.8%。如图2-2所示为2018年与2017年软件产业利润总额增速对比。

软件产业增速相较往年有所放缓，但产业增速依然保持较高水平。随着软件与经济社会的深度融合，使其日益成为经济增长的重要引擎，为国民经济在新常态下保持平稳增长发挥着越来越重要的作用。从软件产业占GDP比重来看，近年来，中国软件产业占GDP的比重不断上升，2013年比重仅为5.1%，2016年达到6.5%，2018年中国软件产业占GDP的比重达到7.0%。

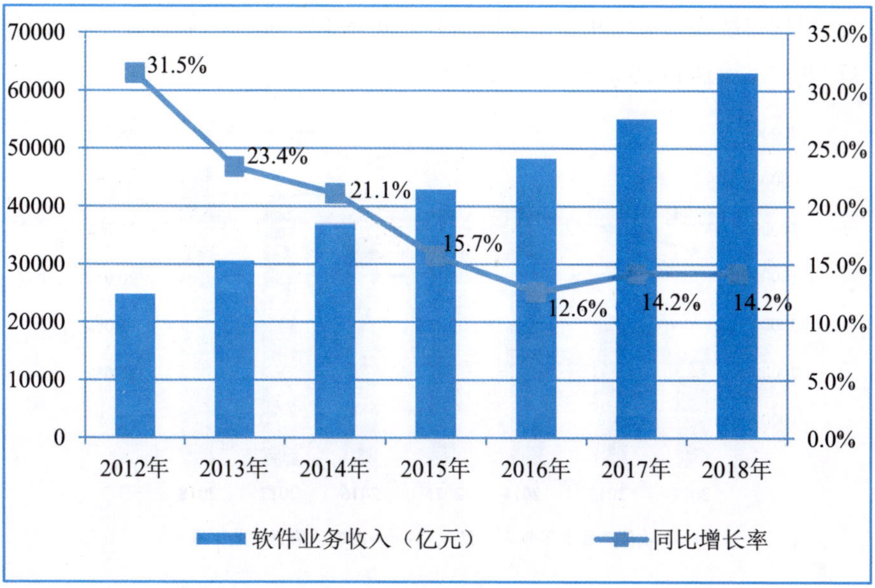

图 2-1　2012—2018 年软件和信息技术服务业业务收入及增长情况

（数据来源：工业和信息化部运行监测协调局，2019 年 2 月）

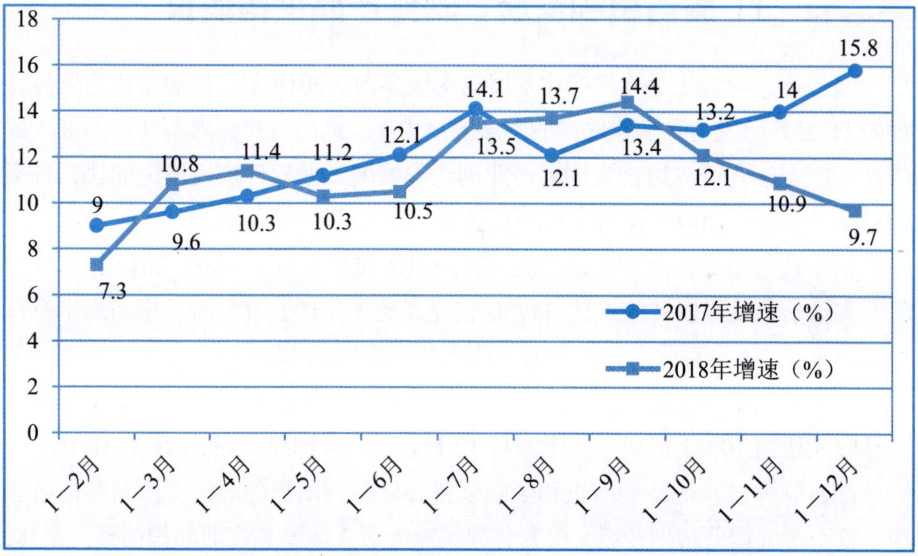

图 2-2　2018 年与 2017 年软件产业利润总额增速对比

（数据来源：工业和信息化部运行监测协调局，2019 年 2 月）

从软件产业占电子信息产业比重来看，中国软件产业在电子信息产业中所占的比重逐年提高，地位和作用不断增强。2018 年，软件产业业务收入占电子信息产业的比重达到 28.8%，如图 2-3 所示。

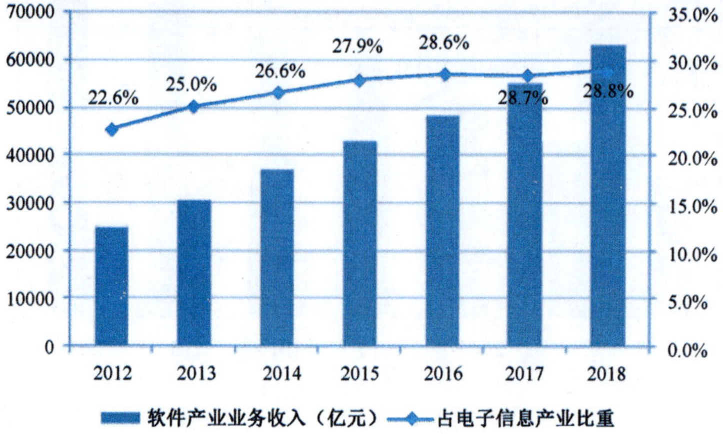

图 2-3　2012—2018 年软件产业业务收入占电子信息产业比重

（数据来源：工业和信息化部运行监测协调局，2019 年 2 月）

第二节　IT 服务引领发展，软件产品平稳增长

服务化、融合化是软件产业发展的主流方向。2018 年，以服务化为典型特征的 IT 服务已成为我国软件产业发展的主力军，以融合化为典型特征的嵌入式软件产值增速有所放缓，支撑制造业创新发展的工业软件产值增速加快，各类信息安全软件产品收入保持高速增长。

信息技术服务保持领先，产业继续向服务化、平台化演进。2018 年，软件行业实现信息技术服务收入达 34756 亿元，比上年增长 17.6%，增速高出全行业平均水平 3.4 个百分点，占全行业收入的比重为 55%。

软件产品平稳增长，支撑保障能力显著增强。2018 年，软件行业实现软件产品收入达到 19353 亿元，同比增长 12.1%，占全行业收入的比重为 30.7%。

随着软件技术的持续演进和全面创新，软件技术已经广泛渗透到各行各业中，驱动传统行业转型升级，引发各领域业务形态变革和产业结构调整。尤其，软件加快向通信、医院、交通、装备等各领域渗透，嵌入式软件已成为产品和装备数字化改造、各领域智能化增值的关键，2018 年实现收入 8952 亿元，比 2017 年增长 6.8%。

2018 年我国软件行业业务情况如图 2-4 ~ 图 2-6 所示。

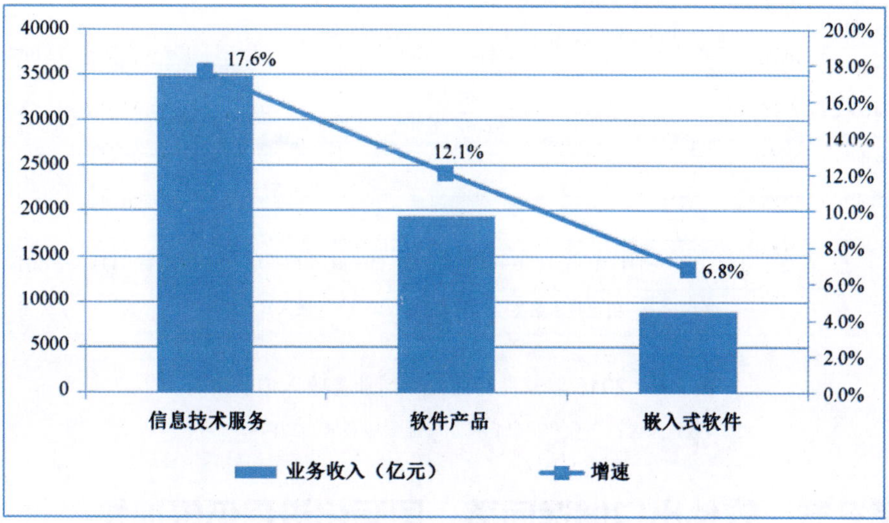

图 2-4 2018 年软件行业分领域业务收入及增长情况

（数据来源：工业和信息化部运行监测协调局，2018 年 12 月）

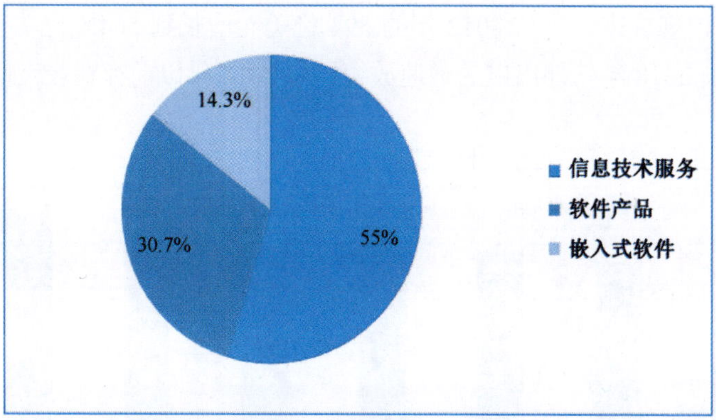

图 2-5 2018 年软件行业业务收入构成

（数据来源：工业和信息化部运行监测协调局，2018 年 12 月）

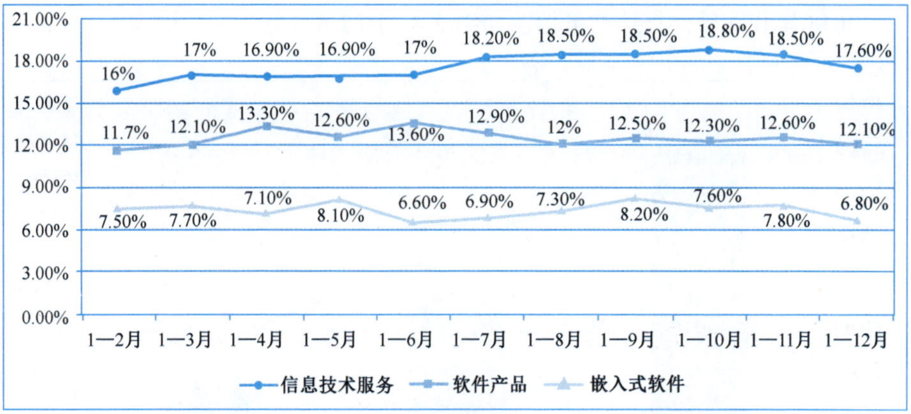

图 2-6　2018 年软件行业分领域业务收入增长情况

（数据来源：工业和信息化部运行监测协调局，2019 年 2 月）

第三节　软件出口增速回落，国际化进程仍需加快

受全球宏观经济形势弱势复苏、主要国家政治不稳定因素激增等因素影响，我国软件出口延续过去几年的低增长态势。2018 年，软件和信息技术服务业实现出口 554.5 亿美元，同比增长 0.8%。

从 2012—2018 年我国软件出口增长情况来看，我国软件出口规模增速持续放缓。从出口规模来看，从 2012 年的 394 亿美元增长到 554.5 亿美元，6 年增长了 40.7%。2018 年软件出口的增速放缓，与 2015 年以前存在较大落差，如图 2-7 所示。

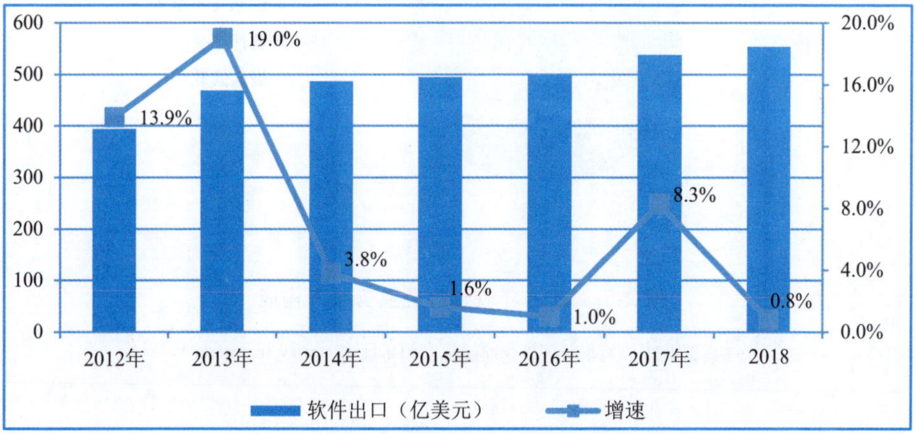

图 2-7　2012—2018 年软件出口增长情况

（数据来源：工业和信息化部运行监测协调局，2019 年 2 月）

从月度出口增长情况来看，第一季度出口量增速达到全年最高为 4.7%，2018 年后三季度中国软件出口整体增势平稳。

软件出口的低增长使软件出口对产业的贡献率持续下降。2010 年以来，软件出口占软件业务的比重呈逐年下降的趋势，所占比重从 2010 年的 13.2%下降至 2018 年的 6%，表明我国软件和信息技术服务业发展还主要依赖于国内市场，企业的国际业务开拓能力仍需增强，全球化发展水平还有待提升。

第四节　集聚发展态势凸显，中心城市保持领先

中心城市软件业收入和利润同比均保持增长。2018 年，全国 15 个副省级中心城市实现软件业务收入 3.6 万亿元，比 2017 年增长 13.8%，占全国软件业的比重为 57.2%，比 2017 年增长 2 个百分点，其中排名前十位的城市情况如图 2-8 所示。全国软件业务收入达到千亿元的中心城市和直辖市共 15 个，合计实现软件业务收入 5.1 万亿元，占全国的比重达到 81%。

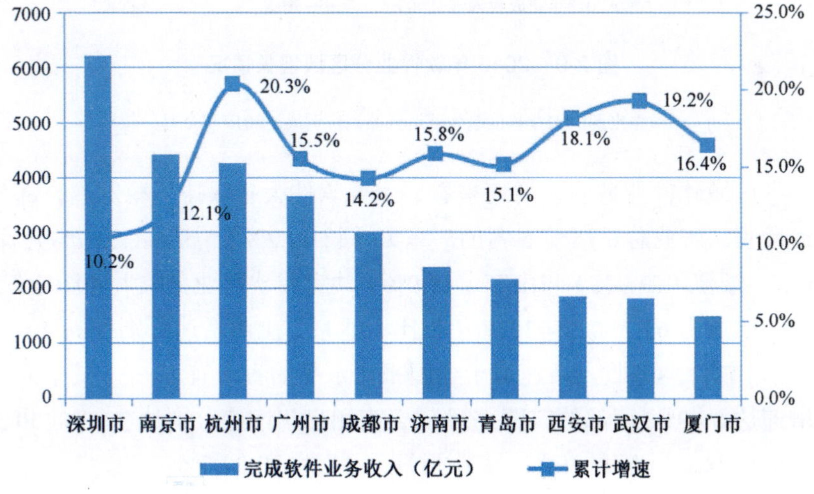

图 2-8　2018 年软件业务收入居前十位的副省级中心城市情况

（数据来源：工业和信息化部运行监测协调局，2019 年 2 月）

第五节　东部地区稳定发展，中西部地区增速加快

2018 年，我国软件产业区域发展呈现出中西部地区增速快、东部地区持续领先、东北地区增速较缓的态势，如图 2-9 所示。作为我国软件产业发展的主要集聚地，东部地区完成软件业务收入 49795 亿元，同比增长 14.2%，占全国

软件业的比重为 79.0%，与 2017 年基本持平；中部和西部地区增速较快，完成的软件业务收入分别为 3163 亿元和 7189 亿元，分别增长 19.2%和 16.2%，占全国软件业的比重为 5.0%和 11.4%，同比均提高 0.2 个百分点；东北地区完成软件业务收入 2914 亿元，增长 5.7%，占全国软件业的比重为 4.6%，同比下降 0.4 个百分点。

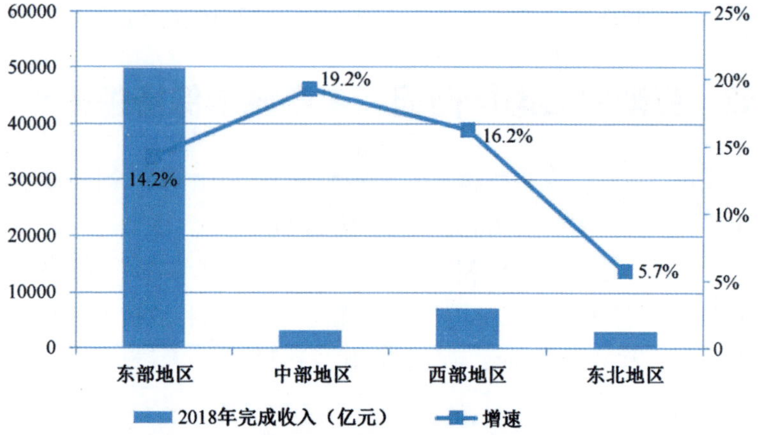

图 2-9　2018 年软件业分区域增长情况

（数据来源：工业和信息化部运行监测协调局，2019 年 2 月）

从各区域软件业务收入增速来看，主要软件大省保持平稳发展，部分省市快速增长。产业总量居前 5 名的广东（增长 12.2%）、江苏（10.7%）、北京（16.8%）、浙江（21.2%）和山东（15.9%）共完成软件业务收入 40192 亿元，占全国的比重为 63.7%。与 2017 年相比，北京、上海增速分别提高 4.6、0.4 个百分点。软件业务收入增速高于全国平均水平的省市有 19 个，其中海南省同比增速达 89.9%，西部的广西、青海、云南和贵州增速分别达 77.0%、50.3%、23.7%和 23.4%，中部的江西、安徽增速达 37.7%和 27.7%。

第六节　从业队伍不断壮大，人均收入稳步增长

作为知识技术密集的产业，软件业呈现出绿色性、创新性、高增长性等特点，人才是产业发展的最关键要素。行业前沿领域的不断创新和软件产业的快速发展不断吸引各领域各层次的软件人才集聚，软件从业人员队伍日益壮大。2018 年，中国软件和信息技术服务业从业人数为 643 万人，比 2017 年增加 25 万人，同比增长 4.2%。总体来看，软件行业人才需求依然旺盛，人才缺口仍然较大，我国当前的软件从业人员规模尚不能满足产业发展的需求。

薪酬是吸引软件人才的重要因素。据统计，2018 年从业人员工资总额预计增长 14.3%（见图 2-10），增速和 2017 年基本保持一致，人均工资预计增长 9.1%。软件业人均工资的增长将有效刺激人才培训机构建设，对行业发展带来较大利好。

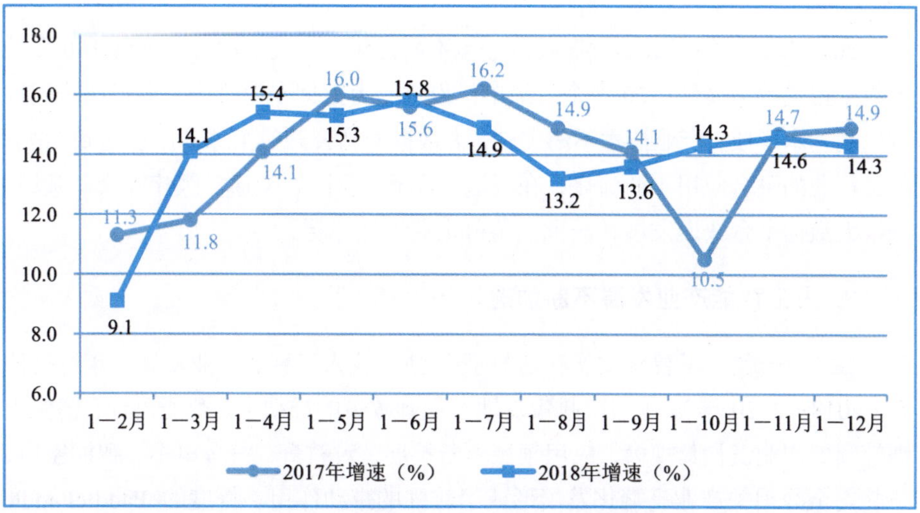

图 2-10　2017 年和 2018 年软件业从业人员工资总额增长情况

（数据来源：工业和信息化部运行监测协调局，2019 年 2 月）

第七节　特色领域持续发展，新兴业态加速演进

1. 工业互联网平台建设加速

我国高度重视工业互联网平台的发展，在《国务院关于深化制造业与互联网融合发展的指导意见》等文件中均将其列为重点发展领域。当前，我国在部分领域已经建立了较为坚实的基础：共性基础平台层面，航天云网、三一重工、海尔等企业依托自身制造能力和规模优势，率先推出工业互联网平台服务，并逐步实现由企业内应用向企业外服务的拓展；行业通用平台层面，海尔建设 COSMO 平台，开发与工业技术相对应的功能模块及技术组件，实现在云平台上灵活配置形成定制化智能工厂解决方案；工业 APP 层面，海尔、航天科工、三一重工、徐工、华为等在工业 APP 领域开展了卓有成效的工作，国内工业 APP 数量约 1 万个，海量工业 APP 和海量工业用户互促共进、双向迭代的双边市场正在初步形成。从产业发展格局来看，我国工业互联网平台建设双轮驱动格局初步形成，制造企业和互联网企业成为平台建设的两股核心力量。海尔、

航天科工、徐工、三一重工、富士康等龙头制造企业基于较强的工业知识和模型沉淀能力，阿里巴巴、东方国信、浪潮、用友、华为、紫光等大型 ICT 企业基于云计算、大数据等使能技术，纷纷积极建设工业互联网平台。

2. 大数据产业将步入快速成长期

2018 年，我国大数据发展政策环境不断优化，中央、地方共出台 160 多份大数据相关政策文件，20 多个省级单位设立了大数据专门机构，多层次协同推进机制基本形成；产业技术不断突破，大数据专利公开量全球占比已达到 40%；与各行业的融合应用不断深化，在制造、商务、金融、交通、医疗等众多领域，一批大数据平台快速发展，一批独角兽企业迅速崛起。

3. 人工智能产业发展不断加速

在《新一代人工智能发展规划》《促进新一代人工智能产业发展三年行动计划（2018—2020 年）》等国家政策及地方配套政策的推动下，智能语音、图像识别等领域产业链初具规模，应用领域不断扩展，对教育、汽车电子、智能家电、公共安全等相关产业高端化发展形成了较强的带动作用。百度的 PaddlePaddle 深度学习算法框架、科大讯飞的语音识别技术、旷视科技的图像识别技术等均实现了对国际领先水平的赶超。

4. 云计算应用逐步落地

2018 年，我国云计算骨干企业纷纷加快云计算服务平台建设，推出新的产品和服务。阿里云成为唯一进入世界前三的中国云计算企业，腾讯、百度等企业积极发展 PaaS（平台即服务）和 SaaS（软件即服务），推出云计算加速芯片、AI 即服务等新产品与服务框架。中国移动面向政务、金融、教育等领域发布系列创新的云解决方案；华为面向政务云领域推出了 Cloud BU；联通、电信，以及传统设备厂商中兴通讯、浪潮也均推出基于各行业的云计算解决方案。

5. 区块链应用落地不尽人意

2018 年，我国区块链行业政策环境显著优化，技术能力快速提升，行业应用逐步拓展。

技术方面，区块链技术尚不成熟，仍处于发展早期，对于区块链性能、隐私安全、可扩展等方面的技术创新正在不断涌现。底层平台的市场竞争日趋激烈，国内 NEO、公信宝、星云链等公有链项目提出了各自的基础架构设计理念并予以实现；微众银行、万向区块链及矩阵元三方共同开发了 BCOS 区块链开源平台；互联网巨头纷纷战略布局 BaaS（区块链即服务）平台。

应用方面，效果有所显现但仍不及业界预期。在跨境支付、数字内容版权、电子存证等天然数字化的场景之中已经有一些应用探索，但在其他传统行业领域，概念验证多于实际应用。

行业篇

第三章

基础软件

基础软件主要包括操作系统、数据库、中间件、办公软件。基础软件是软件和信息服务业的核心角色，是新一代信息技术产业的关键引擎，是国民经济建设信息化、数字化、智能化的中枢环节。

操作系统根据硬件平台的不同可以分为桌面操作系统、服务器操作系统、智能终端操作系统、嵌入式操作系统、工控操作系统等。操作系统是信息处理领域中最为核心的软件，是软件产业的核心环节。当前，操作系统发展的重心已从 PC、服务器转向可穿戴设备、智能电视、车载操作系统等新兴终端中。

数据库是按照特定的数据结构对数据进行整理、存储和管理的软件。管理的数据分为结构型数据、非结构型数据、半结构型数据。根据数据的管理模式可分为层次型数据库、网络型数据库和关系型数据库。推动国产数据库的快速发展和全面应用，对推进我国建设制造强国、网络强国，确保国家信息安全等方面发挥着重要作用。当前，数据库发展趋势已经从过去的传统关系型数据库逐渐过渡到非关系型新兴数据库，如图数据库、面向文档数据库等。

中间件在IT架构中处于系统软件之上和应用软件之下，具备一定的通用性，对软件产业的整体发展起到“缓冲层”作用。具体可分为终端仿真/屏幕转换中间件、消息中间件、远程过程调用中间件、交易中间件、数据访问中间件、对象中间件等。国产中间件是业界公认的发展最好、最能实现突破的领域。近年来，国产中间件已经取得了一定的成绩，也逐步从传统的终端过渡到云端，呈现出 SaaS 化的趋势。

办公软件是满足用户办公需要的软件类型，包括文字处理软件、电子表格软件、幻灯片制作和放映软件、初级图片处理软件等。办公软件（也称 Office 套件）是人们最广泛使用的软件之一，在我国它被视为与操作系统、数据库、中间件同等的基础软件的重要组成，是国家重点支持的软件类型。与其他基础软件不同之处在于，办公软件属于直接面向用户的应用软件，其性能直接关系到用户的使用体验。

2018 年，在操作系统领域，国产操作系统在桌面、服务器、嵌入式、移动端等各方面皆取得了较好的发展。在中间件领域，国产中间件技术和产品研发不断取得突破，市场份额得到提升；在数据库领域，核心技术不断创新突破，纯国产数据库应用持续推进；在办公软件领域，已有市场优势得以不断强化，市场占用率不断提升，新产品的研发和推广有力地扩大了市场影响力和品牌知名度。

基础软件是软件定义世界的基础，是信息产业核心竞争力最重要的体现载体，也是一个国家赢得全球竞争的着力点。加快基础软件发展，对于加快国民经济发展，推进制造强国、网络强国的建设有着重要意义。

第一节　发展情况

（一）操作系统领域

2018 年，基础软件得到的国家高度关注和大力支持，尤其是在“核高基”国家科技重大专项的支持下，国产操作系统发展取得了可观的进步。在“2019 中国 IT 市场年会暨赛迪生态伙伴大会”上，中标麒麟操作系统再次毫无悬念地蝉联 2018—2019 年中国 Linux 市场占有率第一，中标麒麟高级服务器操作系统（ARM64 版）V7.0 与中标麒麟可视化单向光闸分别获得中国软件市场和信息安全市场年度创新产品，同时中标麒麟产品全线入围中直和央采采购名录。深度操作系统在过去的一年中发展迅速，获得全球四十多个国家用户的支持，目前全球下载量达 4 千万次，用户达几十万人，系统支持十几种语言，国外用户占六成以上，已成为全球知名的系统之一，并在 Distrowatch 上排名进入前十。北京红旗软件已向大型国有银行提供了基于 Linux 的专用操作系统和中间件的整体解决方案，结合应用软件实现安全可靠的部署，截至 2018 年年底，应用红旗 Linux 的金融自助终端设备超过 70000 台。

除传统计算机操作系统企业外，终端制造、互联网服务等领域大型 IT 企业加大操作系统研发，推动操作系统向物联网、车联网领域进发。在移动操作系统领域，阿里巴巴与上汽深度合作，通过整合斑马网络与 YunOS，将合作领域扩大至汽车出行平台、自动驾驶、汽车行业云等领域；华为发布了鸿蒙操作系统，未来可应用于可穿戴设备、智慧屏、车机设备等设备，以及工业自动化控制、无人驾驶等领域，横跨手机、平板电脑、电视、物联网等多个平台。

（二）数据库领域

2018 年，我国数据库市场目前仍被国外厂商主导，主要包括 Oracle、IBM、微软、SAP 等，且国外品牌的市场份额一直在 70%以上。2018 年，在国家政策的引导和支持下，国产传统数据库厂商稳步前进，互联网公司的自研数据库取得突破。国产数据库企业在可靠性、易用性等方面不断拓宽业务空间，并结合新技术革新推动数据库云化、服务化。目前，南大通用用户已经覆盖 17 个国家，国内 32 个省级行政区。部署总节点数超过 6500 个，总数据量超过 100PB，2018 年、2019 年连续两年入选 Gartner 分析型数据库管理解决方案魔力象限。人大金仓申报的“数据库管理系统核心技术的创新与金仓数据库产业化”项目荣获 2018 年度国家科学技术进步二等奖，产学研的融合进一步助力国家信息化建设。巨杉数据库坚持从零开始打造分布式开源数据库引擎，是中国首家连续两年入选 Gartner 数据库报告的数据库厂商。

新兴数据库发展浪潮日益高涨，多模数据库也备受关注。2019 年，华为发布了全球首款人工智能原生（AI-Native）数据库 GaussDB 和分布式存储 FusionStorage 8.0，并持续入选 Gartner 数据库报告。腾讯云推出云原生数据库 CynosDB，该款数据库的单节点读性能达到惊人的 130 万 QPS，并且是业界第一款全面兼容 MySQL 和 PostgreSQL 的高性能企业级分布式云数据库。阿里云的云原生数据库 POLARDB 闯入 2018 年全球数据库魔力象限的远见者（Visionaries）象限，为国内首次。

（三）中间件领域

2018 年，中国中间件市场总体规模达到 65 亿元，同比增长 4.8%。受益于“十三五”规划，以及云计算、大数据、人工智能、数字经济相关的政策出台，中间件的需求随着行业信息化水平的进一步提升也相应增大，预计中间件市场规模将保持稳定增长。国产中间件企业中创软件、金蝶、东方通、用友等在政府、交通、金融、证券、保险、税务、电信、教育、军事等行业或领域的数字化、信息化、智能化建设中持续发力，并坚持走 SaaS 化的道路。中创软件入围“2018 中国云计算 500 强（Cloud500）榜单”，连续 17 年入围中国软件业务收入百强企业名单，荣获“2017 中国十大信息技术服务领军企业”“2018 年中国电子信息研发创新五十强企业”称号。金蝶中间件加速云转型，云服务业务持续向好，2018 年实现收入约 5.50 亿元，同比增长 54.9%。IDC 发布的报告显示，金蝶连续 14 年保持成长型企业应用软件市场占有率第一，更连续 3 年在中国企业级 SaaS ERM 软件应用市场上的率排名第一，并入选了 Gartner 关于全球 PaaS 云服务的报告。金蝶 EAS 成功签约厦门轨道交通、河北建投、深圳丰巢科技等客户。金蝶 KIS 产品持续更新，推出 KIS 旗舰版 7.0、KIS 专业版 16.0。金蝶天燕蝉联“中国 IT 用户满意度调研—中间件产品”的“用户首选品牌”，在自主可控、安全可靠领域的市场份额进一步巩固。东方通在 2018 年第十次荣获“IT 用户满意度调研”之中间件（基础软件）“用户满意度第一”大奖，荣获 2018 年北京软件和信息服务业综合实力百强企业称号，获得纪念改革开放四十周年中国软件和信息服务业发展功勋企业荣誉。通过产品体系的不断迭代创新，东方通囊括了基础软件、信息安全、网络安全、数据安全、通信安全、5G 创新应用、工业互联网安全及社会治理等产品和解决方案，帮助用户实现业务创新、安全管控和数据的共享与价值挖掘等。

（四）办公软件领域

办公软件国产化进程日益加速，国产办公软件在政府采购中获得了主要关注，平均应用率 60%以上，典型的如政务市场，办公软件国产化率已超过 50%。我国典型的办公软件，如金山 WPS、福昕软件、亿图软件、阿里蓝凌 OA 系统等均在市场广受好评。截至 2018 年 12 月底，在备受关注的政企市场，金山办公的众多产品和服务已在政务、金融、能源、航空等多个领域得到广泛应用，并荣获“2018 中国智能办公明星企业”大奖。在政务市场，金山办公业务已覆盖 30 多个省市自治区政府、400 多个市县级政府；在企业市场，金山办公服务世界 500 强中 57.5%的中国企业，在央企中市场占有率达 85.41%，服务 91.7%的全国性股份制商业银行。福昕软件已形成完全自主产权的 PDF 核心技术，提供文档的生成、转换、显示、编辑、搜索、打印、存储、签章、保护、安全分发管理等涵盖文档生命周期的产品技术与解决方案。亿图软件已开发出亿图图示 Edraw Max、思维导图软件 MindMaster、项目管理软件 Edraw Project、平面设计软件菲果、组织架构图软件 OrgCharting 等一系列体系化办公绘图软件，成为国内外专业的办公绘图软件提供商。

移动化、云化是当前国产办公软件取得突破的重要途径。以国产办公软件金山 WPS 为例，截至 2018 年年底，WPS 移动版全球用户数已超过 3.3 亿，金山办公平台在移动和 PC 两端的月活跃用户总量已经超过 2.3 亿。海外市场开拓方面，以福昕软件为代表的企业拓展了大批全球客户，如微软、亚马逊、英特尔、IBM、三星、索尼、HTC、印象笔记、IKB 银行、纳斯达克、摩根大通、腾讯、百度、当当、360等。福昕软件在2018全球小微企业创新大会中被评为2018中国PDF电子文件领军企业。

第二节 发展特点

（一）操作系统领域

从应用领域来看，国产操作系统在政府部门及国防、金融、公安、审计、财税、教育、制造、医疗、交通等行业得到广泛应用，应用领域涉及我国信息化和民生多个方面。中标麒麟OEM装机量达百万级规模，已经在政府部门及轨道交通、医疗、能源、教育等行业成功实现部署应用。

从市场占有率来看，中标软件、中科方德、普华、凝思科技、华为、浪潮、百度、阿里巴巴等企业成为当前我国操作系统发展的重要力量，形成鸿蒙OS、阿里云OS、中标麒麟、方德、凝思、深之度等多个操作系统品牌，市场份额逐年提升。武汉深之度桌面操作系统已跻身全球最受欢迎的前20位Linux系统行列。国产服务器操作系统在邮政储蓄银行服务器系统中的安装率高达 97.6%，在国家电网的电网调度控制系统中的占有率为100%。国产智能终端操作系统已应用于智能手机、平板电脑等终端，累计装机应用量超过3500万。

从发展趋势来看，除传统计算机操作系统企业外，终端制造、互联网服务等领域大型IT企业加大操作系统研发力度，推动形成芯片和操作系统软硬结合、自主可控的基础软硬件产品体系。

（二）数据库领域

一方面，从市场来看，国产数据库已经在医疗卫生、教育、金融、通信、政府部门、军工国防、交通物流等十多个业务领域实现应用。同时，大数据、云计算、人工智能带来的技术革新使我国数据库厂商迎来了“弯道超车”的发展机遇。基于深厚的数据存储、处理、挖掘和分析技术，国产数据库企业正在不断拓宽业务空间，并且在云计算、大数据、人工智能等新兴领域持续发力。

另一方面，从产品特点来看，安全性高是我国自研数据库产品的主要特色，对保障国家信息安全，支撑网络强国、制造强国起到了重要保障作用。

此外，基于数据库的大数据平台目前已成为国产数据库厂商加快发展的着力点。部分龙头企业通过创新业务领域、企业兼并与收购、与其他企业开展深度合作来提升其实力。

（三）中间件领域

随着以云计算、大数据、物联网、人工智能为代表的新一代信息技术的兴起，传统的中间件产品已经不能满足“互联网+”时代企业的需求。针对这一市场变化，各主要厂商也在积极研发新的产品线以满足市场需求，传统的中间件概念也随之发生了改变，催生出大量的能够支撑云计算、大数据、移动化、人工智能等新一代中间件产品。我国传统的中间件企业，如东方通、金蝶、用友、中创等企业基于更加理解国内企业、更加了解国内市场实际情况的优势，通过技术迭代、产品创新和营销模式转型等手段，持续专注在企业和公共组织信息化领域的创新和发展，构建全新的互联网服务产品体系。

（四）办公软件领域

一是依托政府采购逐步增加市场份额。政务市场是办公软件的主要应用环境，由于我国办公软件的安全性能较高，基本功能较为完善，在政府采购的引领之下，国产办公软件的市场份额逐年提高。

二是面向移动办公、云办公、协同办公积极开展新型产品研发和业务模式创新。企业不仅利用互联网市场开拓市场渠道，同时积极研发新型移动平台办公软件、云平台办公套件，取得新兴市场的先机。

三是加大国际化力度。在不满足国内市场竞争的基础上，企业在海外市场积极寻求更多的突破，尤其是海外移动端市场已经成为国产办公软件提高影响力和获取增益的重要渠道，如金山 WPS 与福昕 PDF 在 iOS 和安卓应用商店中广受好评，并且获奖颇多。

第四章

工业软件

工业软件指主要用于或专用于工业领域，为提高工业研发设计、业务管理、生产调度和过程控制水平的各类软件，按照产品用途可进一步细分为研发设计软件、生产控制软件、信息管理软件，按照产品形态则可划分为嵌入式实时操作系统、中间件和工业 APP 等。与传统工业软件显著不同的是，工业 APP 是基于工业互联网的工业应用软件，面向特定行业、特定场景，用于解决特定业务需求，一般运行在基于工业互联网的 PaaS 平台层，并在云生态环境下建设、运营、共享和应用，是工业软件的重要组成部分和创新发展的主要方向。随着智能化工业时代的到来，软件在工业领域的“赋值、赋能、赋智”作用日益凸显。2018 年，我国工业软件发展政策环境向好、产业增长态势稳定、产业结构进一步调整优化，工业软件产品收入较同期增长 14.2%，全年工业软件市场规模达到 1678.4 亿元。我国工业软件进入快速发展期，市场增速高于全球 10 个百分点以上。

第一节　发展情况

（一）产业规模

2018 年，随着《国务院关于深化制造业与互联网融合发展的指导意见》《智能制造发展规划（2016—2020 年）》《国务院关于深化“互联网+先进制造业”发展工业互联网的指导意见》《工业互联网 APP 培育工程实施方案（2018—2020 年）》《工业互联网发展行动计划（2018—2020 年）》等一系列政策文件的深入实施，以及《2018 年工业互联网试点示范项目名单》的正式公布，我国工业软件发展政策利好频出、产业增长态势稳定。2018 年工业软件产品收入较同期增长 14.2%，增速高于全行业平均增速。公开资料显示，2015 年至 2018 年我国工业软件市场规模分别为 1150 亿元、1247.3 亿元、1446.9 亿元和 1678.4 亿元，2018 年我国工业软件市场规模同比增长约 16.0%，高于国内软件和信息服务业平均增速。受智能制造稳步推进和软件赋能作用凸显的影响，赛迪智库预计 2019 年，我国工业软件产业规模将达到 1950 亿元，同比增长超过 16%，如表 4-1 所示。

表 4-1 2015—2018 年中国工业软件市场规模（单位：亿元）

年份	2015	2016	2017	2018	2019E
市场规模	1150	1247.3	1446.9	1678.4	1950
同比增长	15%	8.5%	16.0%	16.0%	16.2%

数据来源：赛迪智库整理，2019 年 9 月。

（二）产业结构

工业软件按照产品用途可划分为三类，分别是研发设计软件、生产控制软件和信息管理软件。其中，研发设计软件涉及计算机辅助设计（CAD）、计算机辅助工程（CAE）、计算机辅助制造（CAM）、产品生命周期管理（PLM）、产品数据管理（PDM）、计算机辅助工艺规划（CAPP）等；生产控制软件涉及制造执行系统（MES）、数据采集与监视控制系统（SCADA）、高级计划排产系统（APS）、分散式控制系统（DCS）、能源管理系统（EMS）、安全仪表系统（SIS）及各类 PLC 控制系统等；信息管理软件涉及企业资源计划（ERP）、企业资产管理系统（EAM）、客户关系管理（CRM）、人力资源管理（HRM）、供应链管理（SCM）等。从细分市场来看，控制管理类工业软件[①]仍保持市场主体地位。2018 年，我国工业软件市场仍以控制管理类为主体，其中生产控制类软件全年销售额为 285.6 亿元，信息管理类工业软件全年销售额为 287.1 亿元，占非嵌入式工业软件总销售额的 80.1%（见图 4-1）。从客户类型来看，大型工业企业的工业软件需求占比超过了 50%（见图 4-2），中小型工业企业的工业软件需求还有待进一步挖掘，从侧面反映出中小型工业企业的数字化转型之路仍面临挑战。

① 控制管理类工业软件是工业管理与控制知识的表达，具有促进信息交互、降低运行成本、提高运转效率等功能，包含生产控制类工业软件和信息管理类工业软件。

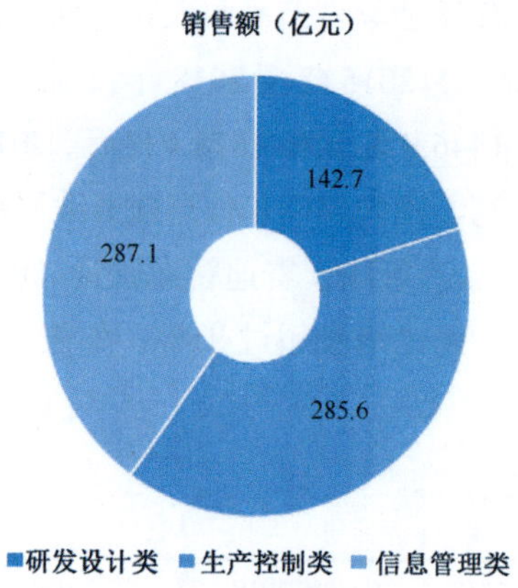

图4-1　2018年中国非嵌入式工业软件市场细分产品结构

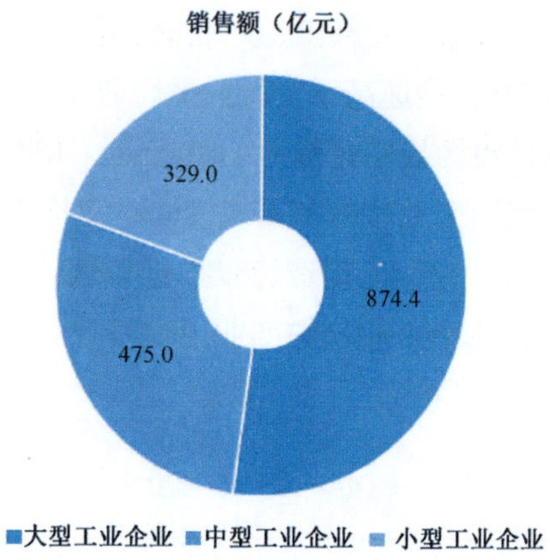

图4-2　2018年中国工业软件市场客户类型结构

第二节　发展特点

（一）政策特点

工业软件作为智能化工业时代的灵魂，是新一代工业革命的核心驱动，随着“软件定义”的不断深化和《智能制造发展规划（2016—2020年）》的深入实施，工业软件发展环境不断优化。党中央、国务院及各部委高度重视工业软件在推动软件产业进一步发展壮大和支撑智能制造发展上的重要作用，出台了《国务院关于深化制造业与互联网融合发展的指导意见》《国务院关于深化“互联网+先进制造业”发展工业互联网的指导意见》等一系列政策文件。2018年，《工业互联网发展行动计划（2018—2020年）》正式实施，对工业互联网的基础设施能力提升、标识解析体系构建、工业互联网平台建设、核心技术标准突破、新模式新业态培育、产业生态融通发展等数十项提出了相应部署，为工业软件与互联网的融合发展指明了方向，为促进制造业数字化转型和智能化工业革命确立了方案。随着工业软件相关政策不断出台和政策红利的持续释放，预期工业软件发展环境将不断优化，智能制造产业转型将稳步推进。

（二）企业特点

研发设计类工业软件企业注重完善技术体系，兼并合作是主要手段，仿真融合是主攻方向。研发设计类工业软件是工业技术创新及新产品、新设备设计研发的基础，具有技术含量高、应用价值高、市场壁垒高等特点，是我国工业软件发展的短板领域。当前，新型工业产品研发设计新需求和大数据、人工智能等新技术驱使研发设计类工业软件企业加速完善既有的技术体系，培育形成研发设计软件新功能、新产品。例如，工业软件巨头达索系统自 2018 年 12 月以来，已陆续收购了 IQMS、Argosim 等四家企业，并与 Cognata、ABB 等三家企业建立合作关系。2019 年 2 月，达索系统通过收购需求建模和仿真分析软件公司 Argosim，进一步夯实了其在全球工业设计研发领域的技术创新领军地位。而达索系统、西门子、海尔等建立的新一代工业软件服务平台（如 3DEXPERIENCE）均致力于实现研发设计与工业企业多业务功能的深度融合，其发展动向如表 4-2 所示。

表 4-2　主要研发设计类工业软件企业发展动向

时间	企业名称	事件内容	技术方向
2018 年 12 月	达索系统	收购美国领先的 ERP 软件商 IQMS 并整合至旗下 3DEXPERIENCE 平台	功能融合
2019 年 1 月	达索系统	与以色列 Cognata 结成合作伙伴关系，布局自动驾驶汽车仿真领域	工业仿真
2019 年 2 月	达索系统	收购法国 Trace Software 旗下机电一体化解决方案 elecworks	功能融合
2019 年 2 月	达索系统	收购法国需求建模和仿真分析软件公司 Argosim	工业仿真
2019 年 3 月	达索系统	与瑞士 ABB 建立全球合作伙伴关系，提供产品全生命周期管理解决方案组合	功能融合
2019 年 4 月	西门子	旗下工业互联网平台 MindSphere 携手阿里云平台在中国落地推广	功能融合
2019 年 6 月	达索系统	收购美国健康护理软件公司 Medidata，布局生命科学产业一体化解决方案	功能融合
2019 年 6 月	PTC	融合 AI、IoT 等八大技术，发布 CAD 平台 Creo 6.0	功能融合
2019 年 6 月	达索系统	与地理信息系统软件服务企业北京超图软件合作，布局地理建模和仿真工作领域	工业仿真

控制管理类工业软件企业强调业务模式创新，集成上云是主流态势，构建生态是核心目标。当前，为实现海量异构工业数据集成与数字化业务的融合创新，工业软件企业主要通过采用云服务的新模式加速业务拓展，并积极致力于搭建全方位一体化的新型产品生态。例如，金蝶最近推出了全新的工业互联网解决方案 K/3 WISE，其既可实现工业生产资源部署与管理，针对工业数据进行建模、分析、可视，又可为客户提供基于云端的工业 SaaS 和工业应用 APP；SAP

与三宁化工、新松机器人等企业达成战略合作，基于 SAP S/4HANA、SAP C/4HANA（CRM 云）、SAP Ariba（采购云）、MES（制造执行系统）、TMS（智慧物流运输）等解决方案，搭建形成一体化的信息平台。主要控制管理类工业软件企业业务模式创新内容如表 4-3 所示。

表 4-3 主要控制管理类工业软件企业业务模式创新内容

时间	企业名称	事件内容	业务模式
2018 年 9 月	金蝶	发布旗下工业互联网解决方案 K/3 WISE，为客户提供基于云端的工业 SaaS 和工业应用 APP	集成上云
2019 年 1 月	用友	发布企业数字化平台 NC Cloud，包括数字化工厂与智能制造等十八大企业数字化转型方案	集成上云
2019 年 4 月	Oracle	发布 NetSuite 解决方案中的一系列创新，其中包括行业云解决方案	集成上云
2019 年 6 月	航天科工	发布航天云网工业应用系统，涵盖企业决策支持、运行支持等七大解决方案	集成上云
2019 年 6 月	SAP	与三宁化工、新松机器人等签署战略合作协议，为其搭建基于 SAP Cloud 的一体化信息治理体系	集成上云

（三）技术特点

1. 数字孪生技术成为助推工业软件发展的关键

数字孪生（Digital Twin）技术是指通过在虚拟空间呈现工业实体的数字化形式，模拟其在现实环境中的行为特征，实现了工业品从现实世界到赛博空间的映射，是仿真优化领域中的关键核心技术。一方面，数字孪生技术可应用于产品工艺研发、生产指导、运营服务、维修维护、产品营销展示等多个环节，应用价值极大。另一方面，大数据、人工智能等新兴信息技术的快速演进，为数字孪生技术的创新突破提供了基础和条件。因此，全球各界均将数字孪生技术看作工业软件创新发展的关键，国际权威信息技术研究机构 Gartner 已经将“数字孪生”列为十大战略性技术趋势之一。目前来看，老牌仿真企业 ANSYS、ESI，工业软件巨头达索系统、Autodesk，工业设备制造商西门子等均确立了以工业仿真为核心的技术创新战略布局，并通过加大研发投入、企业并购等方式迅速提升自身的数字孪生技术能力。

2. 大数据技术成为破除工业软件数字孤岛的重要抓手

传统的工业软件大多功能单一，缺乏多环节的有效集成，在应用过程中产生了大量缺乏联系的数字孤岛，致使出现即便是相同的数据内容也需重复录入等问题，数据交换流程冗长，甚至面临失真风险。因此，打破数字孤岛，研发互联互通的大数据采集及管理技术已成为新形势下工业企业数字化转型的关键，也是大型工业软件企业创新的重要聚焦。最新行业动态显示，达索系统、PTC 等工业软件企业正着力于运用大数据技术，建立工业数据资源的有效采集、整合和分析体系，打造形成互联互通的工业数字化平台，力争实现资源的高效利用。

3. 云计算技术成为构筑工业软件生态体系的有力支撑

经过十多年来的技术迭代、产品研发和应用推广，云计算产业体系已趋于成熟，并深刻影响着各行各业的信息技术体系。随着云服务业务的不断拓展，在云计算等信息技术的支持下，工业企业正加速将生产环节、现有业务和云服务相结合，基于云计算的工业软件正迎来广阔的发展空间。从工业软件发展新态势来看，通过与云计算相结合来实现业务模式创新已经成为全球工业软件企业创新发展的主要方向之一。各企业在此方面已开展了积极探索，如金蝶同华为已达成合作协议，共建面向工业领域的云计算生态系统；用友也携手忽米网等多家企业推出了针对工业领域的云生态产品；2019 年 4 月，西门子通过与阿里云合作加快推动 MindSphere 平台在中国落地。

第五章

信息技术服务

第一节　发展情况

信息技术服务产业是软件和信息技术服务业的重要组成部分，根据国民经济行业分类（GB/T 4754—2017），可分为集成电路设计、信息系统集成和物联网技术服务、运行维护服务、信息处理和存储支持服务、信息技术咨询服务、数字内容服务和其他信息技术服务等。

（一）产业规模

2018 年，在国家政策、社会需求和产业资金不断改善的驱动下，国内信息技术服务业继续呈现稳中向好的运行态势，收入和效益同步加快增长，增速高于软件产业整体增速。根据工业和信息化部数据，我国信息技术服务业实现业务收入近 3.5 万亿元，占软件产业的比重达到 55.1%。

（二）产业结构

2018 年，信息技术服务业保持良好发展势头，持续领先全行业发展。产业向高质量方向发展步伐加快，新兴技术产业和应用推广持续推进，全面融入经济社会各领域，正在成为数字经济发展、智慧社会演进的重要驱动力量。2018 年，信息技术服务业收入约 3.5 万亿元，比 2017 年增长 17.6%（见图 5-1），增速高出软件行业平均水平 3.4 个百分点。其中，云计算相关的运营服务（包括在线软件运营服务、平台运营服务、基础设施运营服务等在内的信息基础服务）收入突破 1 万亿元，同比增长 21.4%，占信息技术服务收入的比重达 30.0%；电子商务平台技术服务收入为 4846 亿元，同比增长 21.9%。

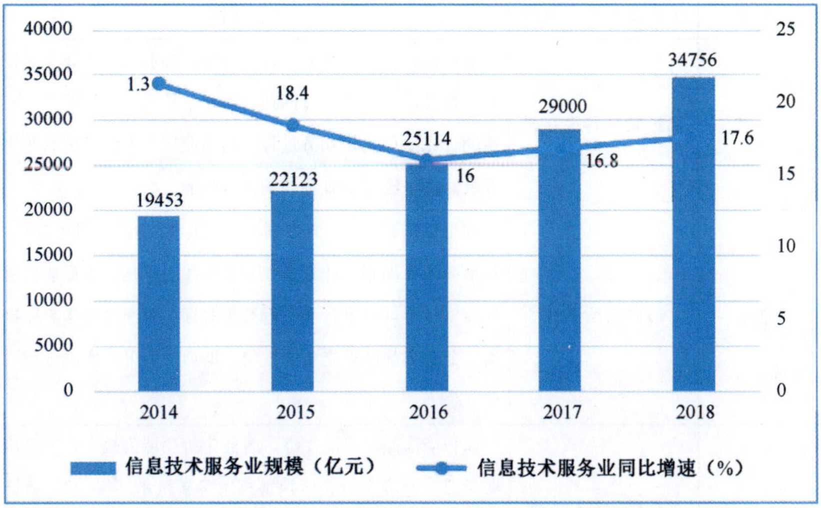

图 5-1 2014—2018 年我国信息技术服务业规模及增速

（数据来源：工业和信息化部运行监测协调局，2019 年 2 月）

（三）产业创新

2018 年，信息技术服务业创新能力持续增强，在主要技术和服务创新研发方面取得了不错的进展和突破。企业着力加强研发，打造智能、全面、完整的信息技术服务体系，综合云计算、大数据、人工智能等技术的优势，形成企业及行业间的智能连接，打破市场边界，致力于提供开放、安全、无缝衔接的完整流程服务，如表 5-1 所示。

应用创新方面，由于人工智能和云计算技术产业化速度加快，各行各业以互联网为载体创新发展的需求迫切，我国信息化应用逐步深化，助推信息技术服务加速向更多领域深度渗透，行业解决方案在医疗领域、民生服务等方面的支撑服务能力全面提升，如表 5-2 所示。

表 5-1 2018 年信息技术服务领域主要技术与服务创新

序号	企业	主要技术/服务创新	主要特点
1	阿里巴巴	企业级混合云网络解决方案	分钟级构建跨地域全连接的混合云网络，消除企业信息孤岛，具备方式灵活、全互联、免配置等特点，为各行各业的企业机构提供云下（IDC/总部/分支）到云上安全、可靠、灵活的网络连接

续表

序号	企业	主要技术/服务创新	主要特点
2	腾讯	智能物联解决方案	通过云计算、大数据、人工智能、物联网及腾讯生态能力的深度整合，用智能连接商业、酒店、旅游、公园等多个行业，帮助合作伙伴优化业务过程，为商业运营的业务创新带来更好效果，并带给消费者绝佳的消费体验
3	京东	政府采购平台	利用京东云计算、大数据、电商平台技术、财务管理技术等，将事前预算编制、计划备案，事中线上采购，事后履约验收及国库支付等环节进行全流程数据打通，并通过技术手段嵌入物流、金融等基础设施服务模块，助力政府采购实现全流程电子化
4	京东	智能供应链技术服务平台	以智能选品、智能库存、智能定价功能为核心，大量应用机器学习、深度学习、区块链技术等新技术，将 AI、云计算、大数据能力与垂直领域知识深度结合，形成面向商品选品、商品定价、需求预测、网络规划、商品防伪追溯等的一系列供应链决策管理、运营执行、绩效监管与服务应用等
5	海康威视	AI 开放平台	提供从需求挖掘到应用上线的完整流程服务，助力产业升级。帮助零算法基础的客户开发自己行业的智能算法，融入多项前沿技术，帮助广大 AI 从业者拥有自己的智能硬件产品和解决方案
6	中软国际	“解放号”IT 服务平台	线上协同定制软件，打破地域限制，极大地解放了软件开发人员的生产力，提高了软件定制开发的效率，有力地推动了产业互联网的创新发展进程。打破云市场的边界，面向中小微企业，只要有 IT 服务需求，都能在“解放号”IT 服务平台对接服务
7	360	安全大脑	综合利用人工智能、大数据、云计算、传感器、区块链等新技术，大幅提高网络安全检测和响应的效率与能力，以保护关键基础设施安全、社会安全、城市安全及个人安全。目前，360“安全大脑”已先后应用于网络态势感知、智能病毒木马查杀、AI 辅助决策等场景
8	百度	Apollo 自动驾驶开放平台	Apollo 是一个开放的、完整的、安全的自动驾驶开源平台，推出了 3 个自动驾驶量产解决方案——自主泊车、无人作业小车、自动接驳巴士。其中，无人作业小车的量产解决方案已落地，未来，Apollo 自动接驳巴士将发往北京、雄安、深圳、平潭、武汉、日本东京等地开展商业化运营

续表

序号	企业	主要技术/服务创新	主要特点
9	小米	面向智能家居的人工智能开放平台	以智能家居需求场景为出发点，深度整合人工智能和物联网能力，为用户、软硬件厂商和个人开发者提供智能场景及软硬件生态服务的开放创新平台。以“云+端”的形式，为软硬件企业和开发者提供业内领先的 AI 能力与服务，开发者可以轻松实现智能硬件间的互联互通，为用户提供优质的交互体验

数据来源：赛迪智库整理，2019 年 8 月。

表 5-2　2018 年信息技术服务领域重要应用情况

序号	重要应用	主要内容
1	国家标准化代谢性疾病管理中心	中心将试用“瑞宁助糖”人工智能医生，为全国超过 100 家代谢中心提供标准化糖尿病用药建议，未来将有望惠及超过 1000 万糖尿病患者，使他们在家门口的基层医院就能享受到标准化、专家级的诊疗服务
2	上海交通大学医学院附属同仁医院	上线医院移动影像云平台，在保障数据安全的基础上，将影像资料存储在云端，提供移动影像服务，有效提升医院的服务品质，为病患和临床提供更便捷和实用的医疗服务
3	复旦大学附属肿瘤医院	利用腾讯 AI 技术，率先在上海市推进智慧门诊，并成为全国首个通过 AI 技术提供精准医疗服务的肿瘤专科医院。患者上传资料后，AI 通过分析患者病情，为患者提供精准医疗服务，合理匹配优质医疗资源。精准智慧医疗服务开展以来，平均为患者节约 7.4 天的专家号等待时间、2.5 小时的就诊时间，专家门诊效率提高至原来的 3.5 倍
4	广医一院	开展广州市肺癌筛查民生项目，建立的广东省肺癌筛查联盟，是国内首个民生、医疗、科研有机结合的肺癌筛查体系。借助互联网云平台技术，为广东省提供了高质量、便捷、低成本的肺癌筛查服务。同时，开展相关科学研究，为优化我国筛查策略提供依据，并开放资源支持肺癌早诊相关技术的研发，在提高肺癌早诊率和治愈率的同时，促进了科技的发展
5	同仁医院	联合明灏科技开发了“精密、个性化框架眼镜验配系统”。系统通过“基于微信小程序的人脸检测、图像识别、自动量化计算系统”“基于虚拟 3D 重建的镜架与人脸轮廓匹配度评估系统”“基于人脸识别的不对称性镜片矫正系统”及“基于腾讯云的医学测量与精密机床加工数据桥接系统”，实现了对传统框架眼镜验配模式的数字化规范和深度创新，形成了新的框架眼镜“互联网+精准验配新模式”
6	北京市东城区政府	采用北京雅乐美森科技有限公司的人工智能产品——“知行舆情监测系统”，保证了政府实时了解区域的情况，掌握最新舆情动态；实现对数据最大限度地优化处理，节省人工成本，优化政府人员的工作效率

续表

序号	重要应用	主要内容
7	北京市交管局	联合百度地图共同发布“智慧蜂巢网络化管理系统”，解决故障信源少、信息不准确等问题，实现对交通设施的全方位管理
8	广东省广珠西线南丫站	全国首条高速主线 ETC 自主流开通，高速行驶的车辆可提前缴费，提高通行效率
9	杭州互联网法院	全球首家用区块链审判的法院正式上线，在线提交电子证据，由链上节点共同见证，为起诉人提供一站式服务
10	深圳区块链电子发票	全国首张区块链电子发票开启纳税服务新时代，实现无纸化智能纳税，全流程监管，保障安全和隐私
11	阿里云邮箱存证产品	阿里云邮箱联合法大大推出全球首个基于区块链技术的邮箱存证产品，用户可将重要邮件的特征数据（含哈希值）同步保存至权威的第三方机构，一旦产生纠纷，用户可以自行下载邮件全文，在发送至司法鉴定机构对原始邮件特征数据与之前存证数据进行比对后，即可生成相应的出证鉴定报告，依据此报告用户就能够有效地维护自身的合法权益
12	“链上云茶”	作为一种“区块链+茶产业”解决方案，结合了区块链、物联网、大数据等先进技术，对茶叶实物资产与数字资产进行一对一的匹配，形成“一物一码”数字资产唯一标识。通过联盟的共同组织和推广，协助政府部门推动茶行业新标准的建立。同时，利用区块链技术产生的资金流、物流、信息流，为茶农、茶企提供销售渠道和金融支持服务，为政府部门、金融机构提供数据决策服务，为消费者、经销商提供资产流通和信息查询服务

数据来源：赛迪智库整理，2019 年 8 月。

第二节　发展特点

（一）规模特点

业务收入保持稳定增长，持续领先全行业发展。2018 年，信息技术服务业同比增长 17.6%，相较软件产品和嵌入式软件增速分别高出 5.5 和 10.8 个百分点。信息消费的扩大和升级、“企业上云”等重大工程与重点项目进展顺利，为信息技术服务业带来更为广阔的发展空间。随着信息技术服务业与社会各行各业间跨界渗透的广度不断扩大，产业对国民经济社会发展的引领和支撑作用进一步凸显。

（二）结构特点

1. PaaS 建设成为行业云化的共同选择

近两年我国云市场发展迅速，以阿里云为代表的 IaaS（基础设施即服务）厂商技术趋于成熟，SaaS（软件即服务）应用市场接受度逐渐提升，业务发展呈现高速增长态势。但随着行业数字化转型深入，企业业务上云迅猛推进，通用 SaaS 难以满足不同行业、细分领域的需求，建设行业云平台、集聚内容和服务的趋势逐渐显现。平台能力的提升也将推动 IT 服务企业由“项目+产品”向“平台+服务”模式转变，PaaS（平台即服务）平台建设成为企业研发方向的共同选择。例如，用友基于其云平台已推出业务中台、技术中台、数据中台三位一体的中台解决方案，服务中兴通讯、三一重工、绿城等行业代表企业；恒生电子计划斥资 11.2 亿元建设金融云平台并已获得政府大力扶持，旨在为中小金融机构服务，搭建金融 IT 生态；东软基于自身 SaCaX 行业云平台，已经推出云 HIS、影响云平台、人社医保平台、环保云等多种平台服务。

2. 物联网成为推动产业升级的加速器

物联网应用越发普及，截至 2018 年年底，我国授权频谱蜂窝物联网连接数量已达到 6.72 亿，占全球物联网连接数的 60%以上。物联网的核心和基础仍是互联网，具有强渗透性和持续高速发展的内在需求，这使物联网技术必然寻求与多领域融合，催生信息技术新的发展空间。在生产制造领域，随着全国企业上云步伐加速，上云内容已从业务系统上云向工业设备上云演进，设备上云牵引工业互联网平台技术、相关信息技术服务的迭代升级，激发行业企业、IT 服务企业等加快信息技术与行业技术的融合创新。东方国信基于自身 Cloudiip 平台连接了全国 30%的炼铁高炉设备，为其提升锅炉使用效率 30%、降低煤炭消耗 20%。在社会服务领域，物联网技术渗透智慧城市、智慧交通、智慧社区、智慧医疗等领域的各个角落，创造出大量新的 IT 服务需求，提升社会管理和民生服务效率。杭州“城市大脑”基于城市交通传感器、监控设备等的感知数据，建立城市交通算法并实现信号灯实时优化，已优化路口 1300 个，覆盖了全市四分之一的路口。

（三）市场特点

1. 经济社会数字化转型催生市场空间

2018 年，“数字中国”首次写入《政府工作报告》，加快建设数字中国，使其更好地服务我国经济社会发展和人民生活改善，奠定了未来我国数字化转型的总基调。各行业的数字化转型蕴藏着巨大的市场机遇，吸引了国内外 IT 服务企业的目光，2018 年受到高度关注的领域包括制造、医疗、金融等。制造领域，行业企业与 IT 企业聚焦大数据、云服务、工业 APP 培育等领域，通过跨界合作等方式，共同推进工业互联网平台建设。医疗领域，2018 年以来，国务院办公厅、卫生健康委、国家医疗保障局等推出了一系列政策推进“互联网 + 医疗健康”发展，产业资本开始大举进入医疗 IT 服务业。

2. 海外市场布局和本地化经营全面深化

IT 服务企业坚持开放创新的发展理念，统筹利用国内外创新要素和市场资源，全面推进海外市场布局和本地化经营。2018 年，全国软件和信息技术服务业实现出口 554.5 亿美元。随着“一带一路”基础设施的互联互通以及各类国际合作不断落地，对“一带一路”沿线国家和地区的 IT 服务输出明显上升。企业开展跨国经营活动活跃度上升，通过在境外设立分公司、研发中心、分支机构和海外数据中心等方式拓展业务，节省出海成本。

（四）应用特点

信息技术服务企业积极推动人工智能技术从技术层走向落地和场景应用。人工智能技术在过去五年间快速发展，现已形成完整的产业链，在算法、算力、数据均满足要求后，应用场景快速孵化，创新服务层出不穷。人工智能技术可分为计算机视觉、自然语言处理、生物识别、人机交互、VR/AR 等技术，各类技术的成熟度、数据完备程度差异较大，进入商业阶段的程度也有较大差异。其中，计算机视觉技术相对成熟度更高，各企业积极推进其落地，已在安防、金融等领域初见成效，如商汤科技与深圳市公安局开展战略合作，推动市“AI+警务”建设，实现城市级监控、秒级人脸检索等应用。同时，企业抓住自然语言处理技术的突破口，大幅提升其应用价值，将其向会议中的机器同传翻译服务，社交网络、目标营销等场景下的情感分析、舆情分析等功能实现推进。此外，2018 年生物识别技术也在各 IT 企业的努力下，广泛落地于各类实名认证和身份识别场景。

第六章

嵌入式软件

嵌入式软件是指嵌入在计算机硬件、机器设备中并随其一并销售，构成计算机硬件、机器设备组成部分的软件产品，包括嵌入在硬件设备中的系统软件和应用软件。近年来，通过技术创新，嵌入式软件也被广泛应用在大型装备产品中，不但提高了产品的科技含量，增强了市场竞争力，同时也不断引领行业升级，为中国高端装备制造业发展做出了新贡献。

第一节　发展情况

随着芯片和电子元器件等硬件的逐渐趋同，嵌入式系统①的核心竞争力（即产品的增值效应）主要靠嵌入式软件实现，我国越来越多的企业正抓住嵌入式软件研发这个核心环节，实现以研发创新引领产业发展，例如，以华为、中兴通讯为代表的网络通信领域企业，以海尔、海信为代表的数字家庭领域企业，以东软、迈瑞为代表的医疗电子领域企业，以沈阳机床为代表的数控机床领域企业，以南瑞、许继为代表的电力自动化领域企业等。嵌入式软件正在成为产业创新和结构优化，以及“中国制造”向“中国创造”产业升级的重要产品。

2018 年，嵌入式软件收入平稳增长，软件行业实现嵌入式软件收入 8952 亿元，同比增长 6.8%（见图 6-1），占全行业收入的比重为 14.2%。虽然随着移动通信终端、平板电脑等产业逐渐步入平稳区间，我国嵌入式软件市场规模增速有所降低，呈现稳定发展态势。但嵌入式软件已成为产品和装备数字化改造、各领域智能化增值的关键。

① 嵌入式系统主要应用领域：通信设备、消费电子、工业电子、医疗电子等。

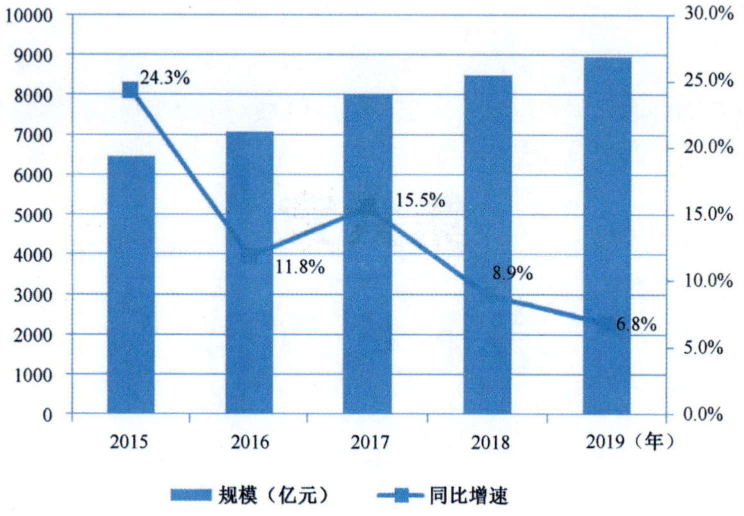

图 6-1　2015—2019 年我国嵌入式软件市场规模及增速

第二节　发展特点

（一）嵌入式操作系统重要性不断提升

伴随着物联网和人工智能的快速发展，以及 5G 基础设施建设的不断推进，嵌入式操作系统在智能系统中发挥着越来越大的作用。例如，机器人操作系统从最开始的专用控制程序管理到系统管理操作系统，一直发展到目前的智能嵌入式多任务实时操作系统，可以管理庞大的硬件资源及丰富的协议栈、UI 界面，兼容第三方接口，可以更加智能地根据用户需求设定定制化的任务。对于未来更加丰富的场景及更加智能化的时代，基于云平台的智能机器人操作系统呼之欲出，目前国内与国际上都将基于群体智能的嵌入式操作系统作为未来的研究方向。例如，面向物联网的嵌入式操作系统虽然在产品开发周期、终端软件质量、端云互联对接及应用服务部署等方面存在需求和痛点，但面向 AIoT 的开源嵌入式实时操作系统，在架构优化、内存保护、开源社区、完备中间件与跨平台特性等多个方面具有发展优势，能应用于智慧城市、智能家居、机场调度、智能电网等广泛场景。

（二）国内已具备嵌入式操作系统的发展基础

阿里巴巴 AliOS Things 是专为物联网应用设计和优化的新一代操作系统，致力于搭建云端一体化 IoT 基础设施，打造极致性能、极简开发、云端一体、丰富组件、安全防护等关键能力，可广泛应用于家电家居、城市、商业、物流、制造等领域的数字化和设备的智能化。到目前为止，基于 AliOS Things 物联网操作系统的连接设备已超过 1 亿台。AliOS Things 物联网操作系统已经实现了权限分离、内存权限隔离、内存地址隔离、任务栈隔离、进程管理及模块动态加载的安全性功能，使用户开发更加便捷、版本迭代更新更加方便、扩展更加可靠与灵活成为可能，为实现物理世界数字化、数字世界场景化的愿景提供有效的方法与技术。

华为在嵌入式操作系统方面起步较早，目前已经基于开源的 Linux 构建了高可靠、高安全与高实时性的自研操作系统，覆盖了公司管道产品中的各个业务，并且已经通过全球布局来支撑产品与业务的创新。基于 5G 万物互联的物联网时代，对于操作系统安全性的考虑尤其重要，为满足安全、可靠、自主的嵌入式操作系统要求，华为相继在软件栈、用户态、微内核裁剪与多进程实时性等方面进行了许多优化工作，并且应用到了华为众多产品的应用场景中。

翼辉信息经过两年的研发，实现了轻量级、实时性、基于权限分离、可物理隔离并能够快速部署的嵌入式操作系统 SylixOS，它具有自适应环境、可快速开发部署、可跨平台及自主可控的高安全性特点，能够为物联网时代的嵌入式操作系统保驾护航。SylixOS 具有强大的支持架构能力、丰富的外设支持、强大的文件系统、更多功能的网络支持、优化功能的集成开发环境及开源自主的内核支持。

（三）嵌入式软件持续推动互联系统向智能系统演变

随着嵌入式处理器性能的增强及互联网、移动互联等技术的深度发展，嵌入式系统正在具备更强的处理能力和更好的网络互联性，逐渐演变成功能更丰富强大的智能系统。“智能”涉及的设备不仅是指连接在云端的高性能计算机，还包括嵌入式领域中的处理器和集成电路。智能系统基于网络、高级操作系统和强大的处理器，可以灵活运行本地或云端的应用，更好地将物理世界与信息世界连接，将嵌入式系统提升到下一个进化阶段。有了嵌入式智能系统，以机器学习和人工智能为代表的新技术将应用在更多领域。例如，高通广泛的设备采用率可以为用户提供 3 种不同的人工智能子系统，包括 Adreno GPU、Hexagon DSP 和 Kyro CPU，这些都是构成骁龙 845 芯片的关键部分。预计到 2020 年，至少会有三分之一的智能手机芯片会内置人工智能处理器。

（四）嵌入式软件仍为物联网应用开发的突破口

传统的嵌入式系统与互联网的发展衍生出了物联网，物联网应用开发是典型的嵌入式开发，嵌入式软件是物联网开发的基础。随着产品和设备的智能化、网络化、信息化发展，后 PC 时代集成电路、软件等应用和市场重心正在变化，从过去的以计算机为中心向消费电子、智能移动终端、智能设备等领域嵌入式的应用设备为中心转移，集成电路 SOC 技术、微操作系统、实时数据库等技术和产品在嵌入式设备、智能终端中不断被应用。物联网感知层中的感知和控制设备为嵌入式系统软件、应用软件提供了巨大的应用空间，因此感知层的嵌入式软件是物联网研发的重点和突破口。

（五）开源与云化成为嵌入式软件的主要技术特征

当前嵌入式系统的快速发展与云计算技术的逐渐成熟和开源软件的不断应用密不可分。开源软件具备灵活性、开放性、低成本的特征，可以很好地满足嵌入式系统广泛性、多样性、创新性的需求。开源可以使用户免费获得广泛的硬件平台和设备支持，降低用户在硬件层的开发工作量，且更容易形成完善的生态环境，降低用户开发应用难度。云端的计算资源为嵌入式终端丰富的产品功能提供了重要的支撑。针对新兴技术产业的发展需求，嵌入式软件产业面临的主要技术困难是：日益增长的功能更新需求、灵活网络连接需求、移动终端的轻量化需求和多种类型的信息处理需求，而云计算技术的高速发展，可以很好地缓解嵌入式系统面临的压力。云计算可以使原独立运行的嵌入式操作系统通过网络连接到云端，使其计算性能得到了极大的加强，使得资源管理虚拟化和硬件通用化程度不断提高。随着嵌入式软件平台计算性能的提升，机器视觉、智能语音等人工智能和模式识别算法将逐渐移植到嵌入式平台上，产生芯片级的解决方案，在手机、机器人、可穿戴设备、智能家居产品、汽车等众多领域实现应用。

（六）嵌入式软件定制化成为智能化解决方案的重要选择

以功能划分，嵌入式系统市场可以划分为四大块，分别是单机、实时、网络和移动，其中实时嵌入式系统市场份额最大。以微控制器种类划分，市场可以分为小型、中型和大型嵌入式系统，其中中型嵌入式系统占据全球市场的最大份额。实时、中型嵌入式系统对于定制化、专业性的要求不断提高。制造业客户不再仅仅满足于接受单一的产品，而更倾向于厂商可以提供以工控机为核心的整体解决方案，这势必将改变整个嵌入式工控机产业的服务模式。以嵌入式工控机为核心，利用云计算、云存储等信息化技术，构建面向行业应用的完整的智能制造系统解决方案，将更受用户青睐。而随着工控机应用领域的不断拓展，对其的定制化和专用化要求也在不断提高。各行业间存在较大差异，传统的通用型嵌入式系统难以满足所有行业需求。同时，在行业内部，为了突出自身优势，体现核心竞争力，也不宜采用通用的解决方案，因此面向行业的专业嵌入式定制化是嵌入式系统行业发展的必然结果。

第七章

云计算

随着云计算相关政策的不断落实推进，我国云计算产业发展势头迅猛、创新能力显著增强、服务能力大幅提升、应用范畴不断拓展，已成为提升信息化发展水平、打造数字经济新动能的重要支撑。2018 年，我国云计算市场规模持续增长，工业和信息化部印发《云计算发展三年行动计划（2017—2019 年）》，提出到 2019 年我国云计算产业规模突破 4300 亿元的目标，同时，推出“百万企业上云”行动计划，进一步优化了云计算产业发展环境。据测算，2018 年我国云计算带动的上下游产业整体规模达 6000 亿元，到 2021 年，中国云计算 IT 支出占比有望超过 50%。同时，在全球 IT 支出中，传统 IT 支出占比将下降至 46%，美国的这一数据将下降至 38.2%。

第一节　发展情况

（一）产业规模

我国正处于数字经济蓬勃发展的浪潮下，云计算的推广普及已成为各行各业的共识，已从游戏、电商、移动、社交等在内的互联网行业向制造、金融、交通、医疗健康等传统行业迈进。2018 年，我国云计算市场规模继续保持高速增长，根据测算，我国公有云市场规模约为 332 亿元，增速为 38.2%；私有云市场规模约为 502 亿元，增速为 22.3%。到 2020 年，我国云计算市场规模将有望达到 1400 亿元（见图 7-1、图 7-2），占到全球云计算市场的 10%以上。2018 年，中国云计算市场投资并购不断，巨头厂商在公有云市场的布局已基本完成，私有云、混合云市场还未形成绝对巨头，存在着较多可以纵深切入的方向，私有云、混合云成为投资机构重点关注领域。

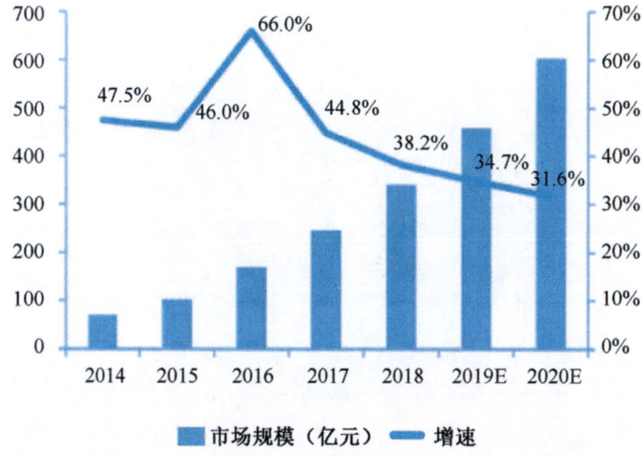

图 7-1　2014—2020 年我国公有云市场规模

（数据来源：赛迪智库，2019 年 1 月）

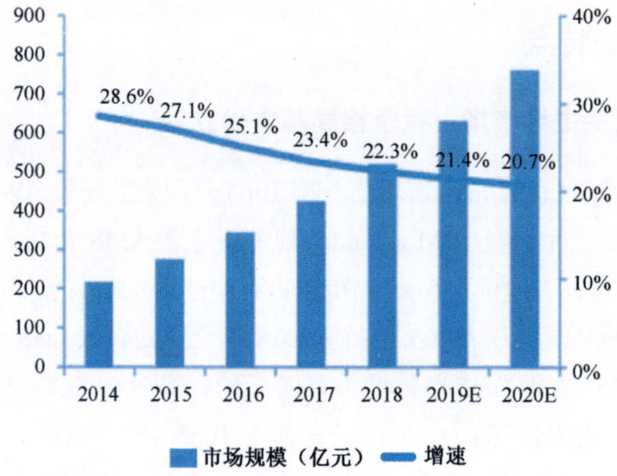

图 7-2　2014—2020 年我国私有云市场规模

（数据来源：赛迪智库，2019 年 1 月）

（二）产业结构

从公有云服务的 3 个类别来看，2018 年，我国 SaaS（软件即服务）市场规模最大，占比约为 75%；IaaS（基础设施即服务）规模占比约为 17%，是我国云计算市场中增速最快的细分领域；PaaS（平台即服务）市场规模占比最小，约为 8%（见图 7-3）。随着云计算、大数据和人工智能的交叉创新，以及与传统行业的深度融合，云计算的服务化特征逐步成熟，基于云平台的综合解决方案和综合服务项目的快速增长，增速已明显高出基础设施即服务和平台即服务。

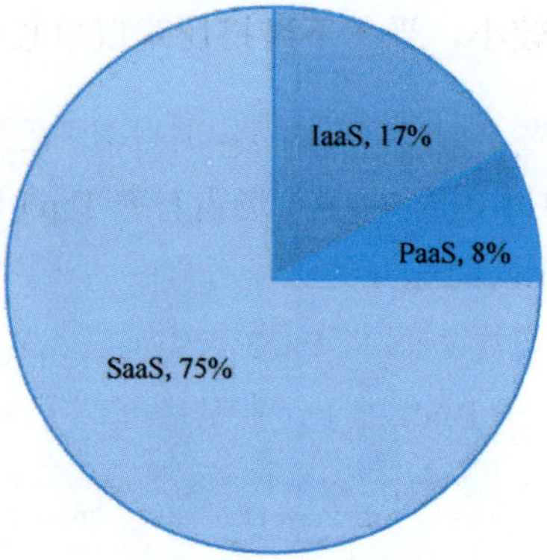

图 7-3　2018 年我国公有云服务架构占比

第二节　发展特点

（一）市场特点

1. IaaS 巨头主导市场，竞争格局基本确立

2018 年，全球公有云 IaaS 市场占有率 Top5 分别为亚马逊 AWS、微软 Azure、阿里云、Google 云平台及 IBM Cloud，其中亚马逊 AMS 市场占有率最高，达 51.8%，处于绝对领先地位；Top5 的市场占有率达到 75%，较 2017 年同期提升 4.6%，IaaS 市场基本被几大巨头把持。2018 年全球公有云 IaaS Top5 市场规模同比增长超过 25%，非 Top5 整体增长率仅有 8%，预计未来 Top5 的市场占有率仍将逐渐提升。中国公有云 IaaS 市场占有率 Top5 分别为阿里云、腾讯云、中国电信、金山云、亚马逊 AWS，其中阿里云以 45.50%的市场占有率排名第一，是中国 IaaS 市场的领头羊；Top5 的市场占有率达 75.3%，竞争格局基本与全球市场保持一致。

2. SaaS 市场规模巨大，CRM、ERP、办公套件市场占有率前三

2018 年，全球公有云 SaaS 市场规模达到 656 亿美元，同比增长 26.64%，占全球公有云市场总规模的 59.09%，是云计算规模最大的细分市场，预计 2021 年全球公有云 SaaS 市场规模将达到 1276 亿美元，年复合增长率为 18.1%。CRM、ERP、办公套件是 SaaS 板块排名前三的细分子领域，三者合计占据市场 75%的份额。内容服务、商务智能应用、项目组合管理等服务虽然规模较小但是增速较快，尤其是内容服务在 2018 年的增速达到 53%，未来几年的年复合增长率也将超过 30%。

3. PaaS 市场规模较小，受上下游挤压难以单独存在

2018 年，全球与中国 PaaS 市场规模分别为 128 亿美元和 12 亿元，规模远小于 IaaS 和 SaaS。2018 年国内 PaaS 市场占有率 Top5 依次为阿里云、Oracle、亚马逊 AWS、微软、IBM，Top5 的市场占有率达 52%，其中阿里云、亚马逊 AWS、IBM 的 PaaS 业务均由 IaaS 向 PaaS 衍生而成，Oracle 和微软则是在 IaaS、SaaS、PaaS 均有布局。由于 PaaS 处于产业链中间环节易受上下游挤压，且 PaaS 起步较晚，市场还处于激烈竞争状态时上下游竞争格局就已经确立，IaaS、SaaS 向中游 PaaS 衍生对其形成强烈的挤压效应。

（二）创新特点

1. 混合云将迎来快速发展

混合云采用多云混合部署，在保证核心业务系统安全性的同时，又可利用公有云低成本和可扩展性的优势。中国信息通信研究院的数据显示，在公有云、私有云及混合云策略中，82%的企业优先选择混合云。2018 年谷歌与超融合龙头厂商 Nutanix 合作布局混合云市场；阿里云联合 ZStack 发布混合云服务；亚马逊 AWS 与 Vmware 合作推出 VMware Cloud on AWS 服务；微软推出多云管理服务 Cloud Service Map 助力多云混合部署，众巨头加码将推动混合云市场进入快速增长期。

2. 端云结合将逐渐成为趋势

2018 年，云计算厂商纷纷强化边缘计算服务，在边缘设备上进行计算和分析的方式有助于降低关键应用的延迟和对云的依赖。边缘计算在及时地处理物联网生成的大量数据的同时，还可结合云计算对物联网产生的数据进行存储和自主学习，使物联网设备不断更新升级。边缘计算与云计算结合将帮助云向更靠近用户的方向延伸，便于满足新兴业务的低时延、高带宽等需求。随着物联网、人工智能、虚拟现实等对时效性和带宽要求较高的业务的发展，端云结合互相配合、各负其责将逐渐成为趋势。

（三）应用特点

1.“云智能”开启新时代，智能云加速数字化转型

智能云是智能化应用落地的引擎，可缩短研究和创新周期。人工智能技术

能够帮助企业实现降本增效，激发企业创新发展动能。然而，人工智能技术对研发能力要求高且资金投入量大，在一定程度上限制了人工智能的落地进程。因此，企业希望“云智能”共同为产业赋能，根据各类业务场景进行需求匹配，以云的方式获得包括资源、平台及应用在内的人工智能服务能力，降低企业智能化应用门槛。当前，国内厂商纷纷布局智能云市场，积极开放自身智能化技术能力。同时，智能云服务落地多个行业应用，助力企业实现数字化转型。在零售领域，通过对客户消费行为进行智能分析，制作客户画像，精准识别客户需求，从而大幅提升转化率。以阿里“新零售”、苏宁“智慧零售”和京东“无界零售”等理念为代表，提出打造智慧营销解决方案，以提升消费者体验为核心，实现精准营销。在金融领域，借助大数据分析进行智能反欺诈预测和风险控制。在医疗领域，远程诊疗平台、辅助诊疗系统、医学影像分析等依靠图像识别技术，大大提升医生的诊断效率，并在一定程度上提高医疗水平较为落后地区的诊疗水平。

2. 各云计算应用领域发展稳健

政务行业是云计算应用最为成熟的领域，全国超九成省级行政区和七成地市级行政区均已建成或正在建设政务云平台；金融行业是云计算深化应用的重要突破口，《中国银行业信息科技“十三五”发展规划监管指导意见（征求意见稿）》指出，到“十三五”末期，面向互联网场景的主要信息系统尽可能迁移至云计算架构平台；工业云是推动两化深度融合、发展工业互联网的关键抓手，在国家政策的指引下，全国各地方政府纷纷进行工业云发展规划，积极推进工业云的发展；轨道交通是城市运转的命脉，轨道交通信息化已经成为国家信息化的重要布局，轨道交通云正处于蓬勃发展、方兴未艾的关键时期。

（四）区域特点

1. 我国各省云计算产业发展情况呈现出由东向西递减的态势

根据《中国企业上云指数（2018）》披露的信息，2018 年以山东、江苏、浙江、福建及广东为代表的东部沿海省份云计算产业发展最好，其次为陕西、河南、湖北、湖南及四川等，而甘肃等西部地区企业素来数字化程度较低，处于全国最后梯队。

2. 云计算产业增速较快省份向中西部转移

随着地方政府采取企业上云补贴措施大力推进地方云计算产业的发展，我国云计算产业发展较为落后的中西部地区开始迅速崛起。以四川、河南、陕西及湖北等地为代表的省份 2018 年云计算市场增速处于全国第一梯队，西部省份甘肃的云计算产业也有了明显起色，同比增速处于全国第三梯队，而处于云计算第一梯队的山东与广东等地市场增速却处于全国第二梯队，由此可知，进入 2019 年后我国云计算相对落后的中西部地区也开始快速发展起来。

第八章

大数据

第一节　发展情况

（一）产业规模高速增长

2018 年，我国大数据产业保持快速发展态势，产业规模持续扩大，产业链条加速完善，包括大数据硬件、大数据软件、大数据服务等在内的大数据核心产业环节的产业规模有望达到 5700 亿元，将在 2020 年达到 1.2 万亿元，如图 8-1 所示。从大数据核心产业结构来看，基于大数据的服务仍是核心产业的主体，其规模约占大数据核心产业规模的 90%。随着大数据在各行业领域的不断深入应用，大数据融合应用产业将迎来巨大的发展前景，其增速将远超大数据核心产业本身。此外，2019 年上半年，互联网大数据服务、大数据服务（纳入软件产业统计部分）增速突出，如图 8-2 所示，均高于全行业平均增长水平。

图 8-1　2016—2020 年我国大数据产业规模（亿元）

（数据来源：赛迪研究院，2018 年 12 月）

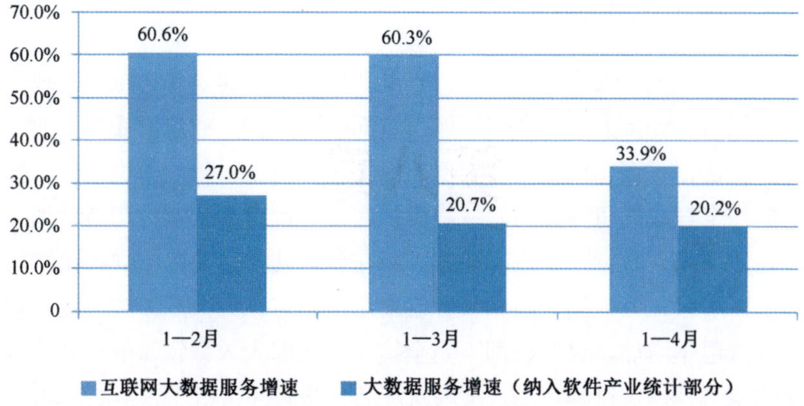

图 8-2　2019 年上半年互联网大数据服务、大数据服务（纳入软件产业统计部分）增长情况

（二）发展环境不断向好

2018 年，推动大数据发展已成为各级政府主管部门的共识。随着《促进大数据发展行动纲要》《大数据产业发展规划（2016—2020 年）》等一系列政策进入落地实施阶段，政策环境迎来了加速优化期，据研究机构统计，全国 30 多个省市制定实施了大数据相关政策文件。在机构改革中，“大数据”成为一大亮点。山东、福建、浙江、广西等地区新成立了省级大数据管理局；广东在原有大数据管理局基础上，新组建省政务服务数据管理局；此外，贵州大数据管理局等已存在机构，也被明确提升至省政府直属机构级别。据不完全统计，截至 2019 年 6 月，全国 17 个地方已设置省级大数据管理机构，超过 79 个地市成立了大数据管理机构。在人才培养方面，2018 年教育部在全国范围内新批准 248 所高校开设大数据专业；同时，成立了如达摩院、北京大学健康医疗大数据国家研究院、重庆邮电大学科大讯飞人工智能学院等大数据研究培训机构，不断加强大数据人才培养力度。在大数据标准化方面，2018 年贵州获批建设国家技术标准（贵州大数据）创新基地，用以加快建立大数据关键共性标准，并引导国内外企业加强大数据关键技术、产品的研发合作。在公共服务方面，围绕大数据的咨询服务、知识产权保护、产权交易、品牌推广、投融资服务等服务机构也逐渐发展成熟。

（三）骨干企业实力强劲

国内大数据企业实力不断增强，已具备自主开发建设和运维超大规模大数据平台的能力，一批大数据和智慧城市方面的独角兽企业快速崛起；业务覆盖领域日益完备，垂直领域业务布局不断深化，在数据采集、数据存储、数据分析、数据安全与数据可视化等领域均成长起了一批有一定实力与特色的大数据企业代表，国内大数据企业生态地图不断完善。此外，国内大数据企业技术创新能力不断增强，大数据产品和服务创新层出不穷，大数据和智慧城市领域专利申请数量逐年增加。目前，据不完全统计，我国大数据领域的专利公开量约占全球的40%，位居世界第二，全国新产品、新服务、新模式不断涌现。

（四）行业应用逐渐深入

2018年，随着《国务院关于深化制造业与互联网融合发展的指导意见》等一系列政策文件的出台、实施和深入贯彻，制造业数字化、网络化、智能化转型步伐不断加快。高质量数据已成为工业系统运行的核心要素，用于推动大中型企业实现智能制造升级和工业互联网转型，并支撑中小企业创新创业。企业级工业大数据平台应用场景不断丰富，百度的工业大数据监测平台已逐渐延伸到汽车、日化等行业；三一重工利用大数据分析技术为智能工程机械物联网提供有效决策支持。工业大数据生态环境不断优化，在工业和信息化部指导下成立的工业互联网产业联盟，目前会员数已突破400家，已从产业需求、技术标准、应用推广、安全保障、国际合作等角度开展了多项务实工作并取得了诸多研究成果。此外，大数据与电信、金融、医疗、制造业等领域融合应用催生出越来越多的新业态、新模式，推动数字经济走向应用和服务深化的发展新阶段。

（五）区域布局持续优化

2018年，以八大国家大数据综合试验区为引领的大数据发展态势已基本形成。京津冀地区着力打造大数据走廊格局，已初步形成大数据协同发展体系；以上海为核心的长三角地区，持续推进大数据与当地智慧城市建设，以及云计算、人工智能等其他新一代信息技术发展深度结合；珠三角地区在大数据应用创新、产品研发及产业管理方面率先垂范、具有成效；贵州、重庆、河南、沈阳等 4 个试验区近年来大数据产业发展势头迅猛，有望成为我国大数据发展的新增长极；而位于内蒙古自治区的基础设施类综合试验区，则充分发挥其在气候、资源、地形上的优势，不断加大资源整合力度，与东部、中西部地区的产业合作不断增强，在绿色集约的原则下逐步开始了跨越式发展。

第二节 发展特点

（一）技术特点

1. 大数据与新兴技术交叉融合态势日趋增强

大数据通过与人工智能、云计算、物联网、边缘计算等新兴技术渗透融合，在智能制造、绿色低碳、共享经济、现代供应链、中高端消费等领域培育形成了新的增长点，成为创新发展的重要驱动力。1999 年“大数据”术语首次出现在《美国计算机协会通讯》中，代表着大数据技术正式诞生。2001 年 Gartner 首次开发大数据模型，此后谷歌、雅虎相继入局，分别发布了第一个大规模商用分布式文件系统 GFS 和第一个 Hadoop 分布式计算系统。此后，随着大数据进入技术上升期，大数据基础技术逐步成熟，更多 ICT 企业入局大数据领域，并成为投资新热点。该时期大数据分析类、事务处理类、流通类技术快速发展，算法算力大幅提升，大数据进入广泛应用时期。大数据在 Gartner 新兴技术成熟度曲线中也逐步从期望膨胀爬升期逐步过渡到期望膨胀巅峰期，最后到泡沫破裂低谷期。自此，大数据不再作为热点出现在 Gartner 的新兴技术成熟度曲线图上，大数据发展回归理性。而继续深入研究 Gartner 新兴技术成熟度曲线图，可以发现，2015 年智能顾问、微数据中心、数字化办公成为新热点；2016 年智能机器人、机器学习成为新热点；2017 年深度学习、自动驾驶、边缘计算、认知计算进入期望膨胀巅峰期；2018 年边缘人工智能、智能机器人、深度神经网络、数字孪生成为新热点。可以认为，大数据不再出现在 Gartner 新兴技术成熟度曲线上，标志着大数据进入融合发展时期，大数据技术不再独立成为热点，而是融合渗透到人工智能、云计算、边缘计算等新兴信息技术之中，并通过紧密相关的新兴技术发展体现其价值。

2. 开源技术仍是大数据技术创新的重要模式

开源是大数据技术创新的主要模式，开源大数据软件是推动大数据技术发展和服务创新的重要基础。根据初步统计，开源软件和开源工具包括计算软件、存储软件、查询软件、基础平台、平台管理、系统工具、数据应用等多个类型，覆盖了大数据服务产业发展的各个环节，基于开源软件企业可以快速构建大数据应用平台，提供多种多样的大数据服务。根据开源中国的统计，截至 2018 年 1 月，数据库、平台管理等大数据领域的开源软件超过 2000 个。大数据领域开源软件的丰富和不断创新为大数据服务企业提供了必要的技术支持，是推动大数据服务产业发展的重要力量。

（二）结构特点

1. 数据治理成为保障数据价值发挥的重要一环

随着大数据高速发展，数据资源的基础性战略资源作用日益凸显。数据规模随之提升到 PB（千万亿字节）级乃至 EB（百亿亿字节）级。据研究机构统计，近年全球数据总量快速增长，2012—2020 年全球数据总量年增长率将维持在 50%左右，预计到 2019 年，全球数据流量将在 2005 年的基础上增长 66 倍，预计到 2020 年，数据总量将达到 44ZB（万亿 GB）。我国数据总量正在以年均 50%的速度增长，预计到 2020 年有望达到 8000EB，占全球数据总量的 21%，成为世界第一的数据资源大国和全球数据中心。随着数据规模的爆发式增长，数据资源管理、数据开放共享、数据流通、数据安全等问题日益突出，推动数据治理成为数据资源体系建设的关键一环。

2. 工业大数据成为行业应用的重要方向

当前，我国正处于加快建设现代化经济体系的关键阶段，现代化经济体系建设的着力点主要在实体经济，而我国作为制造大国，加快发展先进制造业，成为当前我国经济建设的重要任务。大数据是对数量巨大、来源分散、格式多样的数据进行采集、存储和关联分析，从中发现新知识、创造新价值、提升新能力的新一代信息技术和服务业态。发展工业大数据，加快推动大数据与实体经济的深度融合成为行业应用的重要发展方向。加快发展工业大数据也是深入贯彻国家大数据、数字经济、工业互联网创新发展战略的重要抓手。随着各项政策红利的相继释放，工业大数据将迎来重要机遇期，在工业产品创新、工业物联网、工业供应链等方面将不断创造价值，持续推动我国工业高质量发展。工业互联网平台将成为工业大数据竞争的制高点，我国制造业企业围绕平台布局实现转型升级的步伐将显著增快。随着各地工业大数据试点示范工作的全面开展，工业大数据骨干企业和创新型企业的服务供给能力将不断提升，工业大数据在加速产品创新设计、产品故障诊断与预测、供应链的分析和优化等具体生产场景中的引领作用将不断强化。

（三）企业特点

1. 龙头企业积极构建数据服务生态

随着数据的基础性、战略性资源作用日益凸显，全球龙头企业加快构建以云平台为载体、以端到端的行业数据服务为核心、以业务深度融合为特征的产业生态。国际上，Saleforce 以 157 亿美元收购商业智能和分析软件 Tableau，在产品中集成数据分析功能，提升客户关系管理、营销等业务环节的智能化水平。国内，BAT 和华为等巨头公司更多地基于平台技术优势抢占基础支撑市场，并进一步与垂直行业数据企业合作，在大金融、大健康、大安全、融媒体、智慧政府等领域构建产业生态。在这一趋势下，将出现更多的企业依托自身数据能力，“嫁接”行业优势资源，积极打造大数据时代产业竞争新优势。

2. 行业企业深耕行业应用需求提升垂直领域竞争优势

除大型互联网企业外，我国行业领军企业和深耕行业信息化的科技企业则聚焦于行业应用，研发面向特定应用场景的行业解决方案，为特定行业企业提供大数据服务。经过多年的积累与发展，工业、金融、电信、政务、商贸等领域数据资源较为丰富，信息化发展水平较高，为行业大数据的发展提供了有利条件。在此背景下，垂直领域的大数据服务业呈现出快速发展态势，在营销、预测、预警、智能管理等场景下实现了应用，行业企业继续加大布局力度。

第九章

人工智能

人工智能（Artificial Intelligence，AI），也被称为机器智能，是指利用机器去实现必须借助人类智慧才能实现的任务或行为，其本质是对人类智能的模拟、延伸甚至超越的一门新技术学科。从产业的视角来看，狭义的人工智能产业涵盖基于人工智能算法和技术进行研发和拓展应用的企业，主要提供人工智能核心产品和服务以及行业解决方案；广义的人工智能产业则涵盖包括计算、数据资源、人工智能算法和计算研究、应用服务在内的企业。本文重点聚焦于狭义的人工智能产业的发展。

第一节　发展情况

2018 年，人工智能呼声依然高涨，我国人工智能产业发展势头良好，政策环境不断优化，技术创新势头高涨，行业应用逐步深入，产业化能力稳步提升。截至 2018 年年底，超过 20 个省份发布了人工智能专项扶持政策，2018 年中国人工智能核心产业规模达到 686 亿元。

（一）产业规模

人工智能作为重要的基础性信息技术研究方向，其发展并不是完全独立的，而是呈现出与其他信息技术方向协同演进的特征。在各方的推动下，全球人工智能及其相关产业规模持续提升，根据中国电子学会统计，2018 年，全球人工智能核心产业市场规模超过 555 亿美元，较 2017 年增长 50.2%。我国已成为全球人工智能专利布局最多的国家，论文总量与高被引论文数量均居世界首位。

（二）技术创新

近年来，我国科研机构和高等院校结合产业发展状况和趋势，不断加大人工智能领域研究，为关键技术突破、企业人才输送等方面提供了重要支持。基础技术方面，我国在人工智能芯片、底层算法、机器学习和语音识别等领域取得了具有创新竞争力的成果，人工智能技术将在越来越多的应用场景中落地。2018 年 3 月，云从科技凭借其对抗神经网络技术代表中国人工智能企业入选美国《麻省理工科技评论》全球“十大突破性技术”榜单；2018 年 9 月，依图智能人像大平台获得 SAIL 创新奖。创新应用方面，2018 年 7 月，百度发布了中国首款云端全功能 AI 芯片“昆仑”；2018 年 10 月华为发布全球首款覆盖全场景人工智能的 Ascend 系列芯片。创新生态支撑方面，2018 年 2 月，商汤科技联手美国麻省理工学院成立人工智能联盟，共同推进人工智能技术研究；2018 年 9 月，阿里巴巴宣布此前收购的中天微和达摩院自研芯片业务整合成“平头哥半导体有限公司”，主要研发人工智能芯片和嵌入式芯片，同时负责产业化推广、构建生态等任务。

（三）区域分布

从地域来看，由于人工智能产业属于典型的智力密集型行业，我国人工智能企业主要集中在北上广深杭等智力资源丰富的区域。赛迪顾问发布的“2018 中国人工智能城市排行榜”显示，北京、上海凭借其在政策、科研、产业、资本等领域的优势，位于第一梯队，分别排名第一、第二；杭州和深圳有良好的创业企业积淀，分别排名第三、第四。合肥依靠科研、政策优势异军突起，排名第五。广州、重庆、苏州、武汉、南京分列六至十位。

（四）产业结构

从人工智能产业结构来看，我国人工智能领域有以下三类企业。

一是拥有大量的数据资源，从数据出发，不断强化人工智能核心算法，并率先将人工智能技术应用到其自身业务中的企业。典型企业包括百度、阿里巴巴、腾讯、京东等。作为近几年在人工智能领域投入最多的企业之一，百度建立了深度学习研究院，自成立以来共开发获得了 270 余项神经语言程序学领域专利和超过 120 项的深度学习专利。阿里巴巴于 2018 年 9 月在云栖大会上推出了两款智能机器人、AliGenie 3.0 人工智能平台和一套智能驾驶生态。两款智能机器人有视觉导航技术、多模态交互能力、可变舱体空间及双向往复的行进能力，可以实现自身实时定位与导航，辅助用户运输或配送物品。AliGenie 3.0 是阿里巴巴实验室研发的第三代人工智能平台，这个平台使机器能够感知环境，识别障碍物，定位自身位置，搭载 AliGenie 3.0 的智能机器人可以完成更多任务。2018 年 6 月，腾讯机智机器学习平台打破 AI 训练世界纪录，在 ImageNet 数据集上，4 分钟训练好 AlexNet，大幅提高了 AI 模型训练速度。

二是拥有人工智能核心算法，并依托技术优势不断强化底层数据和计算基础，发展各类面向应用的产品和服务的企业。这类人工智能企业通常专注于产业链垂直领域，典型企业有智能语音市场的领先企业科大讯飞、专注于安防领域人脸识别的商汤科技和 Face++、聚焦于中文语音搜索的出门问问、语音识别领域的领头羊云知声、消费级视频识别技术的开拓者 Video++等。

三是从应用端出发，面向各类应用场景开发相应的智能服务产品和解决方案，并以此为基础不断强化基础储备和技术能力的企业。主要企业以初创企业为主，如地平线机器人、旗瀚科技、智位科技、科沃斯等机器人企业，大疆、臻迪科技等无人机企业，华大基因、碳云智能等智能医疗企业等。

第二节　发展特点

（一）政策特点

党中央与各级政府一直高度重视人工智能技术创新和产业发展。2018 年 3 月，李克强总理在《政府工作报告》中指出，要加强新一代人工智能研发应用，发展智能产业，拓展智能生活。5 月，科技部印发《关于技术市场发展的若干意见》，指出要推进人工智能等行业性技术交易市场发展，发挥专业化众创空间等创新创业服务载体的作用，提供专业化技术转移服务。10 月，中共中央政治局就人工智能发展现状和趋势举行第九次集体学习，习近平总书记强调要深刻认识加快发展新一代人工智能的重大意义，加强领导，做好规划，明确任务，夯实基础，促进其同经济社会发展深度融合，推动我国新一代人工智能健康发展。同时，多个省市也专门针对人工智能产业发布了相关政策。2018 年部分省市人工智能相关政策如表 9-1 所示。

（二）投融资特点

根据 IT 桔子数据，2018 年我国人工智能行业发生投融资事件 602 起，总融资额达到 1278 亿元。投融资事件数量增长 71%，投融资金额增长 69.5%。

表 9-1　2018 年部分省市人工智能相关政策

序号	省市	政策文件	相关表述
1	上海	《推进上海马桥人工智能创新试验区建设工作方案》	汇集全球先进的城市发展理念和科技元素，培育具有国际竞争力和技术主导权的人工智能特色产业集群，创建“智生产、智生活、智生态”的产城共生家园，成为特色主导产业推动区域整体开发的创新试验区
2	北京	《北京创新型总部经济优化提升三年行动计划（2018—2020 年）》	聚焦新一代信息技术、人工智能、智能装备、医药健康、新能源智能汽车等十大“高精尖”产业领域，引进和培育一批掌握尖端技术、核心技术和关键技术的创新型总部企业
3	重庆	《重庆市以大数据智能化为引领的创新驱动发展战略行动计划（2018—2020 年）》	立足现有优势和基础，推动互联网、大数据、人工智能同实体经济深度融合，加快形成智能产业、智能制造、智能化应用“三位一体”发展格局。培育大数据、人工智能、智能硬件、软件服务、物联网、区块链等智能产业链，加快发展数字经济
4	黑龙江	《黑龙江省人工智能产业三年专项行动计划（2018—2020 年）》	力争到 2020 年，我省人工智能基础理论研究、核心关键技术、支撑平台、创新应用和产业发展等方面取得重要进展，人工智能与实体经济深度融合，产业发展环境不断优化，人工智能产业发展达到全国先进水平
5	广东	《广东省新一代人工智能发展规划》	到 2020 年，广东人工智能产业规模、技术创新能力和应用示范均处于国内领先水平，部分领域关键核心技术取得重大突破，一批具有地域特色的开放创新平台成为行业标杆，人工智能成为助推广东产业创新发展的重要引擎，形成广东经济新的增长点

数据来源：赛迪智库整理，2019 年 9 月。

从技术领域的角度来看，计算机视觉与智能驾驶是最热门的两大领域，而机器人、智能芯片、智慧医疗等领域也颇受资本青睐。从地域分布的角度来看，北京的人工智能企业吸引了超过 70%的投资资金，96%的资金集中投向北深上杭广地区。

从投资轮次上看，绝大多数项目处于发展初期，A 轮及以前的投资项目共有 117 起，占比 58.2%，早期项目融资活动更为频繁。B、C、D 轮获投资项目较少，但金额大，所得投资金额占比为 60.31%，整体来看 2018 年投资机构偏好中后期项目。2018 年国内人工智能项目投资典型案例如表 9-2 所示。

表 9-2　2018 年国内人工智能项目投资典型案例

序号	企业名称	融资轮次	融资金额	所属领域
1	字节跳动	F 轮	40 亿美元	信息分发
2	商汤科技	D 轮	10 亿美元	计算机视觉
		C+轮	6.2 亿美元	
		C 轮	6 亿美元	
3	地平线机器人	B 轮	10 亿美元	智能芯片
4	优必选	C+轮	8.2 亿美元	机器人
5	游侠汽车	B 轮	50 亿元	智能驾驶
6	旷视科技	D 轮	6 亿美元	计算机视觉
7	车和家	B 轮	40 亿元	智能驾驶
8	奇点汽车	C 轮	30 亿元	智能驾驶
9	寒武纪科技	B 轮	数亿美元	智能芯片
10	小鹏汽车	B 轮	22 亿元	智能驾驶

数据来源：赛迪顾问，2019 年 1 月。

（三）应用特点

人工智能技术在各个行业领域有着广阔的应用空间和价值，其中，在安防、金融、汽车、家居、医疗、健康、教育、物流、出行等领域已经有了较为成熟的应用。但由于各行业信息化水平存在差异，智能服务的发展层次不尽相同。

一是安防是人工智能应用最成熟的领域。从应用的实际需求出发，人工智能技术在安防领域的应用场景众多，如人脸识别、车牌识别、身份证比对、被动人像卡口、嫌疑人照片检索等应用。2018 年 5 月，海康威视与上海市公安局交警总队共同成立“智瞳”图像创新应用联合实验室，面向一线交警实际需求打造信息服务体系。

二是金融成为我国人工智能应用先锋。在金融领域，人工智能可用于身份验证、市场分析、商业智能、人力资源管理、客户服务、风险控制、反欺诈、反洗钱、金融分析和交易等。人脸识别技术已应用在柜台人脸识别辅助、ETM 可视化柜台、远程开户等场景中；智能视频分析技术应用于 ATM 及自助厅自动报警；语音识别、语义识别技术应用于机器人大堂经理。2018 年 6 月，招商银行与上海交通大学共同建立“上海交通大学-招商银行掌上生活 AI 联合实验室”，这也是银行业首个 AI 实验室。

三是自动驾驶加速落地。在汽车领域，围绕智能驾驶汽车人工智能在三个关键环节均有所应用和体现，即环境感知、路径规划与决策和高精度定位。在该领域，百度、地平线等企业已经开展了卓有成效的实践。2018 年 1 月，百度正式公布阿波罗 2.0 自动驾驶技术平台，在全球同超过 90 个合作伙伴共同推进自动驾驶技术的研发。

第十章

开源软件

第一节　发展情况

（一）整体情况

2018年，我国开源软件整体规模呈现稳步增长态势，与美国等发达国家差距正在逐渐缩小。根据2018年GitHub开发者报告统计，中国用户的增速一直保持全球领先，我国注册的GitHub开发者数已连续4年仅次于美国，位居全球第二，相关项目的整体质量、收藏数量、代码提交、信息反馈相较前几年已经有了显著提升。在OpenStack等顶级开源项目方面，中国开发者的参与程度与贡献也逐年增加，国内企业与个人对开源的重视程度不断提升。根据我国最大的开源社区——开源中国的统计，近3年托管在开源中国的我国开源软件数量呈现逐年上升趋势。据统计，码云收录的各类开源软件数量超过46000个，其中，国产开源软件数量已经超过了9870个。开源中国收录的开源软件绝大多数正处在活跃发展期。

（二）生态情况

开源发展政策环境不断优化。2018年，中国政府对开源的认识进一步提升，对开源软件发展的政策支持力度在不断加强。《软件和信息技术服务业发展规划（2016—2020年）》中提到："发挥开源社区对创新的支撑促进作用，强化开源技术成果在创新中的应用，构建有利于创新的开放式、协作化、国际化开源生态。"在《工业互联网APP培育工程方案（2018—2020年）》中指出："支持建设工业APP开源社区和基金会，鼓励大型制造企业、互联网企业和软件企业依托开源构建工业 APP 培育新模式”“引导制造企业、软件企业、科研院所和开发者等发起工业技术软件化开源项目，积极参与国际开源项目。鼓励第三方机构开展开源许可协议、开源知识产权保护研究，推动开源项目应用”。这些表述充分说明，开源软件是未来中国软件和信息技术服务业的持续快速发展的重点，也是不断提升中国信息技术创新水平的一个重要基础。

我国开发者在国际社区中的活跃度持续提升，竞争实力也在逐渐增强。2018 年 GitHub 开发者报告统计显示，仅 2018 年我国加入 GitHub 开源社区的开发人员数目已经超过 70 万。在 Linux、Apache 等基金会，来自中国大企业，如华为、阿里巴巴、360、腾讯等开发者正产生着越来越重要的影响。

（三）项目情况

2018 年，我国开发者主导的开源项目也取得了较快发展，以 CarbonData、HAWQ、Kylin、RocketMQ、ServiceComb 等为代表的开源项目发展迅速，Dubbo、ECharts 等开源项目受到全球开发者的广泛关注。

中国贡献的开源项目数量不断增加。国内以华为、腾讯、阿里巴巴等企业为代表的 IT 大企业不断加大对开源世界的回馈力度，贡献的开源项目不断增多。在 2018 年，华为开源了 DMM 协议栈框架、Go Chassis 微服务快速开发框架；阿里巴巴开源了 DFSMN 语音识别模型、Sentinel 轻量级流量控制组件及阿里云文档；腾讯开源了旗下首个 AI 开源项目 Angel，微信小程序解决方案 Westore，并将 Tars 与 TSeer 捐献给了 Linux 基金会；小米也开源了移动端深度学习框架 MACE，智能 SQL 优化与改写工具 SOAR；滴滴则开源了面向金融场景的组件库 Mand Mobile；网易也开源了中间件 Cetus。

开源项目质量也在显著提升。继 CarbonData 项目之后，华为贡献的 ServiceComb 项目已于 2018 年 10 月成功在 Apache 毕业，成为华为第二个在 Apache 毕业的顶级项目。由常雷博士团队主导的 HAWQ 项目历时 3 年，也终于毕业并成为 Apache 顶级项目。此外，阿里巴巴的 Dubbo 项目、百度的 ECharts 项目与 Doris 项目于 2018 年也都进入了 Apache 基金会进行孵化。值得一提的是，2017 年 12 月进入 Apache 孵化的 Skywalking 项目是目前国内唯一进入国际级软件基金会的由个人（非公司）主导的开源项目。

（四）社区情况

我国开源社区在近年来发展迅猛，开源中国、CSDN 等开源社区吸引了越来越多的国内开发者和开源爱好者步入开源世界。开源联盟成立了“开源社”，其主要成员包括中国开源企业、社区及开源爱好者，旨在为中国开源软件和开源硬件的正确使用、授权许可、社区建设及治理进行知识普及提供相关服务。“开源社”的成立标志着我国开源生态的完善水平已迈上新的台阶，为我国开源软件的发展注入强大的动力。

近年来，在我国开源社区得到飞跃式发展的同时，也吸引了国内各界的高度关注，企业参与积极性有显著提升，包括腾讯、百度、阿里巴巴、华为等国内巨头企业都建立了与我国开源社区的合作关系，促进开源社区的发展。综合社区领域，开源中国社区增加了大量新功能，进步明显。

项目社区领域，开源项目已经超过50万个，其中GVP项目（最有价值开源项目）达到120个。参与开源的国内企业与高校数量稳步增加。目前，使用码云企业版的组织机构数已经超过5万，其中不乏像招商银行、比亚迪汽车、人民邮电出版社等非典型IT企业的身影；而高校版用户已涵盖北大、清华、国防科大等在内的500所科研院校。除了线上活动之外，围绕开源的线下活动也开展得如火如荼。由开源软件推进联盟主办的开源中国开源世界高端论坛，如今已连续举办13届；中国Linux内核开发者大会到今年也已经举办了13届；此外，由民间组织开源社主办的中国开源年会，也吸引了越来越多的国内外开源业内人士加入。

综合社区领域，开源中国社区发展迅速。开源中国成立于2008年8月，是目前国内最大的开源技术社区，拥有超过200万会员，社区涵盖开源软件库、代码分享、资讯、协作翻译、码云、众包、招聘等内容，为IT开发者提供了一个发现、使用并交流开源技术的平台。近年来开源中国的发展更加全面和多样化，目前拥有四大板块：社区——当前开源中国社区已经可以提供包括资讯发布、代码托管、代码质量管理、用户论坛、软件下载、Maven中央仓库在内的多项功能及服务；码云——2013年，开源中国建立大型综合性的云开发平台码云，为中国广大开发者提供团队协作、源码托管、代码质量分析、代码评审、测试、代码演示平台等功能，能免除繁杂的开发环境部署，节省成本，帮助软件开发者提高生产效率，引领了国内云端协作开发潮流，截至2018年，“码云”累计吸引超过70万开发者，承载超过100万个项目，已然成为国内颇具影响力、活跃专业的代码托管平台；招聘——开源中国形成了一个以IT技术人员招聘的垂直领域招聘平台，依托开源中国社区，为程序员、开发者量身定做属于程序员、开发者的简历，基于开源中国社区7年来的数据，以及求职者允许的情况下，自动推荐人才给HR；众包——开源中国众包平台于2015年9月15日正式上线，传统企业、政府机构、初创团队可以更机动灵活地处理中短期软件的开发需求，而优秀的开发者则能够轻松地塑造自己的品牌，目前，该平台已发展成为共享经济下集软件发布、项目发包接包、悬赏开发、雇佣开发者为一体的服务平台。

第二节　发展特点

一是开源软件应用趋势显著，企业与个人参与度明显提高。2018 年，我国软件行业的整体发展趋于成熟，正版化工作稳步推进，基于成本及自身需求的考虑，企业纷纷采用开源软件来替代传统的商业软件，开源软件的应用逐步展开。对于大型科技企业，他们更倾向于利用开源软件来构建符合自身需求的基础信息体系，使其运营效率得到提升，且更具灵活性。同时，采用开源软件可避免企业受到其他软、硬件公司的制约，使企业在发展中拥有更多的自主权。在云计算、大数据等领域，企业利用开源软件来构建基础信息服务能力，通过软件集成或改进向用户提供个性化的服务。在人工智能领域，开源甚至已成为主要推手，如百度自主研发的 Paddle 框架，已成为继 TensorFlow、Caffe 之后又一具有行业影响力的深度学习算法框架。在基础软件领域，国产桌面、服务器、智能终端操作系统主要依赖开源 Linux 来构建，开源软件成为我国基础软件企业实现快速向国际企业追赶的利器。与此同时，由于我国企业参与开源项目的经验正逐渐累积，利用开源软件实现企业发展的模式渐渐明晰，我国企业回馈开源项目的积极性有了本质的提高。

二是开源生态加速成熟，开源认识逐步深入。2018 年，从开源生态发展角度来看，我国开源软件正从量变转为质变，在社会和政府各方努力下，我国开源爱好者、参与者、应用者对开源软件的认识有进一步提升，对开源发展模式有了更加深刻的理解，主要体现在两个方面。一方面，认识到开源社区是开源软件发展的主体，因此加大社区建设力度、培育社区文化成为近年来我国开源软件领域发展中的亮点。阿里巴巴、华为、腾讯、百度等国内科技巨头均加大了对开源社区的投入，使我国开源社区的服务功能得到大幅提升，增强了其开源软件参与者的吸引力，有助于汇集更多的国内开源力量。另一方面，认识到开源软件协议的重要性，长期以来，我国开源软件开发及应用者对于开源软件协议的认识不透彻，对协议的不遵守极大损害了我国开源参与者在国际上的声誉。当前，有越来越多的开源人士关注我国开源世界中的协议遵守情况，开源世界对开源软件协议的认识有了较大提升。

第十一章

信息安全

信息安全是指保护信息、信息系统和网络的安全以避免未授权的访问、使用、泄露、破坏、修改或销毁。信息安全技术是指用以保障信息、信息系统和网络安全的技术。信息安全产品是指保障网络安全的软件、固件或硬件及其组合体，能够提供网络安全相关功能，且被应用或组合到网络信息系统中。信息安全服务是指为保障信息安全所提供的服务，包括信息系统安全的规划设计、咨询、测试评估、实施、运维，以及相关的预警、监测、响应、恢复、培训教育等服务内容。信息安全产业是指从事信息安全技术研究开发、产品生产经营及提供相关服务的产业。

第一节　发展情况

（一）产业规模

长期以来，国家高度重视信息安全技术及产业发展，2016 年 4 月 19 日，习近平总书记在中央网络安全和信息化工作座谈会上的讲话为产业发展指明了方向。2017 年 6 月 1 日，《中华人民共和国网络安全法》正式施行，为我国信息安全产业发展奠定了坚实的法律基础，成为引领我国信息安全产业发展的纲领性文件。2018 年 6 月，《网络安全等级保护条例（征求意见稿）》对外发布，进一步强化了我国网络安全等级保护工作，对网络安全防范能力和水平也提出了更高要求，为信息安全产业的发展营造了更广阔的空间。2018 年，在国内外复杂形势下，市场需求空间持续释放，我国信息安全产业保持高速发展势头，业务收入突破 1500 亿元，达到 1698 亿元，同比增长 14.8%，如表 11-1 所示。

表 11-1　2017—2018 年我国信息安全产业业务收入及增长情况

年份	2017	2018
业务收入（亿元）	1479	1698
增速	14%	14.8%

数据来源：赛迪智库整理，2019 年 2 月。

（二）产业结构

2018 年，随着大数据、云计算、人工智能、区块链等新一代信息技术融合创新不断加速，我国信息安全产品种类不断丰富和健全，产品涉及大数据安全、物联网安全、云计算安全、安全管理中心（SOC）、人工智能安全、区块链安全等众多领域，服务类型更趋多样化，覆盖事前预警、事中监测、事后运维等众多环节，从芯片、数据、网络、平台、管理、应用到服务的信息安全产业链条逐步完善。2017—2018 年我国信息安全产业结构分布情况如表 11-2 所示。

表 11-2　2017—2018 年我国信息安全产业结构分布情况

（单位：万元）

产业业务	2017 年	占比	2018 年	占比
基础类安全产品	1 037 724	11.5%	1 308 726	12.6%
终端与数字内容安全产品	778 572	8.7%	862 097	8.3%
网络与边界安全产品	1 972 439	22.0%	2 295 464	22.1%
专用安全产品	1 302 823	14.5%	1 526 847	14.7%
安全测试评估与服务产品	275 522	3.1%	321 988	3.1%
安全管理产品	936 606	10.4%	1 049 058	10.1%
安全运维服务	1 479 359	16.5%	1 672 261	16.1%
其他信息安全产品及相关服务	1 202 002	13.3%	1 350 273	13%
总计	8 985 047	100%	10 386 714	100%

数据来源：赛迪智库，2019 年 2 月。

（三）产业集群

我国信息安全产业集聚度呈现逐步上升态势。网络信息安全产业属于典型的知识和技术密集型产业，受人才、技术、资金等因素影响较大，产业发展门槛较高，大多分布在软件和信息技术服务业发达地区。2018 年，北京、四川、山东、浙江、陕西、广东、江苏、上海仍高居全国信息安全产业业务收入的前 8

位，将近全国信息安全产业业务总收入的90%。

从北京市来看，2018年，全市扎实推进网络安全产业园区建设工作，致力于深化多方合作打造良好网络安全产业发展生态，持续完善网络安全产业园区政策，充分调动网络安全企业、网络运营商、高校、科研机构、金融机构等主体的积极性，协同打造“政产学研用”一体化网络安全产业发展生态。园区分布于海淀区四季青镇、通州区西集镇，占地面积约7330亩，建筑面积约440万平方米。园区重点定位发展网络安全“高精尖”产业，到2025年，建成国家安全战略支撑基地、国内领先国际一流的网络安全研发基地、网络安全高端产业集聚示范基地、网络安全领军人才培育基地和网络安全产业制度创新基地等“五个基地”，力争打造成支撑国家经济社会发展、引领网络安全技术产业发展的战略高地。

从中西部来看，以成都、武汉、西安为代表的中西部城市加速布局信息安全产业发展，呈现出高速发展势头。2018年，武汉市作为中央网信办授牌的国家网络安全人才与创新基地（以下简称“网安基地”），依托“网络安全学院+创新产业谷”的创新发展模式，整体迈入建设运营阶段。其中，网络安全人才培训基地规划建设有“网络安全学院”“网络安全人才培训中心”“网络安全研究院”等；网络安全人才培训中心建设集学历教育、在职培训、研发中心、孵化平台为一体的“科教+科创”人才高地，打造成网络安全人才培养的“黄埔军校”。“国际人才社区”是网安基地引进人才的重要配套工程，主要以网络安全人才为服务对象，打造一个便于交流、交往、环境优雅的高端人才社区，为相关人才提供住房保障。

2018年7月，西安市全面深化与360集团的战略合作，打造国家网络空间安全创新基地，共建网络空间安全的产业、运营、教育培训基地和研发中心。360集团将依托西安高校、人才、科研院所资源，以网络安全为先导，以军民融合为重点，加快推动网络安全教育、培训、服务产业发展，强化政产学研用全面结合，助推西安打造全国网络安全示范基地。360集团将在西安积极实施“大安全”战略，在西安建设三大“中心”，主要包括与西安联合建立“网络空间安全技术创新中心”“IoT产业应用示范中心”和“西安市网络安全运营中心”。

2018年9月，成都市成功举办全国网络安全宣传周活动，主要包括2018年网络安全博览会、网络安全技术高峰论坛、“巅峰极客”网络安全技能挑战赛、网络安全宣传周趣玩空间、网络安全社区科普示范活动、网络安全微课征集活动等一系列活动。通过该项活动，系统化呈现成都在网络安全顶层设计、产学研结合、城市运用、产业生态建设等方面的发展历程和成就，涵盖城市智慧治理、创新技术与产品，充分展示成都作为国家中心城市和全国网络安全重点城市，带头落实和坚定服务国家战略的担当和成果。成都市信息安全产业已构建起以高新区南部园区、天府新区成都直管区、双流区为主体聚集区与核心发展区，以武侯区、锦江区为产业协作区的“1+2”空间布局，助推成都打造多领域、全覆盖的网络信息安全产业聚集中心。全市四川大学、电子科技大学、成都信息工程大学等拥有网络信息安全学科的科研院校，已经形成了完整的涵盖博士、硕士、学士等各层次学历培养的网络信息安全专业人才输送体系。截至 2018 年 9 月，全市网络信息安全从业人员超过 4 万人，各类网络信息安全认证人员逾 8000 人，为网络信息安全产业发展积累了雄厚的人才实力。2018 年，随着绿盟科技等企业投资建设安全运营中心，成都市建立起面向全国的以数据驱动为基础、以安全运营为手段、以态势感知为支撑、以安全人员为核心、以协同联动为特征的安全体系，成为国内重要的网络信息安全运营服务基地。此外，2018 年 9 月，成都市出台《成都市网络信息安全产业发展规划（2018—2022 年）》，涉及网络信息安全产业发展的方方面面，提出将实施自主可控产业培育工程、军民融合创新工程、检测认证等第三方服务培育工程、网络可信服务建设工程、工控安全技术应用示范工程、政务数据安全应用示范工程六大工程，围绕自主可控、物理安全、密码产品、身份与访问控制、安全测评、安全监测、工控安全、云计算安全和大数据安全等方面加强重点布局，并提出到 2022 年，成都将打造成为西部领先、国内一流的网络信息安全产业高地，为建设“中国网络信息安全之城”提供产业支撑。

（四）政策环境

1. 坚持自主创新推进信息安全产业发展

全面贯彻落实习近平总书记关于网络强国的重要思想，深刻认识发展网络信息安全产业的重要意义，突出创新驱动引领网络信息安全产业发展，强化网络安全基础技术、通用技术、关键核心技术创新研究，积极开展新兴融合应用网络安全技术研发布局，构建多领域、多层次网络安全技术创新体系。2018 年 4 月，全国网络安全和信息化工作会议在北京召开，习近平总书记出席并发表重要讲话，强调维护网络安全，推动信息领域核心技术突破，加强网信领域军民融合，主动参与网络空间国际治理进程，自主创新推进网络强国建设。

2. 国家网络信息安全法律法规逐步建立健全

2018 年 3 月，在全国人大常委会工作报告中指出，检查网络安全法等相关法律实施情况，在工作建议中指出要继续加强立法工作，制定外国投资法和电子商务法。2018 年 4 月 2 日，国务院办公厅发布《科学数据管理办法》，进一步加强和规范科学数据管理，保障科学数据安全，提高开放共享水平。4 月 17 日，公安部发布《网络安全等级保护测评机构管理办法》，共四章五十条，内容涉及评测机构申请、测评机构和测评人员管理、监督管理、法律责任等内容。6 月 27 日，公安部发布了会同有关部门起草的《网络安全等级保护条例（征求意见稿）》，要求网络安全等级保护工作应当按照突出重点、主动防御、综合防控的原则，建立健全网络安全防护体系，重点保护涉及国家安全、国计民生、社会公共利益的网络基础设施安全、运行安全和数据安全。同时，《网络安全等级保护条例（征求意见稿）》拟将网络分为五个安全保护等级，要求网络运营者依法开展网络定级备案、安全建设整改、等级测评和自查等工作，采取管理和技术措施，保障网络基础设施安全、网络运行安全、数据安全和信息安全，有效应对网络安全事件，防范网络违法犯罪活动。9 月 7 日，全国人大常委会发布《十三届全国人大常委会立法规划》，主要包括：密码法、个人信息保护法、数据安全法、人工智能等。11 月 30 日，公安部网络安全保卫局发布《互联网个人信息安全保护指引（征求意见稿）》，旨在深入贯彻落实《网络安全法》，指导互联网企业建立健全公民个人信息安全保护管理制度和技术措施，有效防范侵犯公民个人信息违法行为，保障网络数据安全和公民合法权益。

3. 国家信息安全标准规范进一步完善和细化

2018 年 1 月，全国信息安全标准化技术委员会秘书处编制发布了《网络安全实践指南—CPU 熔断和幽灵漏洞防范指引》，就受熔断和幽灵漏洞威胁的四类典型用户给出了详细的防范指引，并提供了部分厂商安全公告和补丁链接。5 月 1 日，国家标准《信息安全技术 个人信息安全规范》（GB/T 35273—2017）正式实施，以国家标准的形式，明确开展收集、保存、使用、共享、转让、公开披露等个人信息处理活动应遵循的原则和安全要求，对个人信息定义、安全基本原则、收集、保存、使用、委托处理、共享、转让、公开披露、事件处置和对组织的管理要求加以规定。5 月 25 日，全国信息安全标准化技术委员会发布了《网络安全实践指南—欧盟 GDPR 关注点》，介绍了 GDPR 适用的场景、核心内容和关注点。6 月 7 日，全国信息安全标准化技术委员会归口的《信息安全技术 公钥基础设施 数字证书格式》等 7 项国家标准正式发布。6 月 13 日，全国信息安全标准化技术委员会发布《信息安全技术 关键信息基础设施网络安全保护要求（征求意见稿）》，向社会公开征求意见。标准共四部分内容，分别对范围、术语、定义和关键信息基础设施安全保护基本要求等内容进行规定。10 月 10 日，国家市场监督管理总局、国家标准化管理委员会对外发布《智慧城市 信息技术运营指南》等 23 项国家标准，包括了智慧城市、信息安全、循环经济等多个领域的国家标准。

4. 国家顶层政策利好不断，网络和信息安全迎来良好的发展机遇

2018 年 1 月 22 日，中央政法工作会议提出四项工作部署，主要包括：维护网络意识形态安全；打击防范网络犯罪；保护国家关键信息基础设施安全；加强网络治理能力建设。4 月 13 日，中央网信办与证监会联合印发《关于推动资本市场服务网络强国建设的指导意见》，推进资本市场为网络和信息安全企业发展提供支撑。6 月 20 日，国家认监委、工业和信息化部、公安部、国家互联网信息办公室发布了《承担网络关键设备和网络安全专用产品安全认证和安全检测任务机构名录（第一批）》，包括 16 家单位，从网络安全认证检测方面提升网络安全综合服务能力。

第二节　发展特点

（一）规模特点

产业规模保持快速发展势头。2018 年，预计中国信息安全产业规模将首次突破 1000 亿元，年增速超过 15%，基本与我国软件和信息技术服务业保持同步发展。同时，信息安全产品服务化、网络化、智能化的趋势更加突显，信息安全服务对产业规模的带动效应更加明显。面向政务、金融、电信、能源、工业制造、物联网等领域，针对信息安全规划咨询、信息安全策略分析、信息安全态势感知、信息安全审计服务、信息安全运维等服务需求更趋强烈，信息安全软硬一体化、融合化发展趋势更加突显。

（二）结构特点

随着我国信息技术不断演进和发展，信息安全面临更为严峻的挑战，用户 IT 系统环境愈发复杂，被攻击的脆弱点与日俱增，安全产品简单累加起到的防护效果十分有限，安全服务在构建有效、全面、纵深的安全防护体系方面的地位和作用更加显著。安全运维管理服务已逐渐将应急响应和系统维护、安全加固、安全检查等服务融为一体，并保持快速增长的发展态势。驻地安全运维服务、周期性巡检服务、渗透评估服务、安全加固服务等已成为安全运维管理服务的主要形式和重点方向。

（三）市场特点

新兴领域市场空间不断拓展，需求持续释放。2018 年，国内信息安全市场除了传统的网络安全、终端安全、数据安全等领域外，以云安全、大数据安全、物联网安全、工业互联网安全、量子信息安全等为代表的新兴领域市场不断涌现，且呈现出高速的发展态势。在云安全方面，当前针对云管理平台、企业 SaaS、PaaS 平台的攻击日益加剧，在云计算虚拟化、服务外包及资源共享、多租户的安全隔离等方面安全需求不断提高，针对云环境的虚拟化安全产品和服务具有广泛发展前景。在物联网安全方面，随着万物互联时代的来临以及物联网领域各种协议标准失效的问题，物联网设备安全风险剧增，使得面向物联网厂商提供身份认证、可信芯片、加密通信等安全技术、产品和服务的市场需求日益扩大。

第十二章

区块链

区块链（Blockchain）是通过去中心化方式集体维护可信数据库，具有去中心化、防篡改、高度可扩展等特点，正成为继大数据、云计算、人工智能、虚拟现实等技术又一项对未来信息化发展产生重大影响的新兴技术，有望推动人类从信息互联网时代步入价值互联网时代。美国、日本和欧盟一些国家和地区纷纷将区块链发展上升为国家重要发展战略，大力推动区块链技术研发和应用推广。我国也高度重视区块链产业发展与技术创新，在区块链政策和监管方面，我国政府及各部委积极布局，不断完善顶层设计，在相关部门的大力推动下，区块链监管体系正在逐渐完善，区块链发展环境逐渐得到优化。在区块链产业和企业方面，我国已经逐渐形成由 BAT 等互联网巨头、传统制造企业、金融机构、初创企业、研究机构为核心的产业链条，产业分工逐渐细化，产业规模不断增长，应用落地项目不断涌现。根据赛迪智库统计数目，截至 2018 年年底，中国在区块链专利申请数量上领先全球，专利数量约占世界主要国家区块链专利数量的 67%，产业实力和核心竞争力不断增强。

第一节　发展情况

（一）产业规模

区块链技术快速发展，助推产业规模与竞争持续升级。2018 年，区块链技术不断完善，我国区块链产业进入快速发展阶段，区块链赋能传统行业将为我国区块链产业发展带来崭新机遇，引发大型 IT 互联网企业纷纷布局区块链，不断提升产业规模与核心竞争力。从产业规模来看，2018 年，我国区块链产业形态不断成熟，在资本的助推下产业规模持续增大。根据赛迪区块链研究院公布的报告，2018 年我国区块链产业规模约 10 亿元，区块链相关产品交易、教育等衍生产业的规模约为 40 亿元。根据赛迪智库的初步推算，预计我国区块链市场将迎来快速增长，2022 年的市场产业规模预计达到 31.1 亿美元，2018—2022 年的年均复合增长率为 76.3%。从行业竞争来看，伴随区块链技术的不断成熟和资本市场的热捧，各大银行、科技巨头纷纷强势加入助推竞争升级。根据赛迪智库的统计，人民银行、四大国有商业银行、各地区城市银行、股份制商业银行及民营银行等 34 家银行正在进行区块链应用探索。阿里巴巴、腾讯、华为等互联网科技企业均加大了在区块链领域的布局，积极加入相关组织并布局相关业务。截至 2018 年 12 月，我国提供区块链专业技术支持、产品、解决方案等服务，且有投入或产出的区块链企业共 672 家，其中从事“区块链+金融”领域的企业有 179 家，占 26.6%；金融、供应链、溯源、硬件、公益慈善 5 个领域领跑区块链应用，共有区块链企业 401 家，约占总数的 60%。我国 2016—2018 年区块链企业数量与产业规模变化如图 12-1 所示。

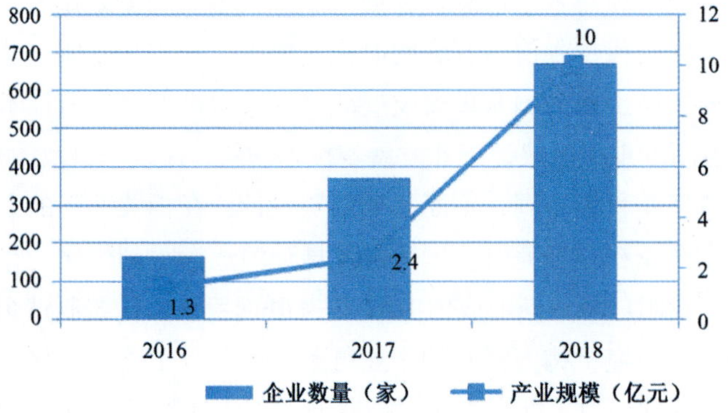

图 12-1　2016—2018 年区块链企业数量与产业规模变化

（数据来源：赛迪区块链研究院，赛迪智库整理，2019 年 9 月）

（二）产业结构

区块链技术应用场景日益丰富，产业结构持续完善。2018 年以来，我国区块链相关应用日益趋向多样化，区块链技术在医疗健康、文化娱乐、社会管理、版权保护、教育和共享经济等领域增长趋势明显，应用需求驱动产业结构持续完善。从产业结构上来看，我国区块链产业结构可以分为三个层次，第一层为硬件基础设施和底层技术平台层，主要包括矿机、芯片等硬件，以及基础协议、底层基础平台等；第二层为通用技术扩展层，主要聚焦于区块链通用应用及技术扩展平台，包括智能合约、快速计算、信息安全、数据服务、分布式存储等业务形态；第三层为行业应用层，主要是将区块链技术与行业应用场景相结合，提供面向行业应用的解决方案，主要面向金融、供应链管理、医疗、能源等领域，如图 12-2 所示。根据赛迪智库的统计，2018 年，我国从事区块链行业应用研发项目的企业数量位居首位，占比 38%；其次是底层平台研发，占比 25%；基础设施和硬件制造、通用技术、服务设施相对较少，分别为 17%、13%、7%。从产业链细分领域和各领域占比来看，我国区块链产业服务同质化现象渐显。

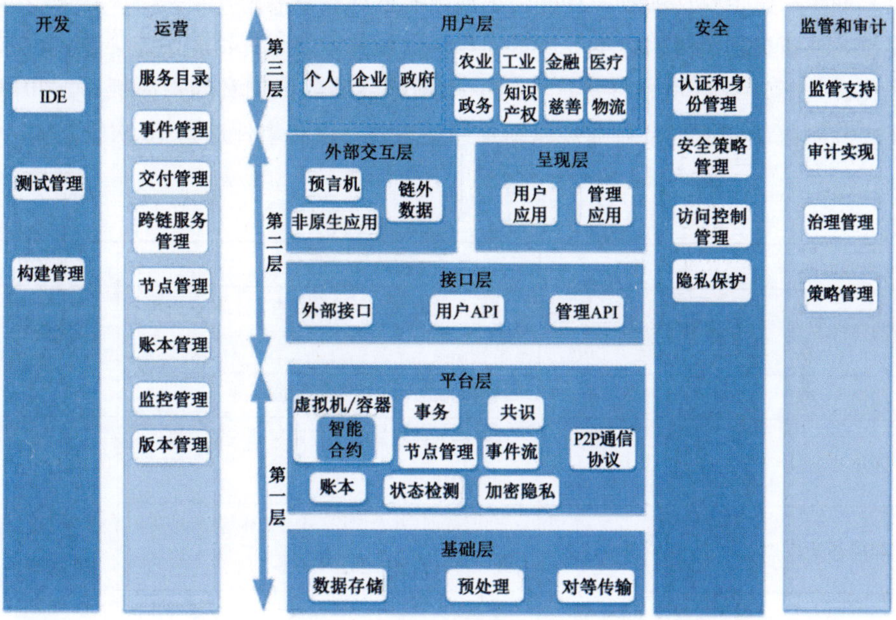

图 12-2 区块链产业结构分布

（数据来源：赛迪区块链研究院，2019 年 4 月）

第二节 发展特点

（一）政策特点

政策和监管并行，双重驱动区块链产业良性发展。2018 年，我国政府及各部委积极布局区块链，出台相关政策和监管条例，积极推动区块链与大数据、人工智能、云计算等信息化技术的融合，鼓励区块链技术在金融科技等领域的创新应用，优化区块链产业环境。从政策方面来看，一是国家层面的区块链政策主要分为顶层设计及应用推广两大类，顶层设计类主要梳理区块链在我国经济和信息化发展中的总体思路，应用推广类主要涉及区块链赋能我国实体经济的发展策略，加速技术融合，推动区块链产业应用落地。二是地方政府从基础设施建设、产业扶持、技术研发创新及产业应用落地等角度积极出台配套政策支持区块链产业发展。北京、上海、深圳、广州等各大城市纷纷出台区块链相关政策，贯彻国家有关区块链发展战略，积极鼓励、支持区块链产业发展，推动区块链应用落地。根据赛迪智库统计，截至2018年，全国29个省级行政区已经出台区块链相关政策，共计149条，其中部分政策如表12-1所示。从监管方面来看，国家及地方监管部门不断探索区块链监管体系的建设，依托密码算法、签名、底层框架技术等技术手段，以行业标准和规范制定为抓手，持续优化区块链产业环境，推进区块链应用健康落地。根据赛迪智库统计，2018年，我国区块链标准及行业规范制定相关重要会议和事件达到10次以上。

表12-1 区块链部分相关政策

发布时间	发布主体	政策/文件名称	政策类型
2018年9月	国家发展改革委	《关于发展数字经济稳定并扩大就业的指导意见》	顶层设计 战略部署
2018年4月	教育部	《教育信息化2.0行动计划》	
2018年9月	最高人民法院	《最高人民法院关于互联网法院审理案件若干问题的规定》	产业推广 技术融合
2018年9月	民政部	《“互联网+社会组织（社会工作、志愿服务）”行动方案（2018—2020年）》	
2018年9月	国家发展改革委、国家开发银行	《全面支持数字经济发展开发性金融合作协议》	
2018年9月	浙江省	《浙江省标准联通共建“一带一路”行动计划（2018—2020年）》	地方政策
2018年9月	成都市	《成都市网络信息安全产业发展规划（2018—2022年）》	
2018年10月	长沙市	《长沙市关于加快区块链产业发展的实施意见》	
2018年11月	山东省	《山东省新一代信息技术产业专项规划（2018—2022年）》	

续表

发布时间	发布主体	政策/文件名称	政策类型
2018 年 11 月	北京市	《北京市促进金融科技发展规划（2018—2022 年）》	地方政策
2018 年 3 月	人民银行、银保监会、证监会	《互联网金融从业机构反洗钱和反恐怖融资管理办法（试行）》	监管条例
2018 年 12 月	国家互联网信息办公室	《区块链信息服务管理规定》	

数据来源：赛迪智库整理，2019 年 9 月。

（二）企业特点

初创企业实力渐显，巨头企业强势加入。2018 年，我国区块链企业数量增速较快。根据赛迪智库统计，2018 年，区块链相关企业共注册成立 299 家，同比增长 89%。2018 年新成立的区块链企业约占全部企业的 44%。根据赛迪区块链研究发布的区块链初创企业百强榜单，云象、阿尔山、天德科技、太一云、数秦科技等区块链初创企业纷纷入选。各企业的团队实力、科研实力、创新实力、产品竞争力及运营能力均表现优异，企业研发团队占比超过五成的企业达到 73 家，实现盈利的企业占比达 70%。此外，国内科技及互联网巨头也纷纷布局区块链产业，并推出各自产品及应用案例，阿里巴巴、腾讯、华为依托自身云平台建设基础打造基于云计算的区块链 BaaS 服务平台，海尔、东软、迅雷、奇虎 360 等企业以主打行业为基础，积极拓展区块链应用布局，在工业互联网、分布式系统、区块链安全等领域取得了一定成果，如表 12-2 所示。

表 12-2　科技、互联网巨头区块链产业布局一览表

企业	主要产品	应用领域
百度	度小满区块链平台	信贷、资产证券化、溯源存证、保险
华为	华为云区块链平台	供应链、车联网、新能源、数据交易、身份认证
阿里巴巴	阿里云区块链平台	商品追溯、工业制造、数据共享、存证
金山	金山云区块链平台	区块链游戏
迅雷	迅雷链	社会公益、医疗健康、溯源存证
东软	东软尖峰区块链平台	智能制造、供应链金融
奇虎 360	360 安全解决方案	数字钱包、数字交易所、智能合约
海尔	海链平台	智能制造、供应链

续表

企业	主要产品	应用领域
腾讯	TrustSQL平台	货币、金融
京东	智臻链	票据电子化、供应链金融、防伪追溯
网易	网易星球	数字资产、结算
小米	营销链	区块链游戏、数据资产、物联网
联想	区块链手机S5、掘金宝	区块链硬件、钱包

数据来源：赛迪智库整理，2019年9月。

（三）应用特点

区块链应用加速推进，产品研发和平台建设尚存不足。2018年，区块链行业应用仍处于探索期，在区块链企业、互联网企业构等多方的共同推进下，一批新产品、新平台、新服务不断涌现，以合作共建、平台先行为突出特点的应用模式持续显现，我国区块链应用正持续展开。从综合应用来看，当前我国区块链行业应用仍处于起步阶段，形成的应用产品有待市场验证，建设的应用平台还需实际落地。从细分行业来看，金融领域是我国区块链技术应用最为活跃的领域，在数字货币、跨境支付、资产管理、供应链金融等方面已经形成了一批能够承担实际业务的新产品，市场推广正逐步展开；在电子存证和公益慈善领域，区块链技术的应用已经取得了阶段性成果；在医疗服务、政府管理、交通物流、现代征信等领域，很多企业已经在探索和开展区块链应用，但由于产品研发和平台建设需要一定的时间，目前成熟的产品和平台相对较少，应用水平相对较低。区块链应用典型案例如表12-3所示。

表12-3　区块链应用典型案例

应用领域	典型案例	参与单位
加密数字货币	中国人民银行积极开展针对国家数字货币的研究，成立了央行数字货币研究所，积极研究基于区块链技术的数字货币	中国人民银行
跨境支付与汇款	2018年8月，中国银行通过区块链跨境支付系统，成功完成了河北雄安与韩国首尔两地之间客户的美元国际汇款	中国银行
资产管理	2018年9月，金融壹账通发布了ALFA智能ABS平台，用区块链技术穿透底层资产，为场内外ABS发行提供解决方案	金融壹账通

续表

应用领域	典型案例	参与单位
供应链金融	2018年12月，蚂蚁区块链发布“双链通”，破局供应链中小微企业融资难题	蚂蚁区块链
医疗	2018年9月13日，蚂蚁金服和上海复旦大学附属华山医院合作推出全国首个区块链电子处方	蚂蚁金服、上海复旦
溯源存证	2018年12月，蚂蚁金服“相互宝”首例互助案例使用区块链对参与者资料进行存证	蚂蚁金服
慈善	2018年10月，贵州省扶贫基金会与CROS区块链技术公司携手合作的贵州省扶贫基金会搭建的区块链智慧公益平台正式上线	贵州省扶贫基金会、CROS区块链技术公司
政务服务	湖南智慧政务打造了首个不动产区块链信息共享平台，它可以通过与其他部门进行共享和数据交换，完成对数据真实性评估，形成以不动产信息为中心的可信数据服务平台	湖南智慧政务区块链科技有限公司
物流	2018年3月，腾讯公司与中国物流与采购联合会签署了战略合作协议，并联合发布了双方首个合作项目——区块供应链联盟链及云单平台，腾讯区块链正式落地物流场景	腾讯、中国物流
征信	2018年10月17日，蚂蚁金服区块链携手华信永道打造“联合失信惩戒及缴存证明云平台”	蚂蚁金服
工业	2018年11月30日，上海万向区块链股份公司、中都物流有限公司、星展银行（中国）有限公司于上海联合宣布，基于区块链技术的汽车供应链物流服务平台“运链盟”正式上线	上海万向区块链股份公司、中都物流有限公司、星展银行（中国）有限公司

数据来源：赛迪区块链研究院，赛迪智库整理，2019年4月。

区域篇

第十三章

环渤海地区软件产业发展状况

环渤海地区包含北京市、天津市、河北省、山东省、山西省和内蒙古，是我国软件产业发展的重要集聚区之一，以北京市和济南市为代表的综合型中国软件名城汇聚了数量众多国家规划布局内重点软件企业、软件业务收入百强企业和互联网百强企业，区域囊括中关村软件园、齐鲁软件园、青岛软件科技城等重要软件产业集聚区，科创基础好、产业资源丰富、综合配套能力强，软件产业发展状况良好。

第一节　整体发展情况

（一）产业收入

2018 年 1—11 月，环渤海地区软件业务收入总计为 14536 亿元，相比 2017 年同期的 12034 亿元，同比增长 20.79%，增速较 2017 年高了近 7 个百分点，高于全国总体 14.7%的增速 5 个百分点，占全国软件业务收入的比重为 25.91%，高于 2017 年 1 个百分点以上。

从分省市情况来看，2018 年 1—11 月，北京市、山东省和天津市分别实现软件业务总收入 8300 亿元、4641 亿元和 1335 亿元，较 2017 年同期分别增长 18.4%、14.4%和 33.3%，软件业务合计收入占本地区比重高达 98.2%，产业集聚态势明显。然而，河北省、山西省和内蒙古的软件业务总体规模较小，分别实现软件业务收入 217 亿元、19 亿元和 24 亿元，同比增长分别为 19.1%、-19.7%和-10%，山西省和内蒙古软件产业规模呈明显的下滑趋势。2018 年 1—11 月，全国软件业务收入前十位省市中，环渤海地区的北京市和山东省分别位居第三位和第四位，位次与 2017 年相同。

（二）产业结构

2018 年 1—11 月，环渤海地区软件产品收入和信息技术服务收入分别为 5007 亿元和 8382 亿元，较 2017 年同期增长 20.48%和 22.51%，占全国比重分别为 30.2%和 26.7%；嵌入式系统软件收入 1147 亿元，同比增长 7.5%，占全国比重为 14.1%。从区域内软件产业整体发展情况来看，软件产业服务收入所占比重为 57.7%，信息技术服务化特征十分明显，软件产品收入和嵌入式系统软件收入占比分别为 34.4%和 7.9%。

（三）企业情况

截至 2018 年 11 月，环渤海地区共聚集 8254 家软件企业，较 2017 年同比增加 2.3%，占全国软件企业总数的 20.9%。软件企业实力不断增强，企业单体规模进一步增长，从 2017 年的 1.49 亿元提高至目前的 1.76 亿元，比全国 1.42 亿元的平均水平高出 23.9%，高于 2017 年同期 16 个百分点。

第二节 产业发展特点

（一）骨干企业引领作用强化，中心城市集聚态势明显

在环渤海地区，中心城市集聚了大量的软件龙头企业，形成了区域内中心城市的吸纳集聚效应，对产业的带动引领作用日趋明显。2018 年 1—11 月，北京软件业务收入占环渤海地区收入比重为 57.1%，天津软件业务收入占比为 9.19%，济南软件业务收入占比为 14.02%，青岛软件业务收入占比为 14.25%，四地合计占比为 94.56%。由此可见，环渤海地区软件产业高度集中，这将有助于降低整体运营成本、提升协同效应、优化创新环境及便利投融资环境。作为全国重要的软件集聚区，环渤海区域已经形成了点状分布的中心城市产业集群，区域内以点带线、以线带面的整体协同效应有序形成，软件产业的升级发展将充分带动相关产业的发展。以北京为例，2018 年全市共有 45 家企业进入中国软件与信息技术服务业竞争力前百家企业名单，入选数量位居全国首位，占全国软件百家企业总数的 45%。全市共有 31 家企业入选中国互联网企业百强榜单，且榜单前 20 位中有 12 家北京企业，互联网成长型企业 20 强中有 8 家出自北京，占全国比重高达 40%。

（二）京津冀区域内协同发展，联合创新格局加速形成

京津冀是中国的“首都经济圈”，同时也是环渤海区域的重要经济区。2018年1—11月，京津冀软件业务收入为9852亿元，占环渤海区域软件业务总收入的67.8%，其中，北京市软件业务收入8300亿元，逐渐成为京津冀软件和信息服务业的产业辐射中心。在京津冀软件产业协同发展中，三地联合技术创新格局加速形成，形成“1+2+4”的产业格局，即北京中关村作为核心区域，天津滨海新区和武清将作为重要拓展区，河北张家口、廊坊、承德和秦皇岛将作为四个重点功能区。北京北大方正、中科廊坊科技谷有限公司等一批代表性软件企业在促进京津冀三地软件产业发展方面发挥着重要作用。

京津冀三地不断加强产业协同，为加快在天津市和河北省两地的产业布局，2014—2018年，北京市共设立软件企业分支机构1826家；为了加强京津冀软件行业的资本协同，2018年，北京市对津冀两地软件和信息服务业出资总额为27.3亿元，是2017年的6.6倍；为推进京津冀地区创新协同，2011—2018年，北京参与京津冀联合创新的软件企业高达1963家，联合专利申请555件，授权量为528件，联合软件著作权登记量为424件。2018年12月19日，北大方正软件技术学院与京津冀大数据创新应用中心达成战略合作，北京北大方正软件技术学院还宣布加入京津冀虚拟现实创新研究院教育联合实验室，并与其共同成立北大方正虚拟现实工程师学院，定向培养高质量的虚拟现实领域技能型工程师人才。2018年11月27日，“京津冀软件人才培养平台”正式授牌，授予廊坊科技谷“京津冀软件人才培养平台共建单位”称号。未来，科技谷将获得北京软件和信息服务业协会在专业人才培养、行业标准、知识产权、提供产业金融等多方面的强有力支持，同时引入国内知名培训机构，共建人才培养中心，实现“培训+就业+创业”的新模式，充分发挥科技谷对廊坊产业创新能力建设的引领和支撑作用。

北京市围绕京津冀协同发展，充分发挥全国科技创新中心的引领作用，加速产业要素流动，强化科技创新对转型升级的支撑，促进区域创新链、产业链、资源链、政策链的深度融合，推动京津冀协同创新共同体的构建，释放出巨大的协同创新活力。天津市把握京津冀一体化发展机遇，逐步实现了定位明确、分工协作、互补配套的集约发展模式，产业布局初步形成了以滨海新区为龙头的软件产业核心区，以周边区县软件园为主体的软件产业辐射区和以中心城区商务楼宇为核心的软件产业特色区。河北省重点打造张北、承德、廊坊、秦皇岛等地的云计算、大数据产业基地，形成信息技术服务新优势。

（三）新兴产业集聚效应显现，京津冀一体化协力共进

环渤海地区在区位、人才、产业基础等方面具有天然优势，以云计算、大数据、移动互联网、物联网为代表的新兴产业获得了长足发展。国家发展改革委、工业和信息化部和中央网信办联合批复了第二批 7 个国家级大数据综合试验区，其中京津冀和内蒙古两大综合试验区均处于环渤海地区，京津冀属于跨区域类综合试验区，内蒙古属于大数据基础设施发展类综合试验区。依托三地各自产业发展特色和比较优势，京津冀大数据综合试验区重点打造以中关村数据研发—张北数据存储—天津数据装备制造互联互通的“京津冀大数据走廊”。充分发挥张家口市、廊坊市等地气候和空间优势，推进数据中心、呼叫中心建设，打造有效衔接的产业链布局。积极运用互联网思维和技术促进产业融合发展，共建网络基础设施、共享要素资源，构建京津冀信息经济发展带。以数据流引领技术流、资金流、人才流，着力加强大数据要素流通，支撑跨区域公共服务、社会治理和产业转移，打造三地协同发展和一体化发展的格局。

第十四章

长三角地区软件产业发展状况

长三角地区主要是指包括上海市、江苏省和浙江省在内的长江流域地区。长三角地区是东部沿海经济最为发达的地区之一，同时也是我国软件和信息技术服务业实力最为深厚的区域之一，各类新兴的软件产品和新型的软件服务不断涌现，为推动我国软件产业的持续向好发展、促进软件产业与各行各业的融合渗透做出了重要贡献。

第一节　整体发展情况

总体来看，长三角地区软件和信息技术服务业发展较快，发展动力强劲，产业收入正不断提升。得益于长三角地区成熟的软件和信息技术服务业基础，2018 年长江三角洲地区的软件产业格局持续完善，创新动能不断汇集，各软件企业业务互补发展较为明显。值得一提的是，在龙头企业的带动下，大量的中小型创新企业不断成长，为产业持续健康发展提供了丰富的活力。

（一）产业收入

长江三角洲地区软件业增长领先全国水平，部分城市增速突出。2018 年 1—11 月，长江三角洲地区软件业务收入为 17456 亿元，同比增长 10.7%，增速同比降低 2.4 个百分点。长江三角洲地区软件业务收入占全国的比例为 31.1%，基本与 2017 年同期持平。南京、上海和杭州作为三大中国软件名城，是长三角地区软件产业最发达的城市，此外，苏州作为“中国软件特色名城”，软件产业发展势头迅猛。无锡、宁波也在积极申请创建软件名城，未来软件产业发展潜力不容小觑。常州等城市也正迅速崛起，发展速度不断加快。不难发现，长三角地区软件产业整体发展势头良好，二梯队城市已经充分形成与上海、南京、杭州等一梯队城市错位互补的发展格局。

（二）产业结构

2018 年 1—11 月，长三角地区软件产品总收入为 4580 亿元，同比增长 7.49%。长三角地区的软件产品收入占到 27.7%，同比下滑 0.7%，这也是继 2017 年回落 1.1 个百分点后的第二次回落。信息技术服务收入为 9502 亿元，占全国信息技术服务总收入的 30.3%，与 2017 年同期 31%的占比相比，同样出现了下降趋势，回落了 0.5 个百分点；嵌入式系统软件收入为 3375 亿元，总收入基本与 2017 年持平，2018 年嵌入式系统软件收入占全国嵌入式系统软件总收入的 45.8%，与 2017 年同期 43.6%的占比相比提高了 2.2 个百分点。综合来看，2018 年，长三角地区软件产业在软件的三大细分领域发展态势呈现一定差异，软件产品与信息技术服务收入有所下降，而嵌入式系统软件收入则表现出了较为明显的增长势头。

（三）企业情况

2018 年 1—11 月，长三角地区软件企业数量为 9453 家，比 2017 年的 8510 家增加了 943 家，企业数量整体有所增长，但仍然不及 2016 年同期统计的 12700 家。长三角地区的软件企业总数占到全国软件企业总数的 23.9%，相比 2017 年同期的 30.2%则出现了 6.3%的较大幅度回落。考虑到外部复杂经济形势与产业转型升级的影响，2018 年长三角地区企业发展增速虽然出现了一定程度的下滑，但仍然可认为是基本维持在了较好的发展水平。与此同时，长三角地区软件企业的整体规模仍然处于全国领先的水平，龙头企业实力依然强劲，综合实力远高于全国平均水平。

第二节　产业发展特点

（一）产业集群效应明显

长三角地区软件和信息服务业产业集聚度高，重点城市、园区成为产业发展的主要阵地，在龙头企业、重点区域的带动下，产业集群效应逐步凸显，产业体系趋于完整，产业生态逐渐完善。长三角地区的11家国家级软件园，在软件产业基地建设和发展中发挥了积极作用。截至2018年年底，长三角地区软件园的营业收入总值为11000亿元，其中软件产业收入为8118亿元。园区入驻企业2.5万家，从业人员总数达到115万人。占整个软件产业基地1/4比例的长三角地区软件园，2018年实现软件出口总额615亿元，自主版权软件收入达到5733亿元，分别占44家基地总额的40%。

（二）人才创新能力突出

软件和信息技术服务业是知识技术密集型产业，人才是关键。在长三角地区，产业的聚集也带来了智力资源的汇聚，为本地区产业快速发展带来极大的助推力。从江苏省来看，以南京大学、东南大学等高等院校为主，各大企业研究院为辅，构成了一整套人才培养体系，江苏省为支持软件产业发展特别设立了软件奖学金，鼓励高等院校培养优秀的软件专业学生。在浙江省，浙江大学培养了大量的产业人才，随着龙头企业的不断发展，企业提供的优厚待遇也吸引了大批科技人才汇集浙江。在上海，不仅有复旦大学、上海交通大学、同济大学等优秀高等院校，成熟的国际化人才交流体系也为上海产业发展注入大量活力。

（三）信息技术服务延续良好发展势头

从全球软件产业发展来看，软件的基本属性正从产品走向服务，基于软件平台的服务是未来软件产业发展的重要趋势和必然选择。经过多年的发展，长三角地区软件产业规模不断增大，产业格局不断完善，模式演进持续进行，服务化、融合化趋势愈加明显。浙江省在2018年1—11月，全省共实现信息技术服务收入2907.2亿元，同比增长23.2%，其中运营服务收入为707亿元，同比增长11.6%。江苏省则在2018年1—11月共实现信息技术服务4031亿元，同比增长14.9%，其中运营服务收入为572亿，同比增长13.2%。上海同期的信息技术服务达到2563亿元，同比增长15%，其中运营服务收入为1291亿，同比增长30%。长江三角洲地区的信息技术服务的强劲增长，将进一步激发信息消费市场的生机活力，带动信息消费规模快速发展。

（四）协同发展效应凸显

长三角地区是我国最早发展的重点区域，江苏省、浙江省和上海市等地的总产值占到全国总产值的四分之一，有望成为世界第一超级经济区。各产业的不断进步使该地区软件的应用需求也非常旺盛，在江苏省，汽车、机械、电力等行业为软件产业的发展带来巨大的市场，工业软件、嵌入式软件成为产业发展的重点。在浙江省，快速成长的互联网企业和文创企业促进了软件产业的创新发展，产业发展蕴含巨大的潜力。在上海市，金融等行业创造出大量的应用需求，大数据等新兴技术的发展推动着传统软件产业的转型加速。同时，上海市、江苏省、浙江省根据自身优势，因地制宜发展园区经济，形成了优势互补的良好发展态势。上海市充分发挥其在基础建设、政策配套、政府管理经济发展（尤其是涉外经济）经验等方面的优势，引进国外软件行业巨头公司带动产业升级，同时提供全面的金融服务，保障本土企业的发展。江苏和浙江则借力发展，积极建设差异化的总部经济模式。

第十五章

珠三角地区软件产业发展状况

珠三角地区区位优势明显，经济发展基础雄厚，一直是我国最重要的软件产业基地之一。珠三角地区的软件业务收入保持平稳、快速增长的态势，产业集聚效应明显，汇聚了华为、中兴通讯、腾讯等大批知名 IT 企业和 IT 领域的中高端人才，产业链条较为完善，形成了以广州、深圳、珠海为中心辐射区，以国家级和省级软件和信息服务业园区为重要载体的产业布局，促进了大型软件和信息服务企业及高端人才的集聚，为产业进一步向集群化、规模化发展奠定了重要基础。

第一节　整体发展情况

（一）产业收入

近年来，珠三角地区的软件业务收入一直保持稳定高速增长的态势，占广东全省软件业务收入的 99%以上，产业集聚效应凸显。2018 年 1—11 月，广东省软件业务收入为 9852.4 亿元，同比增长 13.4%，占全国软件业务收入的比重为 17.6%，略高于 2017 年同期比重。广州、深圳、珠海成为整个珠三角地区的中心辐射区，引领和带动珠三角地区软件产业发展，其中广州、深圳两市作为“中国软件名城”持续发力，软件业务收入分别为 3166.8 亿元和 5716.6 亿元，同比增速分别为 17.2%和 11.7%，占全省比重达 90.2%。

（二）产业结构

珠三角地区强大的电子信息制造业基础、先进的电子政务水平、智慧城市的高水平发展及旺盛的企业用户需求为软件企业的发展提供了广阔的市场空间。2018 年 1—11 月，在智慧城市加快建设，云计算、大数据等新兴领域加速应用落地，通信设备、汽车制造、机械装备、家用电器等传统制造业加快转型升级的推动下，珠三角地区信息技术服务增势明显，实现收入超过 5000 亿元，占区域整体软件收入一半以上。受经济新常态下电子信息制造业增速放缓、通信设备和智能手机增速整体下滑的影响，嵌入式系统软件实现业务收入超过 1700 亿元。软件产品增势平稳，实现收入超过 1600 亿元。

（三）企业情况

骨干企业整体实力稳步提升。珠三角地区电子信息产业发展基础好，创新创业活跃，涌现出一批收入超 10 亿元的软件大企业，有 140 多家企业在境内外上市（包括新三板）。2018 年，珠三角地区共有 18 家企业入选中国软件业务收入前百家企业名单，如表 15-1 所示。其中，华为技术有限公司排在首位，连续十七年蝉联软件业务收入前百家企业之首，中兴通讯股份有限公司位列第二。深圳市大疆创新科技有限公司凭借其独特核心技术在新兴领域大放异彩，连续两年排名大幅提升。深圳市云中飞网络科技有限公司、广东维沃软件技术有限公司依托自有终端品牌优势，深耕产业链上下游，排名上升均在 10 位以上。

表 15-1　2018 年珠三角地区企业入选中国软件业务收入前百家企业情况

排名	企业名称
1	华为技术有限公司
2	中兴通讯股份有限公司
12	金山软件有限公司
22	大族激光科技产业集团股份有限公司
25	深圳市云中飞网络科技有限公司
40	深圳市大疆创新科技有限公司
41	广州佳都集团有限公司
42	广东维沃软件技术有限公司
47	深圳市金证科技股份有限公司
52	北明软件有限公司
54	平安科技（深圳）有限公司

续表

排名	企业名称
58	深圳天源迪科信息技术股份有限公司
61	深圳创维数字技术有限公司
71	金蝶软件（中国）有限公司
81	广州广电运通金融电子股份有限公司
83	广州海格通信集团股份有限公司
87	海能达通信股份有限公司
98	广州杰赛科技股份有限公司

数据来源：广东省工业和信息化厅，2018年11月。

第二节　产业发展特点

（一）政策环境不断完善

近年来，珠三角地区出台了一系列促进软件产业发展的政策措施，为软件产业发展营造了良好的发展环境。珠三角地区网络基础设施达到先进国家水平，大众创业万众创新加速推进，产业融合不断深入，信息资源开发利用水平不断提高，公共信息服务平台不断完善。

2018年，在促进新兴产业发展方面，广东省发布《关于印发广东省深化“互联网+先进制造业”发展工业互联网实施方案及配套政策措施的通知》（粤府〔2018〕23号）、《关于印发广东省促进“互联网+医疗健康”发展行动计划（2018—2020年）的通知》（粤府办〔2018〕22号）、《关于印发广东省新一代人工智能发展规划的通知》（粤府〔2018〕64号）等政策推动互联网、人工智能等新兴产业与传统产业融合发展。

在推动创新创业方面，广东省发布《关于印发广东省推广支持创新相关改革举措工作方案的通知》（粤府办〔2018〕7号）、《关于强化实施创新驱动发展战略进一步推进大众创业万众创新深入发展的实施意见》（粤府〔2018〕74号）、《广东省人民政府转发国务院关于推动创新创业高质量发展打造“双创”升级版意见的通知》（粤府〔2018〕116号）等政策进一步优化创新创业生态环境。

在政务信息共享方面，广东省发布《关于印发广东省加快推进一体化在线政务服务平台建设工作实施方案的通知》（粤府〔2018〕103号）、《关于印发广东省“数字政府”建设总体规划（2018—2020年）的通知》（粤府〔2018〕105号）加快推进一体化在线政务服务平台建设工作，提高行政效率，提升服务水平。

（二）创新体系更加健全

近年来，珠三角地区作为国家自主创新示范区积极培育和引进创新发展的创新型领军企业，带动企业技术水平提升，提升高企自主研发能力，集中开展关键核心技术攻关，大力推广应用新技术、新产品，形成产学研用相互促进的良性循环。广东省作为我国改革开放的前沿，在珠三角区域的带动下创新投入和产出能力引领全国，自 2017 年起，连续两年区域创新能力居于全国第一位。广东省不断加强国家级高新区建设，在 2018 年科技部火炬中心发布的年度国家高新区评价中，深圳高新区位居全国第二，广州高新区位列第九，排名上升一位，佛山高新区位列第二十五，上升四位。佛山市作为全国唯一的制造业转型升级综合改革试点城市以智能制造为主攻方向，深入推进供给侧结构性改革，努力建设中国制造业一线城市和国家制造业创新中心。

（三）融合发展持续深化

随着软件产业的快速发展，软件产业对传统产业的应用渗透力度不断增强，越来越多的信息技术、产品和服务融入经济社会各领域，在企业管理、教育医疗、社会保障、电子商务、金融服务、城市交通、市政服务等领域得到广泛应用，成为不可或缺的支撑基础。同时，软件作为信息技术的核心，在产业结构调整和传统企业改造过程中发挥着积极的作用，日益成为广东省各大支柱行业的新型竞争力，促进传统产业发展提档升级。2018 年，广东省 9 个项目入选 2018 年工业互联网试点示范项目，入选项目居全国前列，项目涵盖平台集成创新、标识解析、安全集成创新应用等 3 个方向，有力推动了产业及区域整体数字化转型。2018 年，东莞市认定资助自动化改造应用项目 312 个，并大力打造一批生产智能决策的高标准智能车间，促进“智造”升级。

第十六章

东北地区软件产业发展状况

东北地区包括辽宁省、吉林省和黑龙江省，是我国老工业基地，传统工业的聚集发展为软件和信息服务业发展提供了重要基础。在“互联网+”“工业互联网”等战略的推动下，东北地区软件产业进一步加快发展，与制造业、金融、能源等传统行业融合应用持续深入。尤其在云计算、大数据等新兴技术快速发展的带动下，东北地区在工业软件、嵌入式软件、云计算、大数据等领域走出了独具特色的发展道路。

第一节　整体发展情况

（一）产业收入

2018 年，东北地区软件与信息服务业继续保持平稳的发展势头。2018 年，东北三省实现软件和信息技术服务业务收入 2914 亿元，占全国软件产业的比重为 4.6%，同比下降 0.4 个百分点，受经济增长新常态和传统产业加速转型调整的影响，东北地区增长速度略有下降，在全国所占比重也略也有降低。

从各省情况来看，2018 年 1—11 月，辽宁省软件和信息技术服务业务收入为 1839.8 亿元，同比增长 3.7%；吉林省软件和信息技术服务业务收入为 546.4 亿元，同比增长 14.6%；黑龙江省软件和信息技术服务业务收入为 160.1 亿元，同比增长 0.2%。在全国软件产业收入排名前十位省市中，辽宁省位列第九，排在广东、江苏、北京、山东、浙江、上海、四川、福建之后，处于我国软件产业发达省市的行列。

（二）产业结构

2018 年 1—11 月，在东北地区软件产业收入 2546.3 亿元中，软件产品收入达 1055.9 亿元，占软件产业收入比重为 41.5%；信息技术服务收入达 1303.9 亿元，占比为 51.2%；嵌入式系统软件收入达 186.5 亿元，占比为 7.3%。信息技术服务收入中，运营服务收入达 249.2 亿元，同比增长 38.9%，占东北地区软件总收入的 9.8%；集成电路设计收入达 22.6 亿元，同比增长 13.8%，占东北地区软件总收入的 0.9%。

从各省情况来看，辽宁省是东北地区软件产业发展的龙头，实现软件业务收入 1839.8 亿元，信息技术服务收入达 911.9 亿元，在总收入中占比最高，占软件业务总收入的 49.6%，同比增长 6.8%，其中运营服务收入为 228.7 亿元，同比增长 27.3%；集成电路设计收入为 22.5 亿元，同比增长 0.3%。其次为软件产品收入，销售额为 879.1 亿元，占全省软件业务的 47.8%，同比增长 0.7%。嵌入式系统收入为 48.8 亿元，同比增长 1.4%。

吉林省 2018 年 1—11 月软件业务收入为 546.4 亿元，软件产品收入为 117.9 亿元，同比增速为 14.8%，占吉林省软件业务总收入的 21.6%；信息技术服务收入为 305.6 亿元，占吉林省软件业务总收入的 55.9%，同比增速为 14.6%。嵌入式系统软件实现收入 122.9 亿元，同比增长 14.4%，占吉林省软件业务总收入的 22.5%。

黑龙江省软件业务收入为 160.1 亿元，其中软件产品及信息技术服务销售额分别为 58.9 亿元和 86.5 亿元，合占软件业务总收入的 90.8%。嵌入式软件的销售额为 14.8 亿元，占软件业务总收入的 9.2%。

第二节　产业发展特点

（一）产业增速放缓

东北三省软件和信息技术服务业保持平稳增长，截至 2018 年年末，本地区纳入国家统计范畴的软件企业达到 3354 家。2018 年 1—11 月，东北三省实现软件和信息技术服务业务收入 2546.3 亿元，高于 2017 年同期的水平，2017 年 1—11 月为 2431.9 亿元。从各省情况来看，辽宁省和黑龙江省软件业务收入增速均出现回落，分别为 3.7%和 0.2%，低于 2017 年同期增速 2.4 和 11.6 个百分点。

（二）产业集聚效应日益凸显

2018年，东北地区软件和信息技术服务业仍集中在沈阳、大连等发达城市，形成了大连软件园、沈阳国际软件园、哈尔滨软件园等重要园区，呈现优势明显、集群发展的格局。

辽宁省软件和信息技术服务业发展以沈阳、大连为核心，沈阳、大连两市软件业务收入占全省收入的比重达到98.4%。全省形成了浑南软件及电子信息产业集群、大连软件和信息技术服务产业集群两个重点产业集群，大连高新技术产业园区、沈阳国际软件园、大连软件园等产业园区定位清晰、特色鲜明，日益成为产业、技术和人才、企业集聚的坚实平台和有效载体。大连高新区目前注册企业5000余家，高新技术企业超过900家，出口型企业超过380家，IBM、惠普、爱立信、戴尔等世界500强企业超过100家，专业信息技术人才达16万人，创新实力和水平居全国高新区前列，先后获评国家创新型软件产业集群、国家创新型特色园区、国家软件产业基地、国家级文化和科技融合示范基地等荣誉。2018年大连高新区综合实力位居全国157个国家高新区排名第16名。沈阳国际软件园已入驻企业超过1000家，包含多家世界500强企业、中国软件百强企业、上市公司及子公司，驻园企业员工总数3万余人。沈阳国际软件园先后被工业和信息化部认定为“中国骨干软件园区十强”、中国九大试点智慧园区之一、国家第三批小型微型企业创业创新示范基地、中国工业软件研发与服务领军园区；被科技部授予国家火炬计划软件产业基地、国家级孵化器等二十余项荣誉资质。

吉林省软件产业聚集效应日益明显，以长春软件园、吉林软件园、延边中韩软件园三大软件园为依托集聚大量软件企业，软件企业数量和软件业务收入占全省的比重达到80%以上。其中，长春软件园主要发展电子认证、生物识别、企业管理软件、人口信息管理软件、汽车软件、远程教育等网络与信息安全软件等；吉林软件园主要发展嵌入式软件和电力、石化、冶金等工业行业大型应用软件；延边中韩软件园面向韩国、日本发展软件外包和信息服务。

黑龙江省软件企业主要聚集在哈尔滨、大庆两地，其软件业务收入之和占全省的比重为99%。哈尔滨软件园、大庆软件园、黑龙江省地理信息产业园、黑龙江省动漫产业基地等载体快速发展壮大，汇聚大批软件企业，在企业孵化创业、软件研发、教育培训科技产品交易、投融资、软件人才培养、离岸外包等方面特色日益明显。

（三）“云端”平台推动制造业转型升级

东北地区作为我国重工业基地一直以制造业作为区域竞争力的代表，当前东北地区的制造业正处于由传统制造业向智能制造转型升级的关键阶段。东北地区加快云计算基础设施建设，不断拓宽云计算应用服务市场，加快向“云端”转型。通过不断拓展云计算应用，加速信息技术与各行业的交叉融合，促进了资源的优化配置，催生出大量新业态、新模式，为东北地区产业转型升级和经济发展提供了新动能。在这一过程中涌现出大连华信的华信云、东软集团的健康云、英特仿真的仿真工业云、华为大连软件开发云等一批具有自主核心技术的云计算企业。华为大连软件开发云在大连发布两年多来，已和全国 30 多个城市和 19 所高校进行合作，服务全国 15 万的开发者，对推动大连乃至全国的软件和信息技术服务业的转型升级发挥了积极作用。华为云将大庆华为云计算数据中心作为其平台基础设施网络布局的重要节点，带动大数据、物联网、云计算、人工智能等战略新兴产业集聚发展。为了推动中小企业走上“云端”，大连市政府与大连华信共同搭建大连云计算公共服务平台，该平台能够提供云计算技术推广、共性技术支持、云应用孵化、云计算大数据技术研究、互联网创业、人才培养等公共服务，目前已有 120 多家企业借助这一平台走上云端，服务于金融、教育、医疗、传媒、科技等众多行业用户。

第十七章

中西部地区软件产业发展状况

第一节　整体发展情况

中西部地区是我国覆盖面积最大，包含省市最多的区域，包括河南、陕西、山西、内蒙古、湖南、湖北、四川、重庆、安徽、江西、云南、贵州、广西、宁夏、甘肃、青海、西藏、新疆 18 个省市及自治区。相对东部地区，中西部地区的软件产业发展基础较为薄弱，产业规模和发展层次与东部地区差距较大。但是，2018 年 1—11 月，中西部地区软件业务收入保持较快增速，东部地区增速有所回落。中部和西部地区完成软件业务收入分别为 2669 亿元和 6325 亿元，同比分别增长 18.3%和 15.5%，增速比 1—10 月提高 0.7 和 0.2 个百分点，中西部软件业务收入合计占全国的比重为 16%。东部地区完成软件业务收入 44553 亿元，同比增长 14.9%，占全国软件业务收入的比重为 79.4%。东北地区完成软件业务收入 2546 亿元，同比增长 5.6%。中部地区软件产业发展日趋向好，增速持续领先，达到 18.3%，比东部的 14.9%、东北的 5.6%，甚至全国的 14.7%均有较大优势。同时，武汉、重庆、成都、西安等区域中心城市的经济发展带动性和辐射性较强，人才、科技、资金等要素资源丰富，地域、文化优势明显，对软件产业发展要素的吸引力不断增强，并且与东部沿海地区相比拥有生产要素低的成本优势，为软件产业的快速发展提供了有力的支撑。

（一）产业收入

2018 年 1—11 月，中西部地区共完成软件业务收入 8994 亿元，同比增长 16.9%，增速高于全国 2.2 个百分点，占全国的比重为 16%，比 2017 年增加了

0.4 个百分点。其中，西部地区完成软件业务收入 6325 亿元，增长 15.5%，增速同比提高 2.9 个百分点，占全国软件业务收入的 11.3%，较 2017 年提高 0.1 个百分点；中部地区完成软件业务收入 2669 亿元，增长 18.3%，增速同比增长 1.4 个百分点，占全国软件业务收入的 4.8%。总体来看，2018 年中西地区的软件产业增长速度较快，高于全国平均速度，处于较快增加产值的过程中。

（二）产业结构

2018 年 1—11 月，中西部地区软件与信息服务业增速保持较快增长趋势。信息技术服务占比最大，实现收入 5063 亿元，同比增长 17.8%；嵌入式系统软件成为增速最快的细分领域，实现收入 794 亿元，同比增长 39%；软件产品实现收入 3137 亿元，同比增长 11%，增速进一步放缓。在各个细分领域所占比重方面，信息技术服务收入占比达到 56.3%，较 2017 年有所提高；软件产品收入占比 34.9%，较 2017 年稍有降低；嵌入式系统软件收入占比 8.8%，较 2017 年有所提高。

第二节　产业发展特点

（一）软件名城保持带动引领地位

中国软件名城及中国软件名城创建试点城市对整个地区软件产业发展的带动作用在中西部地区表现尤为明显，2018 年 1—11 月，成都与武汉共完成软件业务收入 4370 亿元，占中西部地区软件业务总收入的 48.6%。截至 2018 年 11 月，成都实现软件和信息技术服务业主营业务收入 2699 亿元，同比增长 13.9%。其中，软件产品收入为 976 亿元，同比增长 8.1%；信息技术服务业收入为 1677 亿元，同比增长 15.6%；嵌入式系统软件收入为 45.7 亿元，同比增长 208.9%。成都软件业务收入占中西部地区软件业务总收入的 30%，产业规模位列中西部之首，在 15 个副省级城市中居第 5 位。在中国软件名城及中国软件名城创建试点城市的带动下，中西部地区的软件产业保持快速增长态势，并在数字新媒体和信息安全等领域达到全国领先，涌现出一大批优秀企业。

（二）服务外包仍是产业发展支柱

中西部地区依托资源丰富、人力成本低、市场潜力大的优势，在服务外包领域不断发力，服务外包产业逐步成为中西部软件产业发展的重要支柱。近年来中西部地区服务外包产业增长迅速，有望成为未来我国服务外包产业发展新的增长极。商务部数据显示，2018年1—4月，服务外包离岸合同执行金额前五名的省市离岸执行金额共计160.0亿美元，占全国离岸合同执行总额的79.4%。从经济带角度看，东部地区发展成熟，持续引领服务外包产业发展。东部地区10省市离岸合同签订金额和执行金额分别为275.3亿美元和245.9亿美元，占全国合同签订额的84.7%和91.2%，为全国产业发展主要集聚区。与此相比，中西部地区各省市离岸合同签订金额和执行金额分别为23.0亿美元和16.5亿美元，同比增速分别为62.5%和53.2%。虽然中西部地区绝对值较小，但增速迅猛，或成为该产业新的增长极和发力区。

西安市人民政府发布的《关于加快服务外包产业发展的实施意见》中提出到2020年，全市服务外包业务年均增长25%以上。2018年前三季度，武汉实现服务外包合同执行额9.85亿美元，同比增长7.66%。湖北服务外包市场主体进一步增多，武汉市纳入商务部服务外包信息管理系统重点企业达到526家，并且，武汉软件新城作为“世界IT软件服务基地”吸引了大量领军型和成长型企业及高新技术人员入驻，为湖北服务外包业务的提档升级提供了支撑。

（三）产业集聚化态势依然延续

中西部地区软件产业分布继续向高度集聚状态发展，成都、武汉、西安成为中西部软件产业发展的中心城市。2018年1—11月，成都、武汉、西安共实现软件产业收入6144亿元，占整个中西部地区软件总收入的68%。其中，四川省软件产业分布主要以成都、绵阳为中心集聚。2018年1—11月，成都软件业务收入占全省软件收入的96%，绵阳软件业务收入约占全省软件收入的3%，其他市（州）有零星分布。2018年1—11月，武汉市完成软件业务收入1671亿元，占全省软件业务收入的99.5%，虽然，襄阳、宜昌、荆州等市（州）软件业务收入增长较快，但武汉以外11个市（州）完成全省软件业务收入0.5%。

城市篇

第十八章

北京

第一节　总体情况

北京市作为全国的政治中心、文化中心和国际交往中心，拥有得天独厚的教育资源、科创资源和企业总部资源，集聚了大量国内外软件企业总部及核心研发机构，形成了产业各环节协同发展的全产业链式发展模式。凭借领先的科技优势、雄厚的技术实力和活跃自主创新，北京市软件产业成为体现科技创新中心功能的重要产业。近年来，北京市软件产业规模在全国所有城市中稳居全国第一位，软件和信息技术服务业逐步向产业链高端延伸拓展。2018 年 1—11 月，北京市软件和信息技术服务业实现收入 8300 亿元，同比增长 18.4%。其中，软件产品实现收入 2969 亿元，同比增长 19.4%；信息技术服务实现收入 5197 亿元，同比增长 18.4%。其中运营服务实现收入 2444 亿元，同比增长 21%；集成电路设计实现收入 51.4 亿元，同比增长 17%；嵌入式系统软件实现收入 135 亿元，同比增长 9%。

第二节　发展现状

（一）产业规模全国领先

立足于科创资源、人才资源、政策环境及雄厚的产业基础，北京市软件产业稳步增长，2018 年 1—11 月，北京市共有纳入统计范围的企业 2980 家，软件业务收入 8300 亿元，占全国的比重高达 14.8%。相比于排名第二的深圳市 5717 亿元的软件产业规模，北京市软件规模高出深圳 45%以上并远高于全国其他城市，其中，信息技术服务收入达 5197 亿元，在全国所有城市中遥遥领先。2018 年，北京市软件业务收入达到 10913.3 亿元，是全国首个规模过万亿元的城市；同比增速 16%，高于全国平均增速 1.8 个百分点；占全市 GDP 比重的 12.7%，创历史新高；规模以上企业平均营收达 3.7 亿元，是全国规模以上企业平均营收的 2.2 倍；人均营收 125.9 万元，是全国人均营收的 1.3 倍；软件和信息技术服务业实现增加值 3859 亿元，同比增长 19%，增速居各行业之首。

（二）骨干企业实力雄厚

作为全国软件产品和信息技术服务创新的企业集聚地之一，北京市骨干企业和高成长型企业培育成效突出。2018 年，北京在营业的软件和信息技术服务企业 2.7 万家，其中，纳入工业和信息化部统计范围的企业 2980 家，营业收入十亿元以上企业 141 家，营业收入百亿元以上企业 14 家。在 2018 年中国软件和信息技术服务综合竞争力 100 强、中国互联网企业 100 强和中国互联网成长型企业 20 强榜单中，北京市分别有 45 家、31 家和 8 家上榜，上榜企业数量均居全国首位。另外，在 2018 德勤高科技的高成长企业 50 强榜单中，北京 12 家企业入选，是骨干型企业培育的重要后备军团。北京市骨干企业的培育和发展将更上一层楼。北京市软件和信息技术服务领域骨干企业培育成效突出，高成长型企业后备军团发展势头迅猛，是全市软件产业规模占据全国软件产业规模“领头羊”位置的重要基石，是软件和信息技术服务业作为全市经济发展支柱产业的重要保障。

（三）新兴业态快速崛起

随着以云计算、大数据、人工智能、移动互联网等新一代信息技术的快速发展，北京市新兴产业生态圈逐步形成。神州数码、用友等系统集成企业积极布局互联网金融、企业互联网等新兴领域，通过云计算、大数据实现自身产业的升级；搜狗、百度、京东等互联网企业逐渐向人工智能转型，加紧布局新一代信息技术产业。2018 年，云计算领域，北京市实现营业收入 1179.5 亿元，同比增长 13.7%；大数据领域，产业规模达 1602.1 亿元，同比增长 39.6%；人工智能领域，企业数量达到 1084 家，占全国统计总量的 26.5%，产业规模约为 1122 亿元，同比增长 46.1%；导航与位置服务领域，产业规模达到 500 亿元，位居全国第一。2018 年，北京市软件著作权的登记量为 16.3 万件，软件专利申请量为 1.9 万件，授权量为 1 万件，企业平均拥有的有效发明专利数为 10.8 件。

第三节　发展特点

（一）国际化步伐深入推进

作为首都，北京是全国政治、文化中心，是国际交往中心，拥有与国际接轨的独特优势，正在积极推进具有世界影响力的软件创新名城建设，软件和信息技术服务领域的国际化发展态势良好。2018 年，北京市软件服务外包收入 48.7 亿美元，同比增长 6.7%，信息技术外包收入 33.2 亿元，同比增长 4.3%，实际利用外商投资 45.2 亿元，占全市外商投资的 26.1%。北京市软件企业紧抓“一带一路”发展契机，加速软件产业全球化布局，不断加大与沿线国家的合作力度，国际一流赋能中心项目落地，积极支持软件企业“走出去”，服务网络涵盖“一带一路”沿线 35 个以上国家和地区。基于合作共赢、共同发展的原则，北京市积极营造一流的营商环境，注重涉软国际标准和国际化原则落实，不断提升软件和信息技术服务领域的创新活力和国际竞争力，切实推进软件产业国际化发展进程。在全球软件技术前沿的物体识别和检测领域，来自北京市的旷世科技获得“COCO+Mapillary”四项世界第一； 2018 年发布的“世界互联网领先科技成果”中有 6 项来自北京。

（二）集聚化发展效应显著

海淀区软件和信息服务企业最多，是软件创新创业最为活跃的地区，海淀软件园已成为我国创新驱动战略体系成果的展示窗口、大众创业万众创新的主流潮头，凭借中关村在创新载体、创新资源、品牌影响等方面的优势，海淀园区已成为国际一流的创新生态区。朝阳区强化科技服务能力，引进阿里巴巴等企业，成为跨国总部的聚集区，北京市着力将朝阳区打造成为具有国际影响力的中央商务区，同时将中关村朝阳园打造成国际研发创新的聚集区。此外，东城区和西城区的信息传输业、石景山区的文化创意和游戏动漫产业、亦庄开发区着力发展云计算、门头沟区建设中关村人工智能产业园等。随着北京软件产业布局不断优化，上下游配套、大中小企业协同发展及以专业基地为载体的空间集聚态势逐渐突出，北京市结合各区域功能定位及高精尖产业布局规划，发挥海淀区、朝阳区核心地位，形成全市共同发展软件和信息技术服务业的局面，当前，北京已形成了各具特色、协同发展的软件产业新格局。

第十九章

上海

第一节 总体情况

近年来，上海一直高度聚焦国家与上海的战略部署重点方向，持续推动供给侧改革，着力推动软件产业高质量发展。作为全国 8 个综合类软件名城之一，上海一直坚持以“软件定义、数据驱动”作为发展数字经济的坚实支撑，软件产业呈现持续向好发展态势。2018 年，上海市软件产业整体稳中有进，软件产业业务收入达到 5144.08 亿元，同比增长 11.3%，产业发展稳中有进。软件产品收入占软件业务收入的比例为 33.1%，同比增长 12.3%。信息技术服务占比为 64.6%，同比增长 15%。在嵌入式系统软件方面的业务收入占比为 2.3%，同比增长下降 16.4%。在信息技术服务收入中，运营服务收入占比 50.37%，集成电路设计收入占比为 11.32%。

第二节 发展现状

（一）产业政策环境不断完善

为加快上海市软件产业向高端发展、持续保障工业互联网与工控系统安全，2018 年上海发布了《上海市工业控制系统信息安全行动计划（2018—2020 年）》与《上海市工业互联网产业创新工程实施方案》，通过在全市范围内建立有效的工业控制系统信息安全保障体系，全面提升上海工业信息安全防护能力，不断促进与服务工业互联网创新发展，全力打响“上海制造”品牌。此外，2018 年上海还相继发布了《关于加快推进上海人工智能高质量发展的实施办法》《上海市软件和集成电路企业设计人员、核心团队专项奖励办法》《上海市工业互联网创新发展专项支持实施细则》，在充分确保现有政策力度不减的情况下，进一步提升上海软件产业内生发展动力。

（二）企业创新发展极具活力

在企业数量方面，2018年上海新评估的软件企业数量有552家，截至2018年，上海累计认定或评估的软件企业有6469家。其中经营收入超亿元的软件企业为532家，较2017年的498家，新增了34家。规模以上企业明显增加，经营收入超过10亿元的软件企业有70家，较2017年的61家增加了9家。整体而言，上海软件企业体量比2017年有较大提升，不论是企业规模还是自身业务能力，都有较大改善。中小创新企业的创新创业依然十分活跃，成为上海市软件产业发展中不可忽视的中坚力量。

（三）特色产业园区发展良好

上海浦东软件园作为上海乃至全国闻名的软件园区，一直致力于打造世界级软件产业创新社区。经过二十多年的发展，上海浦东软件园已经形成了比较完整的上下游产业链，园区产业特征清晰、技术创新活跃、人力资源优秀、服务功能完善、辐射范围广泛 、集聚效应显著。园区主导产业涵盖集成电路、移动互联、数字文化、金融科技、人工智能、智能制造和信息安全等多个领域，示范和引领作用日渐显著。园区积极引进业界领先的战略客户，不断加大战略选商力度，不断优化调整产业结构。截至2018年年底，浦东软件园区共有软件企业1701家，其中入驻企业770家，从业人员45000人，园区软件和信息服务业实现经营收入760亿元。

（四）从业人员持续优化增长

2018年，上海市软件产业从业人员达到52.8万人，同比增长3.3%。从业人员结构不断优化，研发人员占软件从业人员的比例为61%。大专与本科以上从业人员占比为96.18%，其中硕士学历占比为11.65%，博士学历占比为0.51%。

第三节　发展特点

（一）大力推动软件出口增长

根据上海市商务委公布的统计数据，2018 年上海软件出口增长明显加快。2018 年全年上海市软件出口额达到 41.39 亿美元，同比增长了 12.14%。当前，上海市软件出口的市场大量集中在美国、新加坡、日本、德国。信息技术外包仍然为主要的出口方式，达到了 40.25 亿美元，同比增长 10.5%，占整个出口额的 97.2%。外资企业占据了出口额的大头，达到了 78.2%，排名前三的企业为思爱普、高通、易安信。内资企业的出口虽仅为 4.34 亿美元，但增长十分迅速，达到了 52.3%。对应的出口前三的内资企业分别为商泰、海隆、巨人。主要的出口地还是集中在浦东新区等中心城区，上述中心城区信息技术产业底蕴较为深厚，具备良好的先发优势与对外输出能力。这从所占的出口额比例上也能得到印证，以浦东新区为代表的 4 个中心城区出口额占全市软件出口的 86%以上。

（二）“一中四方”格局形成

经过十几年的发展，上海市软件产业布局持续优化。在“十三五”规划期间，上海市着力推动“三个 200 万平方米”（即新建 200 万平方米、拓展 200 万平方米、改造 200 万平方米）不断构建形成了“一中四方”的产业侧重不同的协同发展格局。“一中”指的是中心城区，主要以互联网信息服务、人工智能软硬件和电子商务为重点。“四方”指的是东西南北 4 个新区。东面浦东软件园主攻行业应用软件、金融信息技术服务；西面的上海市西软件园则主要发展物联网、信息技术服务及工业软件；南面紫竹科学园区则大力推动网络视听、数字内容等方面发展；北面则主要依托高新区，发展基础软件、云计算与大数据。在经济转型升级的大背景下，各区都在加大软件产业的布局力度并取得良好成效，上海全市软件产业正开始呈现各区侧重虽不同但彼此协同互补的“百花齐放”新格局。

第二十章

南京

第一节　总体情况

南京是我国首个“中国软件名城”，软件和信息技术服务业一直以来都是南京市的优势产业之一。近年来，南京市软件产业规模在全省遥遥领先，产业规模位居江苏省第一位。2018 年，南京市软件业务收入达 4500 亿元，同比增长 12.1%，占全国软件产业总收入的比重为 7.3%，其中，软件产品收入 1288 亿元，同比增长 11.7%；信息技术服务实现收入 2181 亿元，同比增长 16.6%；嵌入式系统软件实现收入 497 亿元，同比增长 0.9%。中国（南京）软件谷、南京软件园、江苏软件园（一谷两园）的软件产业规模合计占全市比重 70%以上，产业集聚化发展成效突出。目前，南京瞄准建设国际级软件名城发展目标，制定出台了《南京市建设国际软件名城实施方案》《南京市打造人工智能产业地标行动计划》等一系列政策方案，全面保障全市软件和信息技术服务业持续快速发展，积极打造具有国际影响力的技术策源地和产业基地。

第二节　发展现状

（一）产业集聚持续推进

南京市形成了以中国（南京）软件谷、南京软件园、江苏软件园等国家级软件园为重点，徐庄软件园等省级软件园、互联网产业园为支撑的软件产业空间布局。当前，南京已形成通信软件及运维服务、云计算大数据及信息安全、互联网、人工智能及智能终端等“四大创新产业集群”。南京市在软件园区载体的创新能力也呈现集聚趋势，拥有涉软类新型研发机构 99 家，占全市新型研发机构总量的48%。以规模最大的软件园区中国（南京）软件谷为例，截至2018年年末，软件谷已集聚15家世界500强及全球软件百强企业，以及30家中国软件百强、电子信息百强及互联网百强企业。共有72家软件企业软件业务收入过亿元，占全区软件业务收入的80%，产业集聚效应明显。

（二）骨干企业快速发展

南京在骨干企业培育和引进方面成效显著，拥有一批在国际和国内都具有较强竞争力的企业。截至2018年年底，南京拥有重点涉软企业超过4900家，其中，中国软件业务收入百强企业8家、中国互联网百强企业2家、国家规划布局内重点软件企业16家。南京市高成长性企业也取得较大突破，软件企业发展质量保持稳步提高，根据《2019年南京市独角兽、瞪羚企业发展白皮书》，南京市培育独角兽企业总计66家，瞪羚企业172家。南京市骨干企业的优势软件产品享誉国内外，共有 87个软件产品获得“中国优秀软件产品”称号，累计8项软件产品获“中国驰名商标”，11项软件产品获“江苏省著名商标”。智能电网、通信、智能交通等软件产品也达到国内领先，国际一流水平。

（三）市场应用稳步推广

南京软件产品的市场推广稳步进行，智能电网、通信和智能交通领域的软件产品市场占有率全国领先，在国内市场分别占据了 50%、30%和 20%以上的市场份额。从行业领域来看，南京工业互联网APP领域有6项产品入选工业和信息化部“2018年工业互联网APP优秀解决方案”；安全可靠软件领域中百敖软件的BIOS固件技术成功应用于龙芯（MIPS架构）、华为（ARM架构）等国产芯片，产品市场占有率较高。从公司角度来看，华为软件连续三年在电信运营商运营技术市场份额排名第一；南瑞集团在全国43个省级及以上高端系统占有率达100%。江苏满运软件科技占据货运物流90%的市场份额。软件产品市场应用的稳步推广为软件产业的发展和创新增加了新动力。南京市知名软件产品培育成效显著，全市累计拥有“中国优秀软件产品”95项。云计算、大数据、互联网、人工智能等新业态、新模式发展势头良好，基础软件和工业软件产品竞争力不断提升，成为拉动全市软件产业持续增长的新引擎。

（四）人才培育成效突出

南京市加大软件人才队伍建设力度，大力实施软件企业家培育工程。每年评选一批“南京市软件产业领军人物”和“成长型软件企业家”，累计已有39位优秀企业家当选“南京市软件产业年度领军人物”，29位企业家入选成长型软件企业家培育计划。2018年，涉软从业人员总数达79万人。作为国家科教资源中心，南京拥有高等院校53所，在校大学生80万人，其中涉软大学生20万人。同时，南京软件培训资源也相当丰富，拥有37家国家、省、市级软件培训基地，年培训规模超过8万人次。“创业南京”“345海外高层次人才引进计划”等重点人才工程对于引进和培养具有发展潜力的集群领军人才起到重要的助推作用。南京健全的软件人才培养和引进机制为软件和信息技术服务业先进产业集群发展提供优质的智力支撑。

第三节　发展特点

（一）产业集群发展态势显现

近年来，南京软件产业发展特色越加鲜明，现已形成“一核多极”的特色软件产业空间布局。中国（南京）软件谷是南京软件产业核心集聚区中规模最大，集聚度最高的产业园区，产业特色也最为鲜明。目前，软件谷已形成通信软件及运维服务、云计算大数据及信息安全、互联网、人工智能及智能终端“四大创新产业集群”，产业的集聚度不断增强，通信软件尤显突出并占据国内近30%的市场份额。软件谷是科技部认定的“中国通信软件特色产业基地”，覆盖通信软件的研发、运营商服务及网络优化等相关产业，集聚200家通信软件企业，从业人员超过6万人，是国内规模最大、集聚度最高、占据行业主导地位的通信软件产业集聚区。另外，软件谷大数据产业基地也被南京市和江苏省认定为特色产业基地，特色产业结构逐步完善。

（二）品牌宣传助推优势突出

南京积极拓展软件产业宣传、产业交流等活动渠道，各涉软类企业、高校、政府等机构参与热情持续不减。2018年，仅江苏省人工智能学会便组织各类学术、培训、科普活动80余场，参与人数达2万人次。软博会无疑是南京软件行业宣传的一张响亮名片，成为南京集招商引资、项目合作、人才交流、新品发布和产品交易等功能于一体的国际化、综合性行业盛会，也是中国规模最大、国际化程度最高、最具影响力的国际性软件和信息技术服务业展会之一。第十四届南京软博会展会规模达11万平方米，吸引了来自20多个国家和地区的1000多家企业参展参会，达成签约项目86项，观众人数超过12万人，有力促进了国内外产业间交流合作，为推动南京软件和信息技术服务业先进产业集群建设和软件产品宣传发挥了重要作用。

（三）载体支撑效应日益鲜明

南京“一核多极”的特色软件产业空间布局对全市软件产业发展具有重要的支撑引领作用。“一核”，即为以中国（南京）软件谷、南京软件园、江苏软件园为核心集聚区的产业园区（一谷两园）。“一谷两园”软件业务收入占全市的 70%以上，集群效应日益凸显。三个园区结合自身优势，规划落实了不同的重点发展方向：中国（南京）软件谷着力打造“四城一基地”特色园区载体；江苏软件园提出了以 5G 为主峰，云计算大数据、物联网、人工智能、网络安全为四大群峰的“五指山”产业布局；南京软件园重点发展集成电路设计、智能电网软件、健康医疗大数据等产业集群。“多极”包含徐庄软件园、新城科技园等多个软件园区，着力打造一批重点突出、特色鲜明、错位发展的专业化软件园区作为全市软件产业发展的新增长极。“一核多极”的特色园区布局有利于南京软件产业取得关键技术创新和重点领域核心技术突破，推动软件和信息技术服务业先进产业集群发展。

第二十一章

深圳

第一节　总体情况

深圳市作为我国改革开放的第一个经济特区，软件和信息技术服务业是带动深圳市经济快速发展的核心引擎。近年来，深圳市坚持重点培育和优先发展软件和信息技术服务业，产业规模不断壮大，产业实力不断增强，软件业务收入规模在全国遥遥领先，产业规模仅次于北京，稳居全国第二。统计数据显示，2018 年，深圳市软件业务收入 5934.7 亿元，同比增长 6.8%，占全国软件产业总收入的比重为 9.4%。其中软件产品收入 885.4 亿元，同比减少 2.6%；信息技术服务收入 3622.7 亿元，占总软件收入的比重超过 60%，同比增长 29.9%；嵌入式系统软件收入 1400.4 亿元，一方面由于国际贸易环境的影响，另一方面因软件产业统计制度最新嵌入式系统软件收入的统计计算办法，造成了深圳市嵌入式系统软件收入首次出现负增长，同比减少 26.4%；信息安全产品收入 26.1 亿元。信息技术服务业收入占比持续增加，软件业务收入结构的变化趋势反映了深圳市软件产业由定制化、集成式的软件支撑方式向以云化服务为代表的信息技术服务形式演变，体现了软件和信息技术服务业的服务模式、商业模式变革，软件技术促进产业融合发展能力和价值日益凸显。

第二节　发展现状

（一）骨干企业群体持续壮大

深圳市的软件企业群体在持续壮大，企业的创新发展、国际经营等能力也在持续增强。华为、中兴通讯、腾讯、大疆、金蝶、迈瑞等软件企业已发展成为国内一流国际领先的软件企业。2018 年深圳市软件业务收入超千亿元的企业有 1 家，超百亿元的企业有 5 家，超 50 亿元的企业有 8 家，超亿元企业新增 18 家，累计达 334 家。深圳在海内外上市的软件企业约 200 家，共有 200 家软件企业在美国、印度、日本和俄罗斯等地投资设立分公司、研发中心等。

（二）产业政策体系日趋完备

软件和信息技术服务业是推动深圳市经济快速发展的核心引擎，其发展环境也在持续优化，深圳市出台了一系列政策助推产业发展。工业互联网方面出台《深圳市工业互联网发展行动计划（2018—2020 年）》和《深圳市关于加快工业互联网发展的若干措施》，以打造活跃完善的工业互联网产业生态为主线，着力推进工业互联网网络建设改造与优化，加快培育工业互联网平台，提升产业关键支撑能力和综合集成水平，促进工业互联网融合应用，打造线上线下全面安全体系。集成电路方面出台《深圳市进一步推动集成电路产业发展行动计划（2019—2023 年）》和《关于加快集成电路产业发展若干措施》，促进集成电路产业发展，支持企业关键技术攻关、人才引进、公共服务平台提升、创新载体建设、中小初创企业培育、重大产业项目建设等。新兴产业方面出台《深圳市战略性新兴产业发展专项资金扶持政策》，为推动深圳战略性新兴产业发展，加快建设以创新为引领的现代化产业体系，加快把深圳打造成为竞争力、影响力卓著的创新引领型全球城市，引导产业提高自主创新能力，促进产业高端发展，拓展金融支持手段，提升产业配套服务能力。

（三）研发投入力度持续加大

2018 年，深圳市研发投入进一步加大，占全市 GDP 比重为 4.2%，水平与世界最高水平的以色列相当。2018 年深圳 PCT 国际专利申请量为 18081 件，约占全国申请总量的 34.8%，连续 15 年在全国大中城市中居首位。龙头骨干企业纷纷建立研发中心，提高创新能力和市场竞争力。华为在俄罗斯、瑞典、芬兰、英国、美国、印度、韩国和日本等国家设立 40 多个海外研发中心和联合创新中心；中兴通讯在全球拥有 18 个研发中心，其中 7 个海外研发中心全部设在美国或欧洲，同时积极参与国际标准的制定，以谋求更多的国际话语权。同时，深圳市积极推动版权保护，支持企业的创新发展。2018 年深圳软件著作权登记数为 142695 件，同比增长率超过 70%。

第三节 发展特点

（一）金融科技发展优势凸显

深圳市在软件和信息技术服务业发展中，金融科技逐渐凸显出发展优势。2018 年，在科技推动的金融业技术创新驱动下，深圳市在金融科技领域保持快速发展，金融垂直领域的大数据、人工智能技术商用规模增长迅速。平安科技作为平安集团科技研发支撑部门，其人工智能、区块链、大数据技术在金融业的技术研发及行业应用能力走在全国前列，取得了全球领先的研究成果，AI 客服占客服总数比约为 80%，人脸识别、人工智能等技术也逐步应用到零售新门店，打造的 KYB（中小企业数据贷）在试行期间已经为近万家中小企业提供线上化、智能化的融资服务；金证科技全面启动 Spark、Hadoop、微服务、区块链等先进技术在证券行业应用的预研和论证，相关技术已完成在证券局部业务上的验证，其性能实现跨越式提升，为证券市场转换提供技术基础，此外，嘉联支付、前海大数金融、百富计算机等企业也发展迅速。

（二）工业软件规模持续壮大

2018 年，深圳市工业软件规模保持平稳增长，新兴技术正推进工业互联网加速向前发展，深圳市工业软件企业正在加强自主研发和产品销售，加速实现我国的国产替代。2018 年，大族激光坚持不断加强自主研发，加大欧洲研发运营中心、大族智能制造基地等项目的投入力度，提高研发创新能力、持续扩大产能。富士康、TCL 等凭借在各自行业内的工业知识、行业经验推出工业互联网平台；华制智能、德富莱、华龙讯达、汇川将设备维护、产线优化、智能车间等解决方案进行云化，形成平台；智物联、大数据点凭借设备连接和数据分析方面的优势形成平台产品。华龙讯达在工业场景数据采集、数字孪生领域技术应用领先，同腾讯合作打造腾讯木星云工业互联网平台，并联合腾讯等承担了 2018 年国家工业互联网创新发展工程项目，将集成方案能力拓展到机械设备、交通等领域。

（三）市场竞争助推核心技术研发

中兴被制裁、华为被封锁事件警示深圳市政府与企业加强关键核心技术研发，实现自主可控发展势在必行。核心技术研发能力迎来重大挑战，深圳市软件和信息技术服务业也正抓住机遇向基础研发层下沉。深圳市软件和信息技术服务业是市场化驱动特色鲜明的产业，长年积累形成了以强应用为特色的产业基础，近几年，市场竞争加剧倒逼深圳市软件和信息技术服务业从应用开发向基础核心技术研发转变，提供技术服务、支撑软件的模块化功能的支撑型平台在市场上不断涌现，极大地促进产业提质升级。华为云、腾讯云在提供硬件支撑能力的同时，向外输出成熟的 AI、大数据、区块链、软件开发管理服务，为广大企业的产品技术研发提供底层支撑。支撑垂直行业的行业支撑型平台正快速发展成熟，安全行业的深信服安全云，工业行业的汇川云、富士康工业互联网，金融财务行业的金蝶云等，成为垂直行业快速发展的加速器。

（四）企业市场布局优化拓展

2018 年，国际贸易市场环境面临挑战，深圳市软件企业积极优化和拓展国际市场布局。华为技术凭借强大的技术研发实力和领先的产品服务能力，不断获得国际 5G 的订单；同时，华为在终端领域的收获也颇丰，数据显示，2018 年华为手机国内出货量依旧居国内第一位，国际出货量同比增长 33.6%。中兴通讯在多方介入的努力洽谈协商后，于 2018 年 7 月实现了禁售令的解除，凭借在 5G 通信方面的研发投入和积累，之后接连获得国内三大运营商等产品的订单，正在加快全面恢复其全球业务，主体经营逐步回归正轨。腾讯集团积极调整集团战略方向，在新一轮组织架构调整中组建六大事业群，以通信与社交、云服务等为基础的平台，将数字媒体视为 C 端业务的新增长点，将广告、支付和云为代表的 B 端业务调整定位为腾讯集团的重点战略规划方向，加大对 B 端业务的投入和布局。

第二十二章

广州

第一节　总体情况

广州市作为中国软件名城，同时又是国家级软件产业基地和国家级软件出口创新基地，软件和信息技术服务业具有良好的发展基础和核心竞争力。统计数据显示，2018 年广州市软件和信息技术服务业总收入为 3604 亿元，同比增长 15.74%，占全国软件产业总收入的比重约为 5.8%，收入规模位列全国第六，产业增速连续十五年超过 15%；行业增加值超过 1600 亿元，对全市 GDP 增长的贡献率超过 10%；软件研发经费 523 亿元，同比增长 16.22%；2018 年，广州市软件和信息服务企业 2085 家，约占全国总数的 5.5%，仅次于北京、武汉，位列全国第三。广州市持续推进软件名城建设，除天河软件园、黄花岗科技园、广州开发区等主要产业园区外，琶洲互联网集聚区、思科人工智能产业园等新兴产业园区也发展迅猛，在互动娱乐、智慧城市、通信软件、金融信息化、智能制造等细分领域逐步形成优势集群，涌现出大批细分领域龙头企业。软件和信息技术服务业成为推动广州市科技研发创新、支撑产业转型升级、保证经济高质量发展的核心力量。

第二节　发展现状

（一）龙头企业发展优势明显

2018 年广州市营收规模过亿元的大型企业有 621 家，同比增长 13.95%；软件和信息服务收入为 3193.7 亿元，同比增长 16.6%，占全市总额的 88.6%，较

2017年同期提升3.5个百分点；利润总额为593.8亿元，占全市总额的91.34%，较2017年同期提升2.4个百分点，大型企业对产业的整体影响进一步加强。2018年，广州市主营收入超过50亿元的软件和信息技术服务业龙头企业有15家，较2017年增加了5家。佳都、北明、广电运通、海格、杰赛科技5家企业跻身中国软件业务收入百强。广州市有5家企业位列中国互联网百强，31家企业成为国家规划布局重点软件企业，广州腾讯、思科、网易等22家行业龙头企业2018年在广州新增软件业务收入350亿元。广州市软件和信息服务企业具有较强的创新能力和持续快速增长的特性，由此获得众多资本青睐，在资本市场表现抢眼。截至2018年12月，累计有31家企业在主板和海外上市，占全市上市企业总数的19%。

（二）研发创新能力不断增强

加大研发投入，提高创新能力对软件和信息技术服务业进一步发展具有重要意义。2018年广州市软件和信息技术服务业研发投入占主营收入比例达11.2%，是传统制造业企业的5～8倍。2018年，全市新增软件著作权9.8万件，同比增长46%，占全国的8.9%，占全省的35%。2018年，广州全市累计有2708家软件和信息技术服务业企业为国家高新技术企业，占全市高新技术企业（8700家）总数的30%以上。

（三）各区产业发展特色鲜明

天河区作为广州市软件和信息技术服务业的主要聚集地，2018年软件和信息服务收入为1734亿元，同比增长23.5%，占全市软件业务总收入的48.11%，企业家数占全市的54.82%。黄埔区重点围绕智能制造、区块链、大数据产业打造国家级产业园区，2018年软件和信息服务收入达824亿元，同比增长13.97%，占全市软件业务总收入的23%；番禺区围绕思科、小米、欢聚时代等龙头企业，吸引人工智能、云计算等新一代信息技术产业链上下游企业进驻，打造软件和信息技术服务业生态圈，2018年软件收入达306亿元，同比增长超过20%；海珠区继续打造琶洲互联网集聚区，引进国内外互联网龙头企业，2018年软件业务收入283亿元，同比增长超过30%。

（四）产业发展环境逐渐优化

人才环境优势明显。软件和信息技术服务业是智力密集型产业，其发展离不开行业的高端人才。广州市人才优势明显，拥有中山大学、华南理工等国家重点大学，本科在校人数 102 万人，研究生 7.8 万人，超过全省的 55%，人才资源丰富。信息基础设施完善，产业园区建设成效显著。除天河软件园、黄花岗科技园、广州开发区等主要产业园区外，琶洲互联网集聚区、思科人工智能产业园等新兴产业园区的发展也十分亮眼，软件产业集聚效应进一步凸显。政策环境完备。2018 年广州市政府发布《广州市加快 IAB 产业发展五年行动计划（2018—2022 年）》《广州市人民政府关于加快工业和信息化产业发展的扶持意见》等，提出从人才、土地、资金、研发等方面推动新一代信息技术产业的发展，同时天河、黄埔、番禺、海珠等各区也陆续发布相关的产业配套扶持政策，为软件和信息技术服务业的稳步发展营造良好的政策环境。

第三节 发展特点

（一）5G 领域发展优势领先

第五代移动通信技术（5G）具有高速率、大宽带、低延时和开放架构的优点，是唯一能够支撑万物互联、自动驾驶、虚拟现实、超高清视频等新一代信息技术需求的通信网络，将成为新一代数字经济最重要的信息基础设施。目前，我国基于先天的市场规模优势和技术标准方面的超前布局，在 5G 领域已形成一定的领先优势，华为、中兴通讯等主设备商在 5G 网络架构、接入技术、商用芯片、商用终端（智能手机等）等领域形成全球领先优势。通信行业是广州市传统优势行业领域，经过多年的积累，形成了一条产品、服务贯穿通信基站、通信网络、通信终端和场景应用的完整产业链条，并涌现出京信通信、超讯通信、宜通世纪、杰赛科技等一批实力雄厚的通信行业企业。

（二）数字内容产业生态集聚

2018 年广州市软件和信息技术服务业与互动娱乐行业的融合更加紧密，互动娱乐企业加大对内容审核技术的投入，降低内容风险，同时加强上下游生态整合，提升自身盈利水平。在移动音乐、网络音频、视频直播等互联网娱乐领域涌现出一批全国领先的优秀企业，其中广州华多（欢聚时代）是国内第一大游戏语音通信平台，酷狗音乐已成为国内领先的数字音乐服务商，营收规模增速连续三年超过 60%，虎牙直播已成为全国最大的电竞直播平台，荔枝 FM 是全国领先的互联网电台。广州作为华南游戏和移动互联网主要集聚区，在互联网互动娱乐领域连续十年保持较高水平的发展增速，其中广州在互联网游戏领域已形成完整的产业生态链，实现了以天河区为核心的游戏产业生态集聚区。

（三）人工智能领域快速发展

人工智能作为当前最具发展前景的新兴产业之一，受到市场的热烈追捧和政府的大力扶持。广州市作为人工智能发展的第一梯队，初步形成带动人工智能领域快速构建产业链发展的态势。广州市在语音识别、语义分析、图像识别、智能机器人等人工智能细分领域发展迅速且表现突出，涌现出一批优秀的龙头企业。科大讯飞华南公司落户广州后，立足语音识别、语音分析的技术优势，在教育行业领域初步形成产业生态；云从科技落户南沙后，大幅提升广州人脸识别技术的研发与应用水平；广州本土企业——金杭科技，立足多角度动态人像识别核心技术，通过智慧社区应用，快速实现了人脸识别技术的商业化运用。

（四）区块链产业集聚态势初显

当前，我国区块链产业处于高速发展阶段，创业者和资本不断涌入，企业数量快速增加，区块链应用加快落地。广州市区块链产业作为新兴产业，围绕广州开发区区块链产业园，初步实现区块链产业生态集聚，区块链企业数量不断增加，其中，2018 年引进的广州金丘链云是全球第一个区块链征信的商用生产平台，未来将以区块链为底层架构，在社会服务、经济等全球更多领域构建区块链应用场景，构建“区块链+实体经济”生态集群；久零区块链在成熟的 B2B2C 商业模式基础上，利用区块链技术建立起连接电商商家、消费者和服务提供商的点对点网络，打造一个“去无价值中介”的新电商生态，成功实现了区块链技术在电商领域的应用落地。未来区块链技术在金融、征信、智慧政务等方面的应用将逐步落地，成为推动新经济转型的重要力量。

第二十三章

杭州

第一节　总体情况

杭州作为我国八大综合性软件名城之一，软件与信息服务业一直是其传统优势产业。自 2012 年启动软件名城创建工作以来，杭州长期处于软件名城第一梯队，业务收入占全国的比重稳步提升。2018 年，杭州市在基数庞大的情况下，产业规模仍然保持平稳增长，软件和信息技术服务业收入达到 4295.15 亿元，同比增长 18.7%，高于全国 4.5 个百分点，位列全国第五，产业收入主要以信息技术服务为主，占比达 65.4%。软件和信息技术服务业的销售利润率达 32.59%，位居全国首位，利润总额仅次于深圳，位列全国第二。当前，杭州市在大数据、云计算、物联网及移动支付等领域产业优势明显，在电子商务、金融财税、工业控制、安防监控等领域已走在全国前列。“杭州软件”的品牌影响力逐渐显现，成为我国软件名城中软件与城市融合发展成效显著的代表。同时，为加快国际软件名城创建进程，助推数字经济发展，2018 年，杭州市制定出台了《加快国际级软件名城创建助推数字经济发展的若干政策》，聚焦信息软件产业这一杭州数字经济的传统优势领域，着力打造“全国数字经济第一城”。

第二节　发展现状

（一）政策体系支撑完备

杭州市与工业和信息化部、浙江省政府展开合作，签署《关于协同开展国际级软件名城创建工作合作协议》，并按照对国际软件名城创建工作的要求，制定了《杭州市创建国际软件名城工作方案》(以下简称《工作方案》)，明确目标任务，建立推进机制，落实工作举措，扎实推进各项创建工作。2018 年，杭州市政府从产业规模、技术创新、企业培育、融合发展、平台建设 5 个方面提出可量化的具体目标，向工业和信息化部报送《工作方案》。此外，杭州市政府正式发布《加快国际级软件名城创建助推数字经济发展的若干政策》，支持自主研发、协同创新、产品应用、软件首台套、工业技术软件化、标准制定等。另外，集成电路、5G 产业、人才引进等政策已陆续出台更新。

（二）龙头企业优势明显

杭州囊括了浙江省软件企业二十强，龙头企业带动效应显著，软件业务总体增长势头良好，盈利能力持续提升。2019 年 1—6 月，杭州二十强企业实现软件业务收入 1434.3 亿元，同比增长达 20.9%，占杭州整体 701 家软件企业的 59.8%。利润为 618.6 亿元，同比增长 24.9%，占杭州整体 701 家软件企业的 94.4%。利润增长主要来自天猫、淘宝等互联网企业，阿里云、华数传媒、阿里巴巴（中国）网络技术、中控科技、恒生电子利润增速较快，呈现翻倍增长态势。龙头企业主要应用或服务领域集中在通信、安全、金融、电子商务、工业控制、娱乐、医疗等，发展优势突出。2019 年，阿里巴巴、海康威视、浙江大华、中控科技、恒生电子、银江股份、新华三、浙大网新共 8 家杭州企业占据了全国软件业务收入前百强中的 8 个席位；阿里巴巴、蚂蚁金服、网易、顺网科技、边锋网络 5 家企业入选中国互联网百强企业。海康威视、大华技术、宇视科技、引领全球安防产业，其中，海康威视数字安防产品市场份额位居全国首位。

（三）创新成果持续涌现

杭州市产业创新发展成果显著。在技术创新方面，2018 年，阿里巴巴发布了全新的 AliOS 2.0 系统，在感知、交互、应用、平台、安全 5 个领域实现了突破性进化，将定义下一代互联网汽车的新标准。在模式创新方面，杭州首创公交和地铁扫码出行，停车无感收费，落地移动支付的应用，成为全球领先的无现金城市和移动支付之城，并着力打造移动办事之城；以盒马鲜生为代表的新零售，实现线上服务、线下体验和现代物流的深度融合，改变了消费模式，重塑零售业态圈；以“淘工厂”为代表，为淘宝卖家和制造企业搭建了一座快速灵活、高效响应的桥梁，提升供需响应速度；以互联网法院、互联网医院等为代表，引领全国“互联网+治理”模式创新。在平台创新方面，杭州加快打造“功能错位、整体协同、联动发展”的全域发展格局，目前形成了以高新区（滨江）为主动力，城西科创大走廊、城东智造大走廊为两翼，特色小镇、众创空间为支撑的创新平台体系。与此同时，之江实验室、阿里达摩院、西湖大学、北大信息技术高等研究院、北航创新研究院、科大讯飞人工智能研究院、智能网联驾驶测试与评价工业和信息化部重点实验室浙江中心等创新大载体相继落地，共同推动杭州创新发展。

第三节 发展特点

（一）人工智能打造“智慧城市”

人工智能逐渐向城市发展的各个环节渗透并发挥重要作用。杭州市依托阿里巴巴等互联网企业，占领人工智能发展领先地位，在“中国人工智能城市十五强”榜单中排名第三，紧随北京和上海。2018年，杭州在人工智能领域成绩斐然，“城市数据大脑”入选国家公布的四个首批人工智能开放创新平台，智慧交通应用效果显著，拥堵率从2016年的全国第5名降至2018年的第57名。阿里巴巴人工智能实验室抓住自动驾驶这一人工智能领域的创新风口，收获“智能网联汽车道路测试号牌”，抢位全国智能网联车竞争第一方阵。此外，杭州与科大讯飞签署战略合作协议，共同建立智能研究院，打造智能创新创业平台，促进“人工智能+智慧医疗”“人工智能+智慧管廊”“人工智能+城市规划”等领域的发展。

（二）云计算服务推动产业发展

杭州市是5个云计算服务创新试点示范城市之一，为全国提供了70%的云计算能力，云计算和大数据产业发展始终走在全国前列。阿里巴巴网购平台交易，支付宝理财需求业务量的爆发式增长推动阿里巴巴在云计算服务和大数据技术的发展，应用于现代城市中，实现城市智慧化和机器智能化。杭州市以云计算和大数据技术为支撑，在国内积极打造电子政务云平台和公共信用信息平台，建成国内首个电子政务云，同时借助“阿里云”的优势，大力开拓海外市场，寻求全球合作，以推动云计算和大数据产业发展。当前，阿里云已经成为全球第三大云计算服务商，服务全球200多个国家和地区。2018年，阿里云发展势头强劲，主营收入同比增长近100%，仅在第3季度，阿里云就推出了600多种新产品和功能，涉及专有云产品开发、大数据分析和人工智能应用创新、安全及物联网服务的提高等，并以4.55亿元的价格中标海口“城市大脑”。

（三）两化融合促进转型升级

2018年，杭州市两化融合指数为103.05，处于全国领先地位，高于浙江省第二名 10.26。为深化“互联网+”融合应用，杭州率先完成打造从“机器换人”到“工厂物联网”再到“企业上云”“ET 工业大脑”驱动的智能制造之路，累计实施“机器换人”项目 3016 个，组织实施智能制造试点示范项目 114 项，实施工厂物联网企业试点 733 家，上云企业增加至 7.4 万家，数量领跑全省。杭州正在建设全球首个“ET 工业大脑”，开启大数据在制造业深度应用，万向、娃哈哈、西子、中策、恒逸等骨干企业，正在着力打造云上工厂、智造样板。在工业互联网领域，杭州凭借近 20 家国家创新平台和之江实验室、阿里巴巴、中控、新华三、华为杭州研究所等载体，加快建设国家级工业互联网平台体系，赋能全国制造业转型，所建设的 supET 工业互联网平台，成功入选首批国家级工业互联网创新发展工程，为企业提供基础架构、算法模型、数据处理、计算能力、安全存储、平台联通等基础、共性、通用的服务。

（四）电商平台打破区域局限

从传统电商、跨境电商到 eWTP，杭州集聚了全国超过 1/3 的电商平台，实现全国 85%的网络零售、70%的网络跨境贸易和 60%的 B2B 交易。杭州以 B2B 为重点，引导传统外贸和制造企业上线经营，发展跨境电商；依托政府部门、电商平台、外贸综合服务企业等授权数据，实现跨区域、跨行业、跨部门信息的交换和共享；从园区规模、园区生态、园区服务、园区管理和园区特色等方面推进线下产业园区发展，创建跨境电子商务标杆产业园区；落户亚马逊、谷歌、Wish、Paytm 等各大全球跨境电商平台，完善生态体系。此外，“杭州特色馆”和“杭州产业带”“一馆一带”成效显著；农村电商稳步推进，发展规模不断扩大；生活服务行业逐渐电商化，运营成绩成效显著。

（五）物联网产业占据发展高地

杭州市高新区（滨江）作为全国三个国家级物联网产业示范基地之一，已成为浙江省乃至全国物联网产业发展的核心示范区，在产业基础、规模实力、示范应用和网络基础设施建设等方面有一定的领先优势，已形成涵盖感知层、网络层、应用层的较为完善的技术体系，产业竞争力位居全国前列。杭州集聚了海康威视、大华技术、宇视科技等一批国内知名的数字安防企业，基本形成了较为完善的产业链体系。根据 IHS Research 发布的《中国 CCTV 与视频监控设备市场研究报告》，海康威视和大华技术两家占据了 56.12%的市场份额，在全球网络摄像机、模拟和高清监控摄像机、DVR/NVR、视频编码器等多个细分市场排名领先，初步形成全球发展高地。

第二十四章

成都

第一节　总体情况

成都是我国软件产业的战略性和功能性部署区，是全国八大中国软件名城之一，也是中西部地区唯一的中国软件名城，拥有基础软件、应用软件、软件服务外包和集成电路设计、移动通信、终端制造、信息安全、数字媒体和动漫游戏等 12 个国家级产业基地。2018 年 1—11 月，成都市软件和信息技术服务业实现收入 2699 亿元，同比增长 13.9%。其中，软件产品实现收入 976 亿元，同比增长 8.1%；信息技术服务业实现收入 1676.8 亿元，同比增长 15.6%；其中，运营相关服务实现收入 115 亿元，同比增长 9.7%；集成电路设计实现收入 58 亿元，同比增长 3.5%；嵌入式系统软件实现收入 45.7 亿元，同比增长 208.9%。截至 2018 年 11 月，成都市共有软件和信息技术服务业企业 1785 家，大量的中小型企业使成都软件产业发展充满了活力。

第二节　发展现状

（一）创新能力不断提升

软件和信息技术服务业是成都发展最快、渗透性最强的战略性新兴产业之一，是成都聚焦发展数字经济、智能经济、绿色经济、创意经济、流量经济、共享经济六大新经济产业形态的关键核心。2018 年，成都市软件服务业研发经费为 213.5 亿元，占软件业务收入的 7.0%。全年全市共新增软件著作权登记 34328 件，同比增长 38.6%，累计达 102044 万件。2018 年，成都市包括软件服务业在内的电子信息类专利授权量为 15037 件，同比增长 49.0%，占全市授权专利总量的 26.1%。

（二）政策措施持续完善

成都以深化中国软件名城建设为抓手，以加快打造世界软件名城为目标，不断加强政策扶持和引导，聚焦提升行业要素供给和保障能力，拓展软件服务渗透领域，优化产业发展生态。2018 年，出台《成都市世界软件名城发展评估指标体系》和《成都市中国软件名城示范区创建管理办法》，开展中国软件名城示范区创建工作，支持成都高新区创建核心示范区，武侯区、锦江区创建特色示范区，制定成都信息化发展“十三五”规划、大数据产业发展规划、《成都市推进数字经济发展实施方案》和《成都市推进智能经济发展实施方案》等产业规划或推进方案。

（三）融合创新加速推进

成都加快推进产业融合创新发展，充分运用 5G、人工智能、云计算、工业互联网等，提升软件产品与服务开发能力，鼓励软件企业结合全市产业发展优势，开拓云应用服务、医药健康软件、车载智能操作系统等新兴软件服务领域。2018 年 14 家企业入选国家级两化融合管理体系贯标试点，4 家企业相关项目入选 2018 年国家物联网集成创新与融合应用项目。成都大力推进软件服务业与其他领域融合应用，在交通管理方面，成都建立了“互联网交通安全综合服务管理平台”交管网一平台多场景的“数智环保成都模式”，即环境质量监测网络、污染源监测网络、生态监测网络、成都市生态环境监测大数据平台。在民生领域，成都以市民为中心打造了一站式“互联网+”公共服务平台“天府市民云”。

第三节　发展特点

（一）产业链加速完善

成都市围绕软件行业产业链、价值链中高端，招大引强，紧盯头部企业；加快产业强链补链，加快引进基础软件、工业软件领域的优质企业、项目，支持企业积极参与开发嵌入式操作系统、数据库、EDA 工具等，继续推动游戏产业发展，不断做强“成都造”品牌。2018 年，成都落实市委市政府决策部署，围绕智能经济、数字经济、网络信息安全、5G、人工智能、虚拟现实、北斗等重点领域，成都市密集出台一揽子推进工作方案与配套专项政策，聚焦产业功能区建设，积极谋划软件服务业总体架构与空间布局，加快推进软件服务业发展。

（二）发展环境支撑有力

人才要素方面，着力引进产业急需的高端人才、具有丰富经验的中高层管理者、资深专业技术人员等，大力支持企业、高校、机构培养本土人才，积极做好人才服务保障，吸引了大量人才在蓉发展，壮大了行业人才队伍，促进了各层次人才的集聚。截至 2018 年年底，成都市创新创业载体达到 289 家，载体面积达 1708 万平方米。在科技企业孵化载体方面，成都市已建成市级以上科技企业孵化器及众创空间 200 余家，孵化面积达 594 万平方米，同比增长 10.0%。此外，成都持续提升营商环境国际化水平，落地落实减税降费各项政策，降低软件等高新技术企业运营成本。

（三）交流合作渠道畅通

成都市重点推进 IC 设计与测试、基础软件、工业软件、数字媒体、系统集成与运营服务、新兴信息服务、软件外包等产业集群发展。高质量发展的成都软件产业，也正加速向“世界软件名城”迈进。2019 年，成都成功举办第十七届中国国际软件合作洽谈会（以下简称“软洽会”）主题大会暨 2019 数字世界博览会高峰会议。软洽会已经成为国际软件行业颇具影响力的软件服务业交流合作平台，以及成都市软件和信息技术服务业开展国际国内合作的重要窗口。

第二十五章

济南

第一节　总体情况

济南作为继南京之后的全国第二个“软件名城”，优先推进新一代信息技术的发展，聚焦软件名城提质升级，近年来软件和信息技术服务业产业持续健康发展。统计数据显示，2018 年 1—11 月，济南市软件业务收入达 2038 亿元，同比增长 10.2%，占全国软件产业总收入的比重为 3.6%，其中，软件产品实现收入 829 亿元，同比增长 9.3%；信息技术服务实现收入 1135 亿元，同比增长 11.4%；嵌入式系统软件实现收入 74 亿元，同比增长 3.1%。济南市形成了“三核两廊多园”产业发展的空间载体布局，以三核引两廊、两廊领多园、多园带全市的发展格局，聚焦数字经济引领，以中国软件名城和新型智慧城市建设为抓手，着力推进软件和信息技术服务业新发展。目前，济南拥有良好的数字经济生态，大数据、智慧城市、云计算、区块链等产业领域发展优势突出，带动软件产业集聚发展。同时，济南市政府出台了《济南市加快软件名城提档升级促进软件和信息技术服务业发展的若干政策》，实施“名城、名园、名企、名品、名展”五名工程，加快中国软件名城提档升级。

第二节　发展现状

（一）产业政策环境完备

济南市积极优化产业发展环境，先后出台了相关政策措施，不断健全和完善制度保障体系，加快推动软件和信息技术服务业提质发展。数字经济方面，对标深圳、广州、杭州、上海，以数字产业化和产业数字化为主攻方向，集中力量研究出台了《济南市促进先进制造业和数字经济发展若干政策措施》，立足济南基础优势，从7个方面初步提出24条细化措施。大数据方面，编制完成大数据与新一代信息技术产业发展规划，着力将济南市建成山东独具特色的新一代信息技术产业集聚区和数字经济的“龙头”，在全国发展方阵中走在前列。智慧城市建设方面，发布《济南市新型智慧城市建设行动计划（2018—2020年）》，明确了智慧城市建设的总体目标和架构，探索建立了“一主体两平台”的体制机制和“群众办事一站通”“市民出行一路通”等智慧应用专题。工业互联网方面，发布《济南市关于促进工业互联网发展的指导意见》文件，明确发展工业互联网的六项重点任务和四项推进措施，分2020年和2025年两个阶段提出了主要目标，以加快推动济南工业互联网建设发展。

（二）骨干企业实力强劲

济南市培育龙头骨干企业，为全市经济社会发展和新旧动能转换提供服务和支撑。软件产业骨干企业实力强劲，济南市拥有中国软件业务收入百强企业2家，中国互联网百强企业3家。其中，浪潮集团2018年营业收入首次突破1000亿元大关，并持续领跑服务器市场，服务器市场份额蝉联全国第一、全球前三、增速全球第一，中创软件始终围绕着软件应用价值持续创新，连续四年入围中国软件和信息技术服务综合竞争力百强企业，进入中国云计算500强，并荣获山东百年品牌重点培育企业。济南市重点发展大数据和新一代信息技术产业，涌现出积成电子、山大欧玛、亿云信息技术等一批优秀骨干企业，并初步形成了浪潮、中创等大企业“顶天立地”，积成电子、天岳、中孚等中小企业“铺天盖地”的态势。

第三节　发展特点

（一）智慧城市建设全国领跑

济南市加快推动新型智慧城市建设，提高城市治理能力和现代化水平。2018年，济南荣获中国领军智慧城市，借助现有新型智慧城建设的成功经验和引领优势，成功举办全国首届新型智慧城市建设国际峰会。济南市在全国率先启动新型智慧城市建设行动计划，政务云、政务数据开放共享全国领跑。2018年，由浪潮承建的济南政务云通过4项增强级与16项先进级评估认证，政策响应率高达100%、部门上云率达91.7%、成本节约30%以上，成为全国首个先进级政务云试点单位。

（二）公共平台建设成绩显著

济南市公共服务平台建设不断完善，平台建设涉及面广，涵盖电子商务、交通、医疗、政务等领域。2018 年，济南市有众阳智慧健康大数据平台、地纬人社大数据平台、泰华静态交通管理服务一体化平台、神思平安城市人车核录大数据应用平台等 10 余个公共服务平台入围山东省优秀大数据产品和应用解决方案名单。同时，在云计算方面，济南市积极推进企业上云行动计划，发放 1672 万余元上云专项资金给 2200 多家上云企业，评选上云标杆企业 76 家，省级上云标杆企业入选 5 家；建立济南市“企业上云”管理系统，用云计算先进手段管理企业上云工作；面向社会公开征集 120 余家企业上云推荐服务商，建立了丰富的企业上云服务资源库；实行开放的企业上云政策，企业上云管理平台注册云服务商超过 140 家。

（三）打造全产业链生态

济南市充分发挥优势骨干引领作用，积极打造全产业链生态。一是支持浪潮打造产业链生态。不断加大浪潮安全可靠云应用推广力度，探索市属融资平台入股山东浪潮云科技公司，培育打造独角兽企业，并支持浪潮区块链和大数据开放开发平台，打造开放式人工智能平台。二是加大国家重点布局产业的跟踪谋划。深入推进智能网联汽车发展，建成全省首个智能网联汽车道路测试基地，打造了全省首个 5G 测试环境，实现了测试道路 5G 信号全覆盖。积极推进北斗卫星导航产业发展，开展深层次多领域应用示范，加速培育壮大北斗产业。三是加快推进“企业上云”工程。落实《济南市企业上云专项引导资金使用管理办法》。四是强化网络安全和信息基础设施建设。济南市拥有中国联通最大的互联网数据中心，出口带宽超过 10TB，移动电话普及率全省第一，宽带网络性价比国内一流，固定宽带速率位于省会城市第一位，城市信息安全评价全国第一。

（四）大数据发展全国领先

济南市注重大数据产业发展环境建设，加快推进大数据产业发展。积极培育产业集群，济南市新一代信息技术产业集群获评山东省唯一支持的支柱产业集群；优先发展产业载体，济南高新区、市中区入选山东省大数据产业集聚区高新区大数据产业基地，大数据产业基地、数字经济产业园等载体入选省市重点建设项目；培育壮大骨干企业，国家健康医疗大数据北方中心落户济南，成为全国首个启动国家健康医疗大数据中心建设的试点城市，国家大数据流通与交易技术国家工程实验室、教育大数据应用技术国家工程实验室等落户浪潮，24 家大数据企业获评山东省大数据重点骨干企业，3 款产品（或解决方案）入选工业和信息化部 100 个大数据优秀产品和应用解决方案，31 款产品获评山东省优秀大数据产品（或解决方案），40 款产品获评山东省首版次高端软件（其中 10 个产品获批山东省首版次软件保险补偿）。

第二十六章

福州

第一节 总体情况

福州市作为福建省经济发展重地，在创建“中国软件名城”及建设“数字福建”期间，软件和信息技术服务业取得了长足的发展，早在2016年首次突破千亿元规模，并成为第一个“中国软件特色名城”，逐步形成了以大数据、物联网为代表的特色产业，东南大数据产业园、物联网产业基地相继成立与形成，并在基础软件、应用软件、IC设计等领域具备一定发展基础。在产业集聚与发展过程中，福州汇聚了省内大部分全国软件百强企业，培育了福大自动化、星网锐捷、新大陆、瑞芯微、网龙、福昕、亿榕、福富、四创等一大批知名骨干企业。同时，微软、华为、中兴通讯、腾讯、阿里巴巴、东软、浪潮、盘古等国内外知名企业纷纷在福州市设立机构、孵化中心或投资发展，形成了良好的软件产业发展基础。2018年，福州市紧紧围绕“中国软件特色名城”的创建目标，扶优扶强重点产业，抢抓培育新兴产业，加快建设承载基地，推进产业结构优化升级，不断提升产业发展水平和竞争力，软件和信息技术服务业得到了进一步跃升。

第二节 发展现状

（一）产业规模保持稳健发展

2018年，福州中国软件名城建设不断提速，城市品牌和聚集效应进一步提升，全市软件产业“名园、名企、名品、名人、名展”协同发展的良好态势基本形成。2018年，软件和信息技术服务业继续保持稳健发展态势，2018年全市软件和信息技术服务业实现主营业务收入1360亿元，同比增长16.2%，约占全省的47%。截至2018年年底，全市共有67家涉软上市企业（含新三板），76家企业获得系统集成三级以上资质；53家企业获得软件能力成熟度三级以上认证；12家企业通过国家信息技术服务标准（ITSS）认证。产业发展态势良好。

（二）企业培育成效加速显著

福大自动化、星网锐捷、新大陆、网龙网络等企业继续发挥龙头骨干作用，同时4家企业入选2018年全国软件和信息技术服务综合竞争力百强，前3家还入选了2018年中国软件业务收入前百家，两项百强榜单包揽全省入围名额。2018年，软件领域涌现出越来越多“单打冠军”和“精而美”的企业，如顶点软件入围2018年中国上市公司无形资产百强，是全省唯一一家上榜的软件企业；睿能科技连续多年在全国针纺电控芯片市场占有率第一；瑞芯微电子第12次获评“中国芯”；游龙网络首次入围全国互联网百强企业。

（三）细分领域成果不断涌现

福大自动化持续深耕工业互联网领域，旗下爱普科技的爱普云平台IAPbox智能网关数据采集解决方案成功入选工业和信息化部《2018年制造业与互联网融合发展试点示范项目》，获得国家层面及行业的肯定与支持；瑞芯微RK3399高端智能应用SoC芯片获2018“中国芯”优秀市场表现奖，公司联合阿里巴巴发布新一代智能人居解决方案，打造全面的语音交互的物联网智能人居解决方案；网龙收购全球最大的K12学习社区Edmodo，成为全球最大的K12教育社区网络和生态系统，同时推出全球首款“AI+教育”产品“101 教育 PPT—AI助教”，并在滨海新城打造网龙教育小镇；新大陆支付、升腾资讯持续保持行业领先地位，分别晋升为全球第二大、第三大POS供应商。

第三节　发展特点

1. 特色优势产业进一步聚焦

作为第一个中国软件特色名城，福州市积极把握名城品牌建设机遇，集聚各类产业要素，加大力度推进以物联网、大数据为代表的特色产业发展，提升特色产业发展水平和城市竞争力。近年来，福州市加快培育平台型的龙头企业，引导并扶持骨干企业以资本、技术和品牌开展联合重组，鼓励骨干企业拓展国际市场，并通过鼓励大中小企业开展产业链上下游合作，共同拓展国内外市场。

2. 人才引培卓有成效

近年来，依托“数字福建”建设推广契机，福州市同步人才引培扶持政策，一方面，依托重点园区大力引进特色领域的专业人才、复合型人才及优秀团队，依托重点高校引进大数据科研领军人物，加大在技术创新、模式创新、运营等方面现有人才的激励。另一方面，大力推动海外福建侨胞回国发展，做好人才回国服务保障。加大在技术创新、模式创新、运营等方面现有人才的激励。

3. 融合创新发展持续推进

福州市通过支持软硬件融合发展，研发具有行业应用特色的产品、技术及解决方案，以“互联网+智能硬件”推动新模式的智能应用。加快运用软件助力传统支柱产业转型升级，推动传统工业将先进信息技术应用于企业研发、设计、生产、销售和服务的过程。

4. 国际市场有序拓展

依托良好的区位优势，近年来，福州市加快推进并扶持企业国际化发展，一是积极拓展“一带一路”沿线市场，抢占发展先机；二是不断深化对台交流，积极承接台湾地区产业转移，壮大榕台合作。

第二十七章

厦门

第一节　总体情况

厦门是一座高颜值的生态花园之城，也是高素质的创新创业之城。自 2013 年申请创建“中国软件名城”以来，厦门市依托自身资源优势，按照创建工作总体部署，通过建设软件名园、集聚软件名企、培育软件名品、打造软件名会、举办软件名展等多项举措，不断推动软件和信息技术服务业快速发展。2019 年 3 月厦门正式被工业和信息化部批复成为“中国软件特色名城”。统计数据显示，2018 年，厦门市软件业务收入达 1493.2 亿元，占全省软件收入的一半以上，同比增长 16.4%，是 2013 年启动创建时的 2.5 倍。2018 年 1—11 月，软件产品实现收入 265 亿元，占软件业务总收入的 20.5%，同比增长 14.2%；信息技术服务实现收入 779 亿元，占软件业务总收入的 60.2%，同比增长 15.7%；其中运营服务实现收入 199 亿元，同比增长 17.0%，集成电路设计实现收入 508 亿元，同比增长 17.2%；嵌入式系统软件实现收入 250 亿元，同比增长 16.3%。在主要指标快速增长的同时，厦门市形成了以厦门软件园为核心，以湖里高新园、翔安数字经济产业园等园区为支撑的软件产业空间布局，在动漫、游戏、信息安全、健康医疗、移动互联网等细分领域涌现出一批领军企业。目前，厦门为进一步推进以软件为核心的数字经济发展，制定出台了《厦门市人民政府关于加快推进软件和信息技术服务业发展的意见》等一系列政策方案，适应新一代信息技术发展趋势，更有针对性地引导和扶持软件和信息技术服务业发展。

第二节　发展现状

（一）产业集聚持续推进

厦门市形成了以厦门软件园“三位一体”为核心，以湖里高新园、翔安数字经济产业园等园区为支撑的软件产业空间布局。厦门软件园目前已建设三期，是厦门市软件产业发展的重要载体和吸附器，也是海峡西岸软件产业聚集的热土，先后获评“中国服务外包产业集聚园区”“2018 中国大数据明星产业园”等荣誉称号。软件园立足于大数据人工智能、数字创意、电子商务、智慧城市及行业应用、移动互联五大细分行业领域，已形成特色鲜明的产业集群。2018 年全年实现营业收入 1001.2 亿元，占全市总收入的 67%。2018 年，园区全年新增工商注册企业 945 家，在册企业总数达 4478 家，各规模层次企业数量均保持高速增长，企业结构不断优化，有力支撑了全市新兴产业持续发展。在产业创新方面，厦门火炬高新区软件和信息技术服务业产业集群入选科技部第三批创新型产业集群，创造了“1 平方公里大于 600 亿元营收”的瞩目成绩，带动厦门市云计算、VR/AR 等新兴业态产业的高质量发展。

（二）领军企业屡创佳绩

在动漫、游戏、信息安全、健康医疗、移动互联网等行业，厦门市聚集了上千家互联网企业。其中，估值过亿的互联网企业超过 30 家，代表性的有美国纽交所上市的趣店科技，A 股创业板上市的亿联网络、美亚柏科，主板上市的吉比特，港交所上市的美图。截至 2018 年年底，全市主板及创业板上市企业 8 家，新三板挂牌企业 42 家，271 家国家级高新技术企业。2018 年，厦门软件领军企业屡创佳绩，美图、四三九九、吉比特、美柚入选全国互联网百强。卫星定位、美亚柏科、易联众入选工业和信息化部 2018 年大数据产业发展试点示范项目。美图之家、特力通信、歌乐电子入选商务部“中国服务外包百强企业”。南讯软件获“2018 中国大数据企业 50 强”。12 家企业上榜 2018 年福建省互联网企业 20 强，占福建省的 60%。在加快现有企业加速发展的同时，厦门也在积极引入独角兽企业开拓市场，喜马拉雅、纵目科技、未来科技研究院等项目先后落地。

（三）产品应用稳步推广

在软件产品应用方面，厦门市已取得标志性进展。从行业领域来看，人工智能产业布局初具规模，已形成从芯片端到算法端到应用端的完整产业体系。美图人工智能研发团队在ISIC Challenge 2018上获得图像识别相关任务冠军。瑞为人脸识别设备已经覆盖包括首都国际机场、深圳宝安机场等近1/3国内机场。商集的票据识别技术全球前三。云知芯发布了多款定位不同场景的人工智能芯片。从企业角度来看，软件产品新增用户数过亿的互联网企业2家，达到13家，其中美图、网宿、四三九九、咪咕动漫、飞鱼等用户数超过5亿。多家企业市场规模位居全国前列，神舟优车是全国最大的连锁汽车租赁企业，亿联网络的视频会议和语音通信市场占有率为全球第二，美亚柏科是全球最大的电子数据取证公司，美柚APP成为“她经济”的引领者，是全国最大的女性健康社区。2018年厦门市积极打造“名品”，评选出30件优秀软件产品和20件优秀应用解决方案，树立品牌效应，帮助厦门软件企业开拓市场。

（四）人才引培成效突出

厦门修订软件产业人才政策，加强人才引进，着重培养软件人才职业技能，全面优化人才供给。在人才引进方面，厦门在人才生活补贴、落户、培训等方面予以扶持，在外地开展人才“深耕计划”，在本地举办软件园专场招聘会。利用人才大数据，在西安面向应届生开展“高校深耕计划”，在深圳面向有工作经验人才开展“城市深耕计划”，吸引了1200名求职者，线上线下共收到简历超过2700份。在本地与周边高校合作，全年组织厦门软件园企业共举办5场人才集中招聘会，超过600家企业、1.5万名各类人才参与。在人才培育方面，推动企业间设立SAC联盟大学。建立SAC联盟大学，支持企业共享资源，开展人才发展培训项目，着力解决园区人才在职技术培训不足的瓶颈，全年共组织联合培训33场，培训学员约2530名。健全的软件人才培养和引进机制为厦门软件和信息技术服务业先进产业集群发展提供优质的智力支撑。

第三节　发展特点

（一）细分领域特色鲜明

厦门的软件产业优势主要体现在细分领域，拥有一批在动漫游戏、大数据和人工智能细分领域的代表性企业。动漫游戏产业一直以来是厦门市的领军特色产业。2018年，厦门市动漫游戏产业实现业务收入148亿元，拥有22家国家级动漫游戏企业，其中主板上市1家、港交所上市2家、新三板上市19家。吉比特、美图、美柚连续多年入选中国互联网企业100强名单。咪咕动漫、中科亚创制定手机动漫国际标准 T.621。在人工智能产业方面，厦门软件园已形成从芯片端到算法端到应用端的完整产业体系，安防、医疗、交通、家居等应用领域涌现出一批细分领域的领军企业。经多年探索发展，厦门的软件及信息服务业逐渐形成了特色鲜明的大数据人工智能、数字创意、电子商务、智慧城市及行业应用、移动互联五大产业细分领域。

（二）外引内培突出重点

厦门体量相对较小，为补全产业发展短板，“筑巢引凤”成为厦门上下的共识。厦门通过“外引内培”，并搭建公共技术服务平台和产业载体，打造一流营商环境，各大园区发展后劲足，产业链条逐渐完善。厦门软件园同思明区、集美区、信息集团等开展招商引资，与清华海峡研究院等密切合作，着力从北、上、深等城市引进“独角兽”并鼓励上市公司在园区设立区域总部和研发中心，喜马拉雅、纵目科技、未来科技研究院等项目先后落地。人工智能产业技术与应用协作联盟帮助有产品的企业找到技术，帮助有技术的企业找到应用场景，现已纳入企业超过 100 家。2018 年厦门市发布《厦门市人民政府关于加快推进软件和信息技术服务业发展的意见》，政策首次加入了对工业软件、游戏出口等方面的奖励和扶持，突出奖励和扶持的重点。这意味着厦门改变此前从所有方面进行“广覆盖”的扶持模式，着重从奖优奖强和补缺补短两方面做好引导和培育。

（三）集聚要素产业融合

随着数字经济发展进入新时代，使软件信息技术赋能实体经济，是厦门目前正在思考和布局的一步棋。厦门正在帮助各种要素集聚，为软件与信息服务产业的发展营造大环境。厦门在集美区建设了机器人超市暨海西智能制造协同创新产业园，囊括机器人厂商、信息软件开发商等产业链上下游的优质企业，帮助传统制造企业打通机器人应用的“最后一公里”。同时，厦门正在快速地构建制造业、软件信息服务企业上云的产业生态。2018 年 6 月，厦门市牵手华为技术有限公司和中软国际有限公司，联合推出厦门智能制造云和软件开发云。“两朵云”的落地为厦门传统企业和软件信息企业修起了“高速公路”，是传统产业转型升级和制造业高端化的重要实施路径。此外，厦门还将进一步加强“新基建”，大力提升城市数字化基础设施建设，加快“5G”在厦门的推广应用。数字经济和实体经济融合发展正在加速厦门软件企业中的“单打冠军”成长为龙头企业，增强企业带动作用，推动千亿产业链提速换挡。

第二十八章

苏州

第一节　总体情况

苏州市自开展中国软件名城创建工作以来，着力于推动苏州市软件和信息技术服务业的持续快速发展，加快推进苏州中国软件名城创建试点工作，产业规模不断提升，产业实力不断增强，软件业务收入规模长期位居江苏省第二位，仅次于南京市，并在工业软件领域形成了鲜明的特色优势，达到了特色型中国软件名城的要求，被工业和信息化部授予苏州市“中国软件特色名城”的称号。统计数据显示，2018 年，苏州市软件业务收入达 2431.27 亿元，同比增长 9.4 %，占全国软件产业总收入的比重达 3.8%；实现利润总额 218 亿元，同比增长 4.3%。苏州市形成了以苏州工业园区软件园、苏州高新区软件园、昆山软件园和太仓软件园等国家级软件园为重点，昆山软件园、苏州吴中经济开发区和常熟国家大学科技园等省级软件产业基地为支撑的软件产业空间布局。软件园区的纯软件企业规模占全市比重 80%以上，软件产业高度集聚发展。

第二节　发展现状

（一）企业品牌知名度提升

截至 2018 年年底，苏州市列入工业和信息化部年报统计的软件企业（含嵌入式系统软件企业）近 700 家，其中，软件和信息技术服务业销售收入过亿的企业超过 270 家，国家规划布局内重点软件企业 12 家，中国软件业务收入百强企业 5 家，中国互联网百强企业 2 家。全市软件上市企业有 50 家。江苏国泰新点、江苏敏捷科技、苏州迈科网络等一批工业大数据知名企业，以及通付盾、聚合数据、八爪鱼、儒豹等一批准独角兽企业，通过软件应用提高了企业品牌的国际影响力。

（二）软件产业集聚发展

苏州市软件产业发展高度集聚，全市拥有 1 个国家级软件园（包括工业园区软件园、高新区软件园、昆山软件园和太仓软件园 4 个分园），3 个省级软件产业基地（包括昆山软件园、苏州吴中经济开发区和常熟国家大学科技园），累计拥有研发及产业用房的规划面积超过 500 万平方米，全市 80%以上的纯软企业在园内集聚发展。各园区注重培育创新型企业，持续引进国内知名企业落户，加快产业化特色发展步伐，先后吸引包括阿里巴巴、百度、华为、腾讯等国内知名互联网企业在软件园区内设立研发中心、创新基地，华为软开云、赛迪苏州研究院、软服之家、京东智慧谷、浪潮等一批项目也相聚落户苏州。另外，各园区根据各自软件和信息技术服务业发展重点和特色优势，积极制定专项发展规划，加快产业载体建设。例如，苏州工业园区以金鸡湖创业长廊为依托，引进了百度创业中心，近 400 家云计算、大数据和人工智能企业在此集聚并得到长足发展。

（三）人才引培成效显著

苏州市不断加大人才引进和培育的力度，积极开展和推进国家、省、市各级高层次人才引进计划，先后出台《吴江区科技领军人才计划》《苏州高新区科技创新创业人才计划》等人才引进政策，2013—2018 年，苏州市软件互联网方向获评省双创人才 17 人、省创新团队 4 个。同时，苏州市拥有高等院校 26 所，全日制在校学生总数约 20 万人，其中涉软学生 4 万多人。苏州市对软件和信息技术服务业的职业培训工作也十分重视，形成了政府高度重视、企业为主体、培训机构为主力、行业组织大力推动的职业培训格局。全市拥有 7 个省级（含以上）软件和信息技术服务业人才培训基地，每年培育软件专业人才近万人，不断为全市软件和信息技术服务业增加人才输出。

第三节　发展特点

（一）工业软件特色优势明显

工业软件可以提高工业产品价值、降低企业成本、提高工业企业的核心竞争力，对推进工业结构调整和产业升级、保持经济平稳较快发展具有重大意义。苏州市工业软件发展优势突出，工业软件对工业技术软件化、工业互联网、智能制造的支撑能力不断增强，苏州市工业软件企业呈现出集聚发展态势，为苏州市软件和信息技术服务业的发展提供了雄厚的产业基础。苏州市围绕“融合产业特色优势，打造工业软件走廊”的主题，以工业大数据、云平台、物联网、智能制造等产业为重点，不断推进软件产业与工业转型升级、提质增效、创新驱动的融合发展，软件应用水平和服务能力得到全面提升。在工业设计软件、仿真软件、嵌入式工业软件、工业 APP 等细分方向涌现出同元软控、浩辰软件、微缔软件、普实软件、欧软信息、汇川技术、兰之天、科沃斯等在国内工业软件细分行业领域市场名列前茅的特色龙头企业，形成了拥有自主知识产权的工业软件产品和核心技术服务体系，助推苏州市软件和信息技术服务业健康快速发展。

（二）智能交通实现跨越发展

苏州市交通围绕政府、企业、人 3 个维度打造具有苏州特色的智能交通体系和产业，实现智能交通的跨越式发展。在政府层面，整合交通运输指挥机构，建成了全国首个地级市层面的交通运输指挥中心，并建立苏州市公交智能调度中心，调度范围可覆盖整个苏州市区。同时，建设苏州交通视频监控联网平台，构建交通政务数据资源库，汇集了公路、水路、轨道交通等领域内达 1.5 万路监控视频。在企业层面，持续加大资金投入，在信息化项目研发和运维上，打造由本地企业带领，外部龙头企业助力的团队，涌现出的优秀智能交通企业——智能交通信息科技股份有限公司已在“新三板”挂牌上市。在人的层面，首创“智慧驾培”模式获人民日报报道推广，智慧驾校在苏州全市驾校中的应用占比逐渐增加，提升了市民的体验感和获得感。

（三）公共服务平台不断完善

苏州市拥有苏州国科云服务平台、国家技术转移平台、苏州软件园技术平台、国家软件与集成电路公共服务平台江苏分中心、苏州市软件技术远程培训公共技术服务平台、苏州高新区嵌入式系统软件公共技术服务平台、苏州软件评测中心等 10 余家软件产业公共服务平台。这些软件公共服务平台可以分为四大类，一是云服务平台，建设了包含 PaaS 服务和 SaaS 软件的孵化、运营与推广的综合性云服务平台，为企业信息化应用提供个性化的解决方案。二是数据中心平台，按国际最高等级 Tier IV 标准设计的第三方数据中心建设，提升了苏州 IT 高端基础设施环境和 IT 外包服务能力。三是软件人才培训平台，7 个省级软件产业人才培训基地每年为苏州市输送近万名专业软件技术人才。四是集成电路设计平台，苏州中科集成电路设计中心平台，配备了国际上最先进的 EDA 设计软件，拥有 10 个 EDA 机房和中心机房，覆盖了共性技术支持、人才培训、知识产权保护、投融资支持、品牌推广等服务功能。

（四）企业研发能力不断增强

软件和信息技术是推动城市经济发展的重要引擎，坚持创新研发才能提升核心竞争力。2018 年，苏州市软件企业不断加强自主研发，研发能力不断增强，新技术被广泛应用于云计算、大数据、互联网等领域。同时苏州市结合国家知识产权工作示范城市建设，建立软件知识产权保护机制，推广正版软件，开展打击盗版侵权行为专项行动，鼓励软件著作权登记，截至 2018 年年底，全市各类著作权人共登记软件作品再次突破 1 万件，3 家企业获评第十六届江苏省优秀软件产品奖（金慧奖），7 家企业软件产品获评江苏省优秀版权作品奖。

第二十九章

武汉

第一节　总体情况

武汉市贯彻落实湖北省“一芯两带三区”产业发展战略，围绕三化大武汉和国家中心城市建设，高水平建设武汉中国软件名城，于2019年3月被正式授予“中国特色软件名城”的称号。2018年，武汉市软件业务收入约为1780亿元，同比增长17.2%，产业规模居全国副省级城市第九位，继续保持快速发展的势头，近五年平均增速超过20%。当前，武汉重点培育“互联网+”、基础软件和网络安全、嵌入式和工业软件、地球空间信息、芯片设计、工业互联网、人工智能、5G及应用等产业集群，着力建设特色软件名园，瞄准中国软件百强、互联网百强、人工智能领军企业开展精准招商，推动软件龙头企业入驻，引进培养优秀软件人才，落实产业优惠政策，全面保障全市软件和信息技术服务业持续快速发展。

第二节　发展现状

（一）企业持续壮大

2018年，武汉市年业务收入达500万元规模以上的软件和信息技术服务企业总计2406家，亿元规模以上企业265家。各个企业影响力和知名度不断提升，2018年成绩尤为显著，其中，主板上市软件企业6家、海外上市软件企业2家，60家企业在新三板和创业板上市；烽火通信、天喻信息、领航动力、佰钧成4家企业入选2018年中国软件和信息技术服务综合竞争力百强；斗鱼科技、盛天网络入选 2018 年中国互联网百强；斗鱼科技、卷皮网、斑马快跑、直播优选、安翰光电 5 家企业入选互联网独角兽企业。此外，互联网“第二总部”数量达到 70 余家，旷视科技、思特沃克、小红书、易点租、中国医疗器械总部、中诚信集团、中国信科集团、新思科技、尚德机构、小站教育、好巧网、考虫等知名互联网企业纷纷落户武汉光谷，总部效应不断发酵，带来庞大生态链。国药器械、中诚信集团、尚德机构等 5 家知名企业，也已经或计划将总部迁至武汉。

（二）人才不断聚集

截止到 2018 年年底，武汉市软件从业总人数累计已达 34 万人，近四分之三拥有本科及以上学历，聚集了国家“千人计划”专家 51 名、“万人计划”专家 17 名、湖北省“百人计划”人才 36 名、“双创战略团队”优秀团队 16 个、武汉“城市合伙人”计划 46 名、“黄鹤英才计划”362 名，同时，带动 2000 余名软件和信息技术服务业高端人才创新创业。

（三）渗透作用加强

武汉市软件技术已经广泛渗透到汽车、钢铁、石化等支柱产业中，在生产过程控制、产品研发设计及经营管理方面发挥了重要作用。全市“两化融合”态势良好，投入加大、领域扩展、融合加深、服务功能增强、支撑带动能力提高。当前，全市已有 96 家企业入选国家两化融合管理体系贯标试点，55 家企业获得国家两化融合管理体系贯标评定证书，占全省 64 家通过评定企业的 85.9%。其中高德红外、周黑鸭、南华工业 3 家企业入选“两化融合管理体系贯标示范类”试点示范，实现了武汉市在该类别国家级试点示范零的突破。

第三节　发展特点

（一）“互联网+”领域发展多路并进

武汉有深厚的商业底蕴，也有很强的工业基础，这些都是“互联网+”的根基。2018 年，武汉“互联网+生态”发展持续深化，“互联网+直播”“互联网+出版”“互联网+语言”“互联网+PC 制造”领域的用户数、销售规模及经济社会效益国内领先。东湖高新区是武汉高新技术产业和“互联网+”生态发展的核心力量，形成了以高新技术为主的产业结构，瞪羚企业成为其科技创新的领导者，现代服务业、光电子信息、生物产业成为瞪羚企业的三大龙头产业。东湖高新区“互联网+”布局逐步完善，助力“互联网+”生态体系落地。

（二）技术引领光通信产业生态完善

武汉市光通信领域嵌入式系统软件发展迅速，软件产品和技术服务能力快速提升，光通信产业链条日趋完整。基础设施建设方面，2018年湖北省首个室外5G试验基站落地武汉，5G技术在湖北的规模组网试验进入攻坚阶段。软件产品领域，武汉光迅科技股份有限公司推出动态范围全球最高的新一代OTDR产品，将这一指标的全球最高纪录刷新到52dB；湖北凯乐科技股份有限公司两款量子通信新产品面世，简单快捷地实现与经典网络的无缝对接，提供安全可靠的跨平台文件共享服务，确保数据存储安全。产品载体方面，中国信科集团正式投产我国首款商用100G硅光芯片，支持100~200Gb/s高速光信号传输，具备超小型、高性能、低成本、通用化等优点，可广泛应用于传输网和数据中心光传输设备。光通信领域嵌入式系统软件产品的快速发展，为武汉市光通信产业生态完善提供了技术引领。

（三）地球空间信息领域实现协同创新

武汉聚集了地球空间信息领域的7名院士，拥有武大吉奥信息技术有限公司、中地数码科技有限公司等数十家优秀企业，以实景三维数字系统等为代表的一批具有自主知识产权的高端产品。2018年，武汉国家地球空间信息产业化基地正式投入使用。该基地位于武汉光谷未来科技城，总规划面积近400亩，总投资为31亿元，是以“地球空间信息产业、北斗产业”为主题的科技产业园区。项目已建成并投入使用，已经吸引了38家企业入驻，预计到2020年有望实现年产值30亿元，形成地理信息、导航、遥感等产业集聚地。此外，面向地球空间信息战略性新兴产业发展需求，2018年，武汉大学联合中国航天科技集团、清华大学、北京航空航天大学等单位，正式组建了地球空间信息技术协同创新中心，中心以“高分”“二代导航”重大科技专项为基础，整合国内外优势力量，通过协同创新，将我国地球空间信息技术提升至国际一流水平，持续推动我国地球空间信息产业发展。

（四）信息安全领域全国领先

武汉在国产数据库、操作系统、可信计算、传输网网管系统等领域特色明显，是我国唯一的国家网络安全人才与创新基地。在网络信息安全人才培养方面走在了全国前列，毕业生、外地人在武汉创业，高校企业孵化，构成了武汉网络安全领域企业的三大源头，科研、产业化方面仅次于北上广深。2018 年，武汉的网络安全产业进入了快速发展期，其中，被誉为“中国光谷”的东湖高新区已形成产业聚集，东湖高新区拥有网络信息安全相关单位 50 余家，其中包括烽火通信、天喻信息、精伦电子等上市公司，该区已确定目标，到 2020 年，培育 2～3 家具有国内影响力的网络信息安全产业领军企业，尽早发展成为我国重要的网络信息安全产业基地。

园区篇

第三十章

中关村科技园区海淀园

第一节　园区概况

中关村科技园区海淀园（以下简称“中关村海淀园”）前身是中关村“电子一条街”，是中关村国家自主创新示范区“一区十六园”总体布局的核心区，是中关村科技园区的发源地和中关村国家自主创新示范区中的新一代信息技术产业高端专业化园区和北京建设世界级软件名城核心区。

2018 年，中关村海淀园整体发展呈现良好态势，软件产业规模保持稳步增长，龙头骨干企业集聚发展。截至 2018 年年底，中关村海淀园总产值 2519.6 亿元，软件营业收入占全市的 65.28%，营业收入前 100 家的企业有高达 62 家分布在海淀区，从事软件产业的软件工程师达 7.79 万人，国家规划布局内重点软件企业 28 家、跨国公司研发总部 7 家、上市企业（含分支机构）67 家、中国软件百强企业 15 家、中国软件和信息技术服务业竞争力百强企业 45 家，中国互联网百强企业 31 家，收入过亿元企业 71 家。园区 969.1 亿元/平方公里的产值居于全国领先地位。园区内集聚了联想、百度、腾讯（北京）总部、新浪总部、科大讯飞（北京）总部、华胜天成、广联达、IBM 等 600 多家国内外知名 IT 企业总部和全球研发中心，总部经济达 80%以上。中关村海淀园园区内高端人才汇集趋势也十分明显，园区拥有两院院士 10 人，“千人计划”40 人入选中组部，享受“国务院特殊津贴”“青年千人”“长江学者”“海聚工程”“高聚工程”和“科技北京”领军人才等共计 101 人。

中关村海淀园是中关村科技园中的新一代信息技术产业高端专业园区，是国内规模最大、层次最高的专业软件园区，被列为“国家软件产业基地”和“国家软件出口基地”。经历十多年的发展，中关村海淀园已成为我国创新驱动战略体系成果的展示窗口、国际合作与技术转移的关键节点、大众创业万众创新的主流潮头，在协同创新和国际化发展方面一直扮演者重要的引领和辐射作用。在协同创新方面，中关村海淀园区成功运营了开封、徐州、南宁等地的中关村创新中心或人才基地，同时与几十所高校合作建立了高校双创基地。凭借中关村在创新载体、创新资源、品牌影响等方面的优势，中关村海淀园已成为国际一流的创新生态区，引领和示范效应逐步增强。通过积极参与“教育部产学合作协同育人项目”“互联网+大赛项目”等产学合作项目，中关村海淀园在科技人才培养、科技成果转化、科技服务创新等方面也发挥着积极引领示范作用。在国际化方面，中关村海淀园利用全球创新创业要素资源，不断加深国际化合作，与美国、以色列、芬兰等多个国家或企业展开了广泛的合作。IBM、汤森路透等美国企业在园区内设立高端的研发中心或分支机构；同以色列孵化创投机构共同建立“中以国际合作技术创新转移中心”和中以创新基金；园区联合中关村管委会、中关村发展集团与芬兰相关政府机构合作在建立“中芬国际技术合作创新中心”；另外，中关村海淀园还与巴西、德国、加拿大、挪威、澳大利亚、法国、葡萄牙、印尼等国家在信息技术领域建立合作伙伴关系并在全球范围内整合产业资源。目前，园区共有来自 8 个国家的 33 家外资企业，出口规模达 18.8 亿美元，国外分支机构数量达 225 家，外籍员工达 3818 人，其中非华裔外籍员工 605 人。中关村海淀园已成为我国高科技产业发展国际合作与融合创新重要基地。

第二节　重点行业发展情况

（一）大数据

海淀区大数据产业在北京乃至全国占有重要地位，掌握丰富数据资源和强大应用市场优势，拥有一大批重点高校、科研院所、互联网创新企业，在大数据部分关键技术研发领域不断取得突破，并始终领跑大数据技术创新前沿。海淀区大数据产业链完善，已经形成了从技术研发、数据资源、数据存储、数据处理与分析、可视化与智能化，到数据交易、产业化应用等一套完整的产业链条。在基础架构大数据领域，海淀区骨干软硬件企业陆续推出自主研发的大数据基础平台产品，一批信息服务企业面向存储管理、云服务、信息传输、数据安全等特定领域研发数据分析工具，提供创新型数据服务，如太极计算机、紫光股份、大唐电信、神州绿盟等。在领域应用服务方面，越来越多的企业在商业智能、虚拟现实、可视化、数据分析等应用领域崭露头角，如用友网络、暴风科技、利亚德光电、七麦科技等。在行业应用服务方面，大数据在“互联网+”等新兴行业中得到广泛应用，网络社交、电商、广告、搜索等个性化服务和智能化水平大幅度提升，催生了共享经济等数据驱动的新兴业态，如今日头条等。大数据产业还加速向传统产业渗透，驱动生产方式和管理模式变革，推动制造业向网络化、数字化和智能化方向发展，如北大千方、龙信思源、广联达科等企业。

（二）人工智能

中关村海淀园企业在人工智能创新和市场化应用等领域不断开拓，引领着全国乃至全球的技术创新和产品、商业模式创新。以旷视科技、商汤科技、地平线、深鉴科技和云知声为代表，围绕计算机视觉、深度学习、语音识别形成集群式突破，在共享出行、金融支付和安保领域形成深度交融。百度和数码大方分别获批筹建国家工程实验室，佳讯飞鸿与北交大共建智能科技研究院，小米发布首款自主研发中高端芯片“澎湃 S1”，成为全球第四家手机、芯片自研“双全”企业。寒武纪研发全球首款人工智能处理器和全球首个商用“深度学习”的“神经网络”处理器芯片，成立仅一年就跻身独角兽企业行列。2018年，以中关村为核心的海淀区集聚了北京市62.4%的人工智能企业，集聚了无人驾驶、视觉等领域的优质人工智能企业。

第三十一章

上海浦东软件园

第一节　园区概况

上海浦东软件园作为部市合作项目成立于 1992 年，是全国最早的软件园之一，也是上海乃至全国的软件产品、技术和人才的集散地。2019 年 1 月，上海浦东软件园荣获“2018 年中国最具活力软件园”称号。经过 20 多年的发展，园区产值规模快速增长，形成七大产业集群，主导产业涵盖服务外包、移动互联、芯片设计、电子商务及互联网、文化创意和行业应用等多个领域。在“自贸区”和“双创”两大战略背景下，结合上海全球科创中心建设，上海浦东软件园的发展逐步由早期的专业园区向产城融合的创新社区转变，旨在打造世界级软件产业创新社区，为企业提供连接分享平台，汇聚全球优秀人才和创新资源。2018 年 12 月，上海浦东软件园三林园正式开园，成为浦东软件园继郭守敬园、祖冲之园、三林世博园、昆山园之后投入运营的第五大园区。该园区已被列入上海市重大产业项目，同时也是浦东三林镇产业升级龙头项目、浦东软件园战略布局的重点项目，总规划面积为 50 万平方米，总投资为 50 亿元，拥有多样办公空间供选择，并配备健身、餐饮等齐全配套设施。园区拥有一流的办公研发环境、自然生态环境、人文生活环境、创新发展环境，形成了多层次、全方位的服务体系，吸引了大批国内外软件及信息服务企业进驻。

经过二十多年的发展，上海浦东软件园已经形成了比较完整的上下游产业链，园区产业特征清晰、技术创新活跃、人力资源优秀、服务功能完善、辐射范围广泛、集聚效应显著。园区积极营造优良的产业发展环境和氛围，通过不断完善的五大服务模块，打造园区企业、政府机构、非营利组织、服务供应商之间信息和交流服务平台，为入园企业提供多层次、全方位的“一站式”服务平台。“十三五”规划期间，园区将以实现园区向社区转变、提供服务向连接分享转变、招商引资向产业培育转变的“三个转变”为引领，建成软件与信息服务业领域具有国际影响力的智慧产业社区和创新创业示范区。

第二节 重点行业发展情况

（一）主导产业

园区积极加快创新价值体系建设，围绕产业核心环节重点布局，打造产业链成长引擎，构建产业链重要支撑体系。经过多年快速发展，园区主导产业涵盖服务外包、移动互联、芯片设计、电子商务及互联网、文化创意和行业应用等多个领域，示范和引领作用日渐显著。园区积极引进业界领先的战略客户，不断加大战略选商力度，不断优化调整产业结构。

服务外包领域，产业保持稳定增长，园区聚集了花旗金融、群硕软件、塔塔信息等大批业界领先的服务外包及软件出口企业，为客户提供覆盖ITO、BPO和KPO业务的全方位服务。园区移动互联领域的产业发展迅猛，其中手机游戏、操作系统、位置服务、移动广告等领域的企业发展态势良好，魔迅、乐蛙等多家企业已经获得业界投资。上海服务外包交易促进中心青岛分中心落户高新区，为青岛软件和服务外包企业提供外包项目信息发布、项目管理、咨询及培训认证项目等一站式服务平台。

芯片设计领域的产业规模持续保持领先。园区内不仅拥有高通、美满电子、德州仪器等国际领先企业，还拥有众多如海斐圣、迦美信芯等拥有自主核心技术的创业型企业。

电子商务领域，创新模式不断涌现，包括东方电子支付、二三四五、洋码头等企业在电子支付、网址导航、海外代购和物流优化等模式下持续创新，在商贸流通、工农业、交通运输和旅游等众多领域的应用不断拓展。

行业应用方面，产业深耕市场做精做强，SAP、思华科技、达梦数据库等企业产品已经覆盖到了政府、金融、电信、能源、教育和制造业等诸多领域的专业解决方案。

（二）新兴产业

园区以“创新驱动、转型发展”为主线，不断汇聚创新资源、推进创新应用、加快辐射带动，积极布局软件产业和信息服务业新兴领域，建立以龙头企业为主体、产学研相联合的发展机制，形成需求牵引、创新应用的发展模式。

3D 打印领域，园区拥有大批后端从事应用服务开发的企业，已经具备了有利的区位竞争优势。特别是由园区内智位机器人公司研发的 DreamMaker 桌面型 3D 打印机目前已经成功面市，此款产品是市面上同类产品中打印尺寸、速度和精度最高的，而该产品的售价只有国外同类产品的三分之一。

互联网金融领域，园区内的花旗金融、胜科金仕达等国际一流的金融信息服务厂商不断发展壮大，为园区金融信息服务领域的进一步发展打下了坚实的基础。而从事金融软件应用系统的天用唯勤和棠棣信息，以及从事金融交易工具及量化模型开发的无花果信息等优秀企业，也都紧紧围绕金融和软件的核心技术不断努力。特别是上海市的拍拍贷金融信息服务有限公司，如今已经发展成为国内首个 P2P 网络信用借贷平台，成为国内最大的 P2P 人群聚集地，同时该公司也是第一家由工商部门特批并获得政府认可的互联网金融平台。

大数据领域，自开园以来，友邦保险、花旗银行和高通公司等知名企业就把数据中心建在园内，近年来，园区还涌现出诸如从事云平台开发建设的汇智软件，从事数据挖掘业务的锦融决策，从事云存储业务的七牛云存储，从事数据管理和数据驱动业务的信核数据，从事数据库精准营销的运筹信息，从事自主创新数据库系统的达梦数据库，从事商业智能应用系统开发的伟凡数据等一大批优秀企业，并集聚了基础设施、公共研发平台等综合优势，这些都将成为推动园区大数据产业发展的坚强动力。

第三十二章

大连高新技术产业园

第一节　园区概况

大连高新技术产业园以下简称“大连高新区”建于1991年3月，位于大连市的西南部，园区占地153平方公里，海岸线长41.6公里，森林覆盖率70%以上，交通便利，自然生态条件良好，人口21万。目前注册企业超过1.2万家、科技从业人员达16万人。大连高新区是国家首批高新技术产业园区之一，也是东北地区的自主创新平台和高新技术产业集聚地。大连高新区以软件和信息技术服务外包为主导产业，特色发展网络及电子商务、动漫游及文化创意、生命科学、设计、新材料和新能源、智能制造、科技金融等现代服务业。先后获得中国唯一的“国家软件产业国际化示范城市”“国家创新型软件产业集群”，中国首家“国家创新型特色园区”、中国“国家软件产业基地”“国家软件版权保护示范城市”等多项荣誉。

大连软件和服务外包产业发展始终位居全国前列，大连高新区是软件和服务外包产业的核心区，园区内集聚了大连软件园、腾飞软件园、七贤岭现代服务业核心功能区、东软河口软件园、天地软件园和华信软件园等多个专业软件园。软件和信息技术服务产业是高新区重要的基础性产业，经过20年的发展，大连高新区的软件和服务外包产业呈高端化、规模化、集群化发展，产业实力不断提升，产业规模和创新能力都走在全国前列。

政府相关政策支撑持续发力，大连高新区软件和信息服务企业创新发展。2018年大连市政府出台了《大连市支持软件和信息服务业发展的若干政策》，对软件和信息服务业的创新应用与产业化推广、企业发展壮大、引进和重大项目建设、公共服务平台建设、人才引培等推出一系列扶持政策。英特工程仿真与国家超级计算无锡中心联合成立了“高性能工业仿真平台联合实验室”；现代高技术“面向城市出行服务的交通大数据应用公共服务平台”被工业和信息化部选为2018年大数据产业发展试点示范项目；东软集团“面向自动驾驶的驾驶环境智能认识技术研发及产业化”被工业和信息化部列为人工智能与实体经济深度融合创新项目；心医国际等7家企业被评为辽宁省企业上云服务商。

第二节　重点行业发展情况

（一）服务外包

大连高新区软件服务外包产业在全国领先，也由此大连市成为全国唯一的“软件产业国际化示范城市”，并入选首批“中国服务外包基地城市”。近五年来，大连市软件和信息服务业业务收入平均年增长10.2%，出口年均增长3.7%，出口规模占销售收入的比重为 20%。凭借在产业领域的多年实践积累，越来越多跨国公司将面向全球的技术支持中心和服务中心落户在高新区。大连市服务外包业务已从最初的简单数据录入、软件编程，升级到用户需求分析、系统集成、整体构架设计等具有较高附加值的业务链高端。全球十大服务外包企业有7家在大连高新区落户，华信、东软、文思海辉3家本土企业对日软件出口额连续多年位列全国前三，成为全国首个千亿级软件和服务外包产业集群。

（二）云计算大数据

大连高新区作为软件和信息服务业高度集聚区，云计算与大数据的发展优势突出。从2010年开始，大连高新区就启动云计算产业计划，建立了全国首家“云计算智慧展示中心”，建成了“健康云”“培训云”“物联网监管云”。2018年，华为大连软件开发云和大连云计算公共服务平台建设并推广应用。华为大连软件开发云本地应用企业达400余家，累计运行项目超过6000个；大连云计算平台为大连市200多家企业提供10多项公共服务。在大数据存储和电子政务领域，除华信、东软、中兴通讯等民营骨干企业已经成为大连数据存储领域的重要力量外，中国华录的存储介质—存储设备—存储系统—存储服务业，已经处于全球领先水平，并广泛应用于金融、档案、医疗、广电、政府数据中心等领域。在大数据应用及服务产业集群方面，由“智城信”牵头成立了东北地区第一个大数据产业协会——大连高新区大数据产业协会，截至2018年，会员单位已达70家，汇聚了大连市目前大数据领域70%的企业，聚焦在金融、医疗、工业、海洋、供应链、传媒和教育领域，形成产学研的互动、聚集大数据人才、带动大数据行业集聚。

（三）工业软件

大连作为重要的东北老工业基地，机床、起重、汽车、轴承等装备制造业产业基础雄厚，工业软件产业链的上游产业基础雄厚，工业软件发展空间巨大，正成为新的增长点。集聚了中国华录、大森数控、华冶联、阿尔派电子、四达高技术等知名企业，在数控机床、自动生产线控制、数字化车间、工业机器人等领域形成一批国际先进、国内领先、填补空白或替代国外产品的自主知识产权产品，并在国家重点项目、国有大中型工业企业中取得较好应用成效。多年来，英特仿真企业深耕工业领域，坚持研发高端工业仿真软件 INTESIM，目前已拥有建模与可视化平台、多物理场仿真与优化平台、综合仿真管理平台、虚拟仿真实验与教学平台、数字孪生系统五大系列、15 款软件产品。

第三十三章

中国（南京）软件谷

第一节　园区概况

中国（南京）软件谷（以下简称“软件谷”）成立于2011年8月，位于南京主城的西南部，是全国最大的通信软件产业研发基地，全国首批、江苏唯一的国家新型工业化（软件和信息服务业）示范基地。自成立以来，园区先后获得中国服务外包基地城市示范区、国家火炬计划现代通信软件产业基地、国家级服务业标准化试点园区、国家数字出版基地、国家级博士后工作站等多项国家级荣誉。

近年来，软件谷加快建设和发展，产业的集聚规模、结构层次、综合实力不断提升，成为“千亿级软件产业基地”。2018年，软件谷全年共实现地区生产总值299.33亿元，同比增长12.4%（现价），占全区比重52.4%；完成一般公共预算收入27.87亿元，同比增长2.92亿元，增幅为7.4%，占全区比重43.98%；实现软件业务收入1550.48亿元，同比增长13.17%；实现固定资产投资91.1亿元，同比增长4.7%，占全区比重31.9%；实际利用外资1.07亿美元，完成年计划101.9%；实现外贸进出口总额190亿元，完成年计划100%；新增软件产业建筑面积84.07万平方米，总量达到830.34万平方米；新增涉软企业316家，总数达到2402家；新增涉软从业人员2.1万人，总数达到24.5万人。

软件谷注重以知识要素为牵引开展科技服务，着力建设创新设施，促进企业创新创业。2018年以来，新增省级重点实验室1家、市级以上工程技术研究中心5家，新增14家工程技术研究中心入培育库。截至2019年1月，软件谷累计完成专利申请17757件、专利授权6513件、软件著作权登记5887件；累计聚集省级工程技术研究中心和重点实验室21家，市级工程技术研究中心48

家。平台载体建设成效明显。软件谷目前集聚各类众创空间 34 家，其中，国家级备案 7 家、省级备案 7 家、市级备案 14 家；科技企业孵化器 24 家，其中，国家级 1 家，省级 3 家，市级 20 家。

软件谷分为北园、南园、西园三大园区。北园打造具有全球竞争力的中国通信软件产业第一基地和全省乃至全国最重要的软件产业公共服务平台。南园引进国际软件产业研发总部，打造国内一流的技术研发中心和产业拓展基地、国际软件企业研发总部集聚区。西园打造全国一流的数字服务产业基地和适合中小软件企业创业孵化、创新技术、创意发展的集聚区。现已形成了多个产业集群，包括以华为、中兴通讯、亚信等为龙头的通信及智能终端产业集群；以 SAP、欧朋、趋势等为引领的云计算、大数据及移动互联网产业集群；以京东、苏宁等为支柱的电子商务及互联网金融产业集群；以美满、润和等为核心的物联网及芯片设计产业集群；以中电十四所、宏图三胞、舜天、苏豪等为平台的旗舰经济。

第二节　重点行业发展情况

（一）通信软件

软件谷在北园建设具有全球竞争力的中国通信软件产业第一基地，依托华为、中兴通讯、江苏润和、文思海辉等重点企业，以江苏赛联信息产业研究院、江苏虚拟软件园、江苏省软件检测中心等省级软件产业公共服务平台为载体，进一步巩固和强化通信软件产业优势，提升在大型交换系统、数据网络、增值业务、下一代网络核心技术、通信解决方案等领域的核心价值。

（二）云计算

软件谷在南园建设国内一流的超级云计算技术研发中心、产业拓展基地和服务示范窗口，重点建设超级云计算服务产业园。集聚了紫光、华软、云创存储、斯坦德等一批云计算龙头企业，聚焦发展超级云计算技术研发和应用服务，加快构建和完善集云计算基础设施、技术研发、系统集成、硬件产品制造、软件支持服务、市场运营等为一体的产业体系。加快云计算技术的推广应用，在电子政务、企业信息化、工业设计、移动支付、信息安全等重点领域开展示范应用。来自软件谷南京壹千零壹号自动化科技公司的“1001 号云制造平台”项目从全国 100 多个项目中脱颖而出，成功入选全国“互联网+”工业十大案例。“1001 号云制造平台”以 3D 打印技术为基础，整合加工、模具、注塑等生产链条，通过连接手机等智能终端到生产设备的云制造平台，推动传统企业加快实现智能制造和柔性生产，为企业节约 50%的研发费用，缩短研发时间一倍以上。

（三）服务外包

在西园建设全国一流的数字服务产业基地，打造适合中小软件企业创业孵化、创新技术、创意发展的产业集聚区。重点建设国家级数字出版基地、电子商务产业园等产业基地，不断提升国家级数字出版产业基地的产业规模与层次。整合计算机、通信、网络、流媒体、存储和显示等关键技术，通过引进加快发展数字设计、数字影视、数字广播、数字识别、数字虚拟、数字期刊等各类数字服务产业。软件谷曾被授予“全球最佳服务外包园区——中国十强”，软件谷内企业富士通南大软件技术有限公司和软通动力信息技术有限公司挤进“全球最佳服务外包供应商——ITO 中国二十强”和“全球最佳服务外包供应商——中国五十强”。

第三十四章

福州软件园

第一节　园区概况

福州软件园创建于 1999 年，是福建省规模最大的软件产业园区。福州软件园地处福州市区西北隅闽江之畔，宜居宜业的鼓楼区五凤山麓，全园规划面积 2 平方公里，现已建成一至五期，建筑面积 136 万平方米。园区建园 20 年来，获得国家火炬计划软件产业基地、国家新型工业化产业示范基地、中国软件和服务外包杰出园区、福建省省级现代服务业集聚示范区、福建省文化产业示范基地等荣誉。在 2019 中国软件产业年会上，福州软件园荣获“2018 年中国最具活力软件园”称号。

福州软件园作为核心园区，是福州市软件产业发展的重要集聚区。2018 年，福州软件园汇聚软件相关高技术企业 770 家，上市企业 36 家，园区总营业收入达到 915.98 亿元，同比增长 12%，园区单位面积产出高达 6.7 万元/平方米。福州软件园累计培育了 30 多个福建品牌产品，超过 20 家企业在数字经济行业细分领域占据领先地位。福州软件园启动苗圃加速计划，总规划约 10 万平方米，力争通过 3 年时间，形成“众创空间—孵化器—加速器”全链条差异化、创新创业创造高质量发展新格局。

园区紧抓人才、技术、资本、知识产权等要素，重点打造海峡信息赛、华为云服务、基金大厦、知创福建、“五凤论见”五大平台，不断完善园区公共服务体系。福州软件园公园、小学齐进园区，园区智能化管理水平和配套设施双升级，生态环境达到 3A 景区标准，是一个适合 IT 人才宜业宜居的生态园区。在科技部火炬中心 2018 年度评价报告中，福州软件园“产业化环境”位列全国第九。

园区实现经济平稳增长，园区提升改造顺利完成，园区配套设施日益完善，引进了达华智能、依图等知名企业，企业服务也都有长足进步。在科技部火炬中心 2018 年度评价报告中，福州软件园“产业化环境”“人均软件收入水平”“软件出口”“千人 R&D 软件开发能力”等方面均位列全国前十，占据福州市软件和信息服务业的半壁江山。

第二节　园区发展亮点

（一）企业培育成效凸显

2018 年，园区汇聚上市挂牌企业 37 家、上市公司分支机构 15 家；产值超亿元企业 58 家，国家重点软件企业 10 家，全国软件综合竞争力 200 强企业 8 家，高新技术企业 166 家。园区涌现出 20 余家数字经济细分领域国内“隐形冠军”企业。联迪商用在金融 POS 机全国市场占有率第一；顶点软件位居营销证券业务支持平台全国第一；福晶科技三硼酸锂晶体市场占有率居世界首位。园区有 9 家企业入围省“专精特新”中小企业名单，占据福州市入围企业总数的 40%；瑞芯微等 4 家企业获得省服务外包重点企业称号，占全省入围总数的 20%；另外有 65 家企业进入福建省科技小巨人领域企业培育名单，占据鼓楼区总数的 63%。

（二）创新活力不断增强

为了适应园区规模不断扩大对发展空间的需求，福州软件园持续推进园区改造提升，创新水平得到大幅提升。2018 年，园区紧抓“数字中国”峰会后的有利契机，以高标准、精准化要求继续对接数字经济龙头企业、独角兽榜单企业等，引进了依图、算芯科技等数字经济产业企业。园区共有 19 家企业入库首批备案省级高新技术企业，瑞芯微和联迪商用荣登“2018 中国企业创新能力 1000 强”，福建福晶科技生产的 LBO 晶体器件被工业和信息化部列入第三批制造业冠军产品，福建睿能科技成为唯一入选工业和信息化部第三批制造业培育企业的福建企业。园区大力支持创新创业。2018 年，园区积极推进政策兑现，获得国家 5000 万元的中小企业发展专项资金，用于支持创新创业特色载体提升可持续发展能力，拓展孵化服务功能和辐射范围，为中小企业提供市场化、专业化、精准化的资源和服务。

（三）人才培养高度重视

福州软件园高度重视人才培养。2018 年，园区企业获得多项人才项目奖励，国家级荣誉 2 项，省级荣誉 19 项，其中新增 2 名“万人计划”专家。在服务人才方面，采用企业众筹培训模式，建立面向软件和服务外包行业的专业化人才培训平台，推动行业新技术、新产品、新业态和新模式的交流与分享，助力企业适应快速发展的产业环境。举办《从优秀到卓越：高端 HR 的软实力》等 6 场精品沙龙，累计参与近 300 人次。挖掘中高层次人才，一方面，依托福州市榕博汇、海峡两岸人才中心等对接中高层人才，向企业提供人才信息，帮助企业寻找合适的人才和项目；另一方面，利用福州软件园博士后工作站在站博士的智力优势，通过校企合作的方式，将博士后科研人员的智力成果转化到实际生产中，利用企业的市场属性，转化新动能，实现企业产品的新生。

第三十五章

济南高新区齐鲁软件园

第一节　园区概况

济南高新区齐鲁软件园（以下简称“齐鲁软件园”）成立于 1995 年 11 月，位于山东省济南市高新技术产业开发区，是我国最早成立的“四大软件园”之一，是科技部首批认定的“国家火炬计划软件产业基地”之一，先后获得“国家软件产业基地”“国家软件出口创新基地”“国家集成电路设计产业化基地”等十余个国家品牌，现已发展成为国内外知名的软件和信息技术服务产业的集聚区，业务领域涵盖半导体、服务外包、系统集成、通信、动漫游戏。2018 年，齐鲁软件园区业务收入为 2480 亿元，在科技部火炬中心 2018 年度国家火炬计划软件产业基地评价结果中，齐鲁软件园综合排名全国第八。

齐鲁软件园始终将创新发展摆在重要战略位置，依托园区大数据与新一代信息技术、智能制造与高端装备、生物医药、量子科技、新材料等优势，形成了行业软件与大数据、信息安全、集成电路与半导体、机器人与智能制造、总部与金融五大主导产业，聚集了日本 NEC、富士、世芯电子、联璟半导体、华为、阿里巴巴、百度、滴滴、浪潮、东软、华信等 3000 余家企业布局入园，园区从业人员超过 20 万人。齐鲁软件园区不断扩大高质量“双招双引”，全力推进新旧动能转换重大项目开工建设，持续增强创新能力，提高产业核心竞争力，加快集聚发展新动能，形成了创业苗圃、孵化器、加速器、专业产业园区的阶梯载体建设模式，构建了载体支撑、平台服务、人才保障、金融助推、企业协作、政策服务六位一体的创新创业服务体系。根据园区 2020 年发展规划和目标，齐鲁软件园技工贸总收入将达到 4000 亿元，保持年均增速大于 20%，软件信息服务业产业规模达到 2000 亿元，保持年均增速大于 15%，服务企业数量力争从现在的 3000 家增加到 5000 家，跻身国内领先、国际先进园区行列。

第二节 重点行业发展情况

（一）大数据

大数据稳步推进，构建大数据产业聚集区。齐鲁软件园发展中心制定了《济南市数创公社 2020 发展行动计划》，把大数据与新一代信息技术产业列为济南市十大千亿产业首位，以齐鲁软件园为依托，加快推进大数据产业基地建设，聚集大数据产业优势企业，积极争创国家级大数据产业聚集区，力争到 2020 年把济南建成全国领先的大数据应用示范城市。园区在高新区中心区规划建设大数据产业基地项目规划总用地面积约 35.71 公顷，地上总建筑面积约 103 万平方米，以满足众阳、中孚等大数据企业发展需求，承载亚马逊 AWS、阿里云、腾讯工业大数据云、华为软件开发云等项目落地，力争尽快形成聚合发展效应。截至 2018 年年底，齐鲁软件园区已经培育了齐鲁软件园众创空间、齐鲁软件园国家科技孵化器、韩都衣舍互联网品牌孵化基地、同科青年创业空间、迪亚创客空间等 10 余家国家级创客空间。园区正积极打造立足济南、服务全国的大数据加工、应用及产品生产中心和数据创新的大数据产业集聚区。

（二）人工智能

人工智能蓬勃发展，建设人工智能产业核心区。济南高新区以齐鲁软件园为载体，以济南建设人工智能创新应用示范城市为契机，聚焦人工智能基础应用、关键共性技术等核心领域，推动神思电子等人工智能龙头企业发展，依托汉峪金谷 A1 区、神思电子区内用地、大数据产业基地三期用地、中心区费斯托项目地块，构建“双孵化器+双加速器”的人工智能产业园，打造集创新孵化、资源聚合、产学研转化功能于一体的人工智能产业生态环境，形成了从基础支撑、核心技术到行业应用的完整产业链，推动人工智能+机器人、工业互联网等产业的深度融合，实现新一代人工智能产业规模化发展。2018 年 7 月，美国川森泰瑞克斯（TransEnterix）公司单孔腹腔手术机器人 SurgiBot 系统项目正式落户高新区齐鲁软件园，已完成全套生产设备的转移及安装调试。齐鲁软件园将加快突破机器人关键核心技术，扩大市场应用，形成较为完善的机器人研发和产业化体系，重点突破工业机器人高性能控制器、高精密减速器、高性能伺服电机和驱动器等关键零部件和系统集成设计等技术的研发和应用，重点发展人工智能产业和特种机器人全链产业。园区谋求人工智能与实体产业深度融合发展，打造全方位、立体化的产业发展生态环境，建设成为全省人工智能产业核心区。

第三十六章

青岛软件园

青岛软件园吸引了包括微软机构、新立迅、美国优创、日本软脑、NHN 等 30 多家外资软件企业，用友、金蝶、浪潮等 190 多家国内企业，园区内软件研发人员已经达到 8000 多人。此外，青岛基于国家动漫创业产业基地，形成了较为完备的人才培养和园区建设等扶持体系，动漫产业发展渐入佳境。园区积极创新办学体制和办学模式，吸收社会和产业资本，采取校政企三方共建模式创办软件行业人才培训基地，着重培养具有创新创业精神的复合型 IT 人才，支撑软件园区的软件与服务外包业的发展。

第一节　园区概况

青岛软件园是国家火炬计划软件产业基地之一，先后获得了“青岛市留学人员创业基地”“国家火炬计划软件产业基地管理先进单位”“全国先进科技产业园”“国家科技企业孵化器”等荣誉称号。青岛软件园已经形成以软件外包、集成电路设计、数字动漫、嵌入式、行业应用软件为主导的软件产业集群，其中软件外包方向发展尤为迅速，已经成为青岛市发展服务外包产业最集中的区域。园区现有公共技术支撑平台、集成电路设计平台、数字动漫支撑平台、人才培训服务体系、IT 服务外包技术平台等众多技术支撑平台组成的完备的公共服务环境，能为企业提供包括人才培训服务、技术支持及国际交流等在内的全方位服务。

青岛软件园对园区软件和信息技术服务领域相关企业提供了全面的资金支持和融资服务，园区采取了一系列创新性举措，如无息贷款、周转资金、补贴利息等有效地帮扶了园区企业的发展。园区还成立了自己的投资担保公司，创建了融资担保平台，强化对园区软件产业和企业的扶持力度，有效地解决了中小型软件和信息技术服务企业发展和壮大过程中遇到的技术支持、公共服务、投融资等问题，为园区软件企业的筹融资开拓了新路径，加大了保障力度。

青岛软件园目前已经建成，一期建筑面积为26万平方米，已有20万平方米研发楼投入使用，吸引了包括微软机构、新立迅、美国优创、日本软脑、NHN等30多家外资软件企业，用友、金蝶、浪潮等190多家国内企业，园区内软件研发人员已经达到8000多人。在园区的支持和推动下，本土企业稳步发展壮大，园区通过CMM2认证的软件企业有8家，通过CMM3认证的软件企业有6家，通过ISO9000质量认证的软件企业高达30多家，本土企业全面开展对接欧美的软件开发及信息技术服务外包业务等工作，并取得颇丰收获。截至目前，青岛软件园二期暨青岛国际动漫游戏产业园建筑面积11.5万平方米，目前已全部投入使用，入园动漫游戏企业逾30家。青岛软件园三期建筑面积约100万平方米，目前处于规划设计阶段。

青岛软件园建有QST青软实训基地，每年可容纳3000多名学生实习实训，提供订单式人才培养服务，直接对接企业所需的软件人才。园区还通过与IBM联合创新中心合作建立了外包人才实训基地，让学生直接参与到IBM的软件工程师认证培训教育之中，每年培养优秀外包人才2000多人。

青岛软件园不断加大资金投入力度，现已建成“三库四平台”等服务平台体系，开通了园区互联网数据中心；引进了网通模块局；投资3000多万元建成了全省首个集成电路示范设计平台；投资2500多万元建成了数字动漫支撑服务平台。通过不断加强技术支撑平台和园区公共服务环境，持续为入驻软件企业提供健康稳健发展的技术后备支撑，塑造软件产业服务生态链，为园区软件企业的发展注入强大的生命力。

第二节　重点行业发展情况

（一）服务外包

IT服务外包业务稳步发展。园区逐步增强对东亚尤其是对日本的IT服务外包业务的发展力度，目前已经成功吸引了日本软脑、创迹、宇通系统、大手海恩等一批日资软件企业入驻，同时，中国本土企业如海尔软件、恒远天地、易科德等在承接对日外包服务中取得跨越式发展。园区对欧美和印度等国家的软件服务外包业务也取得了明显的成效。美国优创、加拿大赛得、瑞典拓讯、澳大利亚高登、英国斯邦等欧美软件服务外包企业相继落户青岛软件园，同时也带动园区内其他企业，如智洋、译通未来、圣安德等在承接外包服务方面取得了长足进展。

（二）动漫创意

动漫创意产业迅速发展。自青岛被批准为第六个国家动漫创业产业基地以来，青岛市动漫产业迅速崛起，目前已经形成了较为完备的人才培养和园区建设等扶持体系，青岛动漫产业发展渐入佳境。青岛软件园投资建设的数字动漫技术平台为园区内以及青岛市的动漫企业提供专业制作设备、技术支持及行业上下游产品的研发和制作。青岛市和青岛软件园区在政策层面上将动漫企业作为重点扶持对象，青岛市设立每年 5000 万元文化产业发展资金和 1 亿元服务外包扶持资金主要向动漫企业倾斜，青岛软件园对动漫企业给予了房租上的优惠，加大吸引和支持动漫企业的入驻和发展。

（三）IT 人才培训

IT 行业人才培训业务全面发展。园区积极创新办学体制和办学模式，吸收社会和产业资本，采取校政企三方共建模式创办软件行业人才培训基地，培养信息化社会发展所需要的基础知识扎实、实践能力卓越、综合素质优秀的软件行业人才，着重培养具有创新创业精神的应用性复合型优秀 IT 软件与服务外包人才，支撑软件园区的软件与服务外包业的发展。以青岛实训为代表的人才培训企业为园区的软件行业公司量身定制人才培养平台，针对不同公司的人才需求制定相关人才培养课程，整个人才培训行业所涉及的领域涵盖移动互联、互联网开发、云计算、大数据、游戏开发、软件开发、服务外包、集成电路等，为园区及青岛市的软件行业发展提供强有力的人才支撑。

第三十七章

广州天河软件园

广州天河软件园是华南地区软件企业最密集的国家软件产业基地。2018 年，天河软件园技工贸总产值预计同比增长幅度将超过 20%，构建形成以电子信息、生化制药、新材料、光机电一体化为主的高新技术产业集群。2018 年，天河科技园将抢抓粤港澳大湾区建设的战略机遇，发挥金融、科技、总部、人才等高端资源集聚优势，加快打造一批提升天河显示度的平台和精品项目，提高国际影响力和全球资源配置能力，力争在构建全球经济新格局中留下天河印象。

第一节　园区概况

广州天河软件园于 1999 年成立，为国家火炬计划软件产业基地，国家十一大重点软件产业基地之一，国家网络游戏动漫产业发展基地和国家软件出口创新基地。天河软件园已形成以新一代信息技术产业为主导，以新兴业态为新增长点，以科技研发、金融服务为支撑的产业体系。园区企业所在行业基本覆盖行业应用软件开发、物联网、大数据、云计算、人工智能、信息安全、移动互联网、电子商务等各领域。其行业应用软件发展水平居全国前列，物联网、大数据、云计算等新一代信息技术产业与传统产业深度渗透融合，推动各行各业不断优化升级，智慧城市建设初见成效；移动互联网、电子商务等信息技术服务业服务模式不断创新；人工智能、VR 等热点领域蓬勃发展，催生新的应用场景，提升用户体验。2018 年天河科技园总收入 2241.61 亿元，同比增长 11%；园区企业实缴税金总额 90.59 亿元，同比增长 13.39%；76 家重点软件企业完成营业收入 643.83 亿元，同比增长 22.8%；预算执行达 98%。

园区强化“敲门招商”“关联招商”“以商引商”等手段，吸引一批上下游配套企业集聚园区。中移动南方基地、网易总部基地项目（网易智慧谷）等一批具有带动作用的优质项目落户园区，发挥龙头企业带动作用，推动产业集聚。科技总部企业入驻率不断提升，吸引了广州无线电集团、广州四三九九、汇丰软件、蓝盾信息、酷狗科技等 28 家总部企业进驻，增强了区域辐射带动能力。2018 年 1—9 月，天河软件园共引入 265 家企业，其中 IAB 企业 196 家，注册资本超亿元企业 8 家，超 5000 万元企业 17 家，超 1000 万元企业 127 家。天河软件园主动融入粤港澳大湾区和“一带一路”建设，打造广深科技创新走廊核心节点，启动创建天河软件园价值创新园区，加快园区周边区域创建国家级高新区步伐。

第二节　重点行业发展情况

（一）工业互联网

数字化、网络化和智能化是产业发展的方向，推动质量变革、效率变革和动力变革是发展工业互联网的初心。工业互联网是全球工业系统与高级计算机、分析、感应技术及互联网连接融合的结果。工业互联网的全面实现将是一个长期过程，现在仅仅是开端。目前，天河区共 28 家企业入选广东省工业互联网产业生态供给资源池，其中园区企业有电子五所、宜通世纪、品高等 19 家。4 家企业入选支持 2018 工业互联网解决方案提供商 TOP100，佳融科技（佳都旗下子公司）的智能软件公共技术服务平台建设项目已通过 2019 年广州市产业发展资金奖励。

（二）人工智能

截至 2018 年 5 月，广州市第一批人工智能企业入库数量为 339 家，实现了全市 11 区全面覆盖，天河、黄埔区、南沙区居前三位，这三区 AI 企业总数占了全市的六成以上。天河区在全市率先出台支持“IAB”产业的专项政策——《广州市天河区支持软件业发展和企业 R＆D 投入实施办法》，加上前期发布的产业扶持和科技创新政策等，构建了覆盖 IAB（新一代信息技术、人工智能和生物医药）企业成长主线的全链条政策体系，总扶持金额达 22 亿元。据统计，广州人工智能产业，计算机视觉领域拥有最多创业公司，紧随其后的是服务机器人领域，排名第三的是语音及自然语言处理领域。智能医疗、机器学习、智能驾驶等也是相对比较热门的领域。计算机视觉技术是人工智能重要核心技术之一，可应用到安防、金融、硬件、营销、驾驶、医疗等领域，目前广州计算机视觉技术水平已达到高水平，广泛的商业化渠道和技术基础是其成为热门领域的主要原因。在该领域中，广州市拥有云从科技、图普科技等具有全国知名度的明星创业企业，其中云从科技在近日由国信证券、深圳投资商会发布的《粤港澳大湾区独角兽白皮书》中，以 31 亿美元估值排行第四。

第三十八章

深圳软件园

2018 年，深圳软件园的产业规模不断扩大，创新动能持续汇聚，政策环境持续优化，产业支撑载体不断丰富，园区服务能力持续升级。深圳软件园的大型行业应用软件主要面向通信、电信、金融、物流、电力与公用事业、供应链管理等深圳地区有代表性的优势行业，在这些优势行业的带动下，园区成功开发出一批在国内具有较高知名度和市场占有率的产品。此外，园区游戏动漫产业十分突出，已形成集制造、研发、分发、运营、宣传于一体的完整产业链，移动游戏领域基础优势明显，在本地互联网产业的带动下呈现出蓬勃发展的态势。在软件双创方面，深圳软件园高度重视创新创业体系的搭建，从政策环境营造、载体和平台建设、对外宣传推广等方面加大对软件和信息技术服务创新创业的支持。

第一节　园区概况

深圳软件园是我国重要的软件产品研发基地、软件企业孵化基地、软件产品出口基地、软件人才培养基地和国际软件技术合作基地。深圳软件园荣获了“国家火炬计划软件产业基地”“国家服务外包基地城市示范区”“国家欧美软件出口工程试点园区”“国家集成电路产业基地”及“广东省软件出口基地”等称号，云集了 IBM、Oracle、HP 研发中心及中兴通讯、华为、金蝶、腾讯、现代、科健等 500 多家优秀的 IT 企业。深圳软件园主园包含产业化区、孵化区、集成电路设计村、园区服务管理区等。这里自然条件十分优越，城市依托程度高，社会配套好，是发展软件产业理想的宝地。深圳软件园的建设遵照“统一规划，分期建设，多方参与，共同发展”的原则，按照“一个主园，多个分园”的发展思路，充分发挥市、区和企业的积极性，结合目前的高新区软件园主园，福田、南山、罗湖、蛇口火炬创业园等软件分园，以及正在进行的“厂房改造，产业置换”的工程，统一规划建设，形成以主园为核心，覆盖全市的软件产业园区。

第二节　重点行业发展情况

（一）游戏娱乐

深圳文娱市场日益健壮，华强方特成为全国文化科技创新的标杆企业，蝉联七届“中国文化企业 30 强”，是文化部“十大最具影响力国家文化产业示范基地”、“国家文化出口重点企业”，原创动漫作品“熊出没”已成为目前国内最具影响力的国产动画品牌，多次央视夺冠，长居中国动漫网络点击排名第一。目前方特动漫已实现累计出口 7425 万分钟，登陆 Nickelodeon、Disney、Sony 等全球知名主流媒体，覆盖美国、意大利、俄罗斯、新加坡等 100 多个国家和地区。

（二）金融科技服务

科技推动的金融业技术创新驱动金融科技领域全年保持快速增长，金融垂直领域的大数据、人工智能技术商用规模增长迅速。平安科技作为平安集团科技研发支撑部门，其人工智能、区块链、大数据技术在金融业的技术研发及行业应用力走在全国前列，取得了全球领先的研究成果，客服方面，AI 客服占比近 80%，人脸识别、人工智能等技术也逐步落地到零售新门店，打造的 KYB（中小企业数据贷）在试行期间已经为近万家中小企业提供线上化、智能化的融资服务；金证科技全面启动 Spark、 Hadoop、微服务、区块链等先进技术在证券行业应用的预研和论证，相关技术已完成在证券局部业务上的验证，其性能实现跨越式提升，为相关先进技术向证券市场转换提供技术基础。此外，嘉联支付、前海大数金融、百富计算机等企业也发展迅速。

（三）物联网

深圳基于通信领域的雄厚基础，在物联网网络层领域优势明显。华为已经发展成为中国乃至全球物联网生态建设的主导者和推动者之一。一方面，华为推动着全球 NB-IoT 标准化的进程，目前全球通过的 NB-IoT 技术标准提案中有 41%来自华为；另一方面，华为在加强与高通、联发科、中国移动、中国电信等全球的运营商、芯片厂商的合作，探索全新的物联网生态体系，通过联盟及 Openlab 等形式，现在已牵手合作伙伴 200 余家，成功孵化商用案例 50 余个，其中不乏共享单车、奶牛监控等显著改善国计民生的创新应用，智能抄表、智能停车等应用已在国内部署了数万个，整体开始进入规模推广的阶段；中兴通讯提出万物互联 M-ICT 战略，聚焦在智慧城市、智慧家庭、工业互联网、车联网 4 个垂直领域，目前在这 4 个领域均能提供完善的解决方案。此外，在物联网的感知层，深圳作为中国射频识别生产和技术研发聚集地之一，聚集了雄帝科技、远望谷等一批具备很强市场竞争力的企业，远望谷信息技术是我国物联网产业的代表企业、全球领先的 RFID 技术、产品和系统解决方案供应商，聚焦铁路、图书、零售三大业务，其参与的中国铁路车号自动识别系统是亚洲最大的 RFID 物联网工程之一，开创了国内 RFID 技术规模化应用的先河，目前公司在铁路的 RFID 市场占有率超过了 50%。

第三十九章

厦门软件园

厦门软件园建筑设计简洁、明快、大气，体现现代、进取、创新、高科技的园区文化。建筑结构及外观风格各异，既具南北之韵，又有中西之味。园区中的绿地、碧水、曲径、绿荫与周边自然山景相映成趣，水、石、草、木生机盎然，激励着人们创业的激情。目前，厦门软件园立足于五大细分行业领域，已形成特色鲜明的产业集群。未来将大力培育大数据、人工智能、VR/AR 新兴业态产业，积极构建集产业生态、产城融合、共同缔造“三位一体”的创新型、国际化的现代科技园区。厦门软件园通过整合资源，促进人才、技术、资金、环境等创新要素的高效配置，构建产业生态圈，推动产业链与创新链深度融合，营造了良好的营商环境。厦门软件园将不断提升园区生态环境、打造产城融合生活圈，助力厦门软件产业高速发展。

第一节　园区概况

厦门软件园产业基地按照国家级软件园规模设计，总用地 1.063 平方公里，总建筑面积 163.64 万平方米，容积率 1.367，建筑密度 21.5%，绿地率 55%，停车位 7116 个，将成为全国最大的软件园之一。厦门软件园包括软件园孵化基地（一期）和软件园产业基地（二期）。软件园产业基地位于厦门本岛东北地区，依山傍海，环境优美，背靠虎仔山城市生态公园，与厦门翔安海港新城和大小金门岛隔海相望；园区紧邻国际会展中心、国际网球中心、国际五星级酒店、国际会议中心、观音山国际商务营运中心、香山国际游艇俱乐部码头等标志性建筑，与厦门大学、集美大学、厦门理工学院、福州大学厦门工艺美术学院及厦门新大学城咫尺之遥。厦门软件园功能配置合理、服务完善、机制先进，有良好的人文环境和创业环境。

新建的厦门软件园三期规划为“高水平、应用性、服务化、开放式”的国际化智慧园区，将是厦门市软件和信息服务产业发展的集聚区和岛内外一体化建设的新亮点，并努力打造成为海西“硅谷”。园区位于集美新城，总规划面积 12 平方千米。其中，动漫教育产业基地 4.5 平方千米，总建筑面积 70 万平方米，总投资 100 亿元；软件研发基地 7.5 平方千米，总建筑面积 800 多万平方米，计划总投资 360 亿元，远期可容纳 20 万人，可形成近千亿元产值。研发基地分为 9 个不同聚落，包括起步区、订单式自建区、电子商务区、IC 产业区、物联网产业区、诚毅大街综合配套区、嵌入式产业区、文创动漫区，并为两岸产业对接特别设立了示范区。园区采用一次规划，分期建设。起步区于 2011 年 12 月 27 日正式动工，总建设用地面积 6.17 万平方米，总建筑面积 30.42 万平方米，主体建设已完成，目前陆续交付使用；自建区已引进雅马哈、吉比特和富春通信三家企业；电子商务区征地拆迁工作正在抓紧进行；研发区二期工程约 1.2 平方千米，总建筑面积 260 万平方米，已经全面铺开建设。

厦门软件园营造良好营商环境，助力全市软件和信息服务产业加速成长。根据工业和信息化部发布的对全国 332 家国家新型工业化产业示范基地的 2018 年发展质量评价结果，厦门软件园获评示范基地最高水平“五星级”，全国仅 28 家基地获此评价，其中软件和信息服务业领域 4 家。这也是继年初跻身 2018 年中国大数据产业园区综合发展实力十强后，厦门软件园获得的又一重磅荣誉。在全国 43 个国家火炬计划软件产业基地综合评价排名中，连续两年排名全国第七，成长性指标蝉联全国第一；获评“2018 中国服务外包产业集聚园区”，“软件和信息服务业产业集群”入选科技部第三批创新型产业集群。2018 年，厦门软件园营收更是首次突破千亿元，达 1001 亿元。

第二节　重点行业发展情况

（一）动漫游戏

目前，厦门动漫企业积极跟随和参与 IP 授权交易的步骤调整，逐步探索产品成果变现路径。游戏企业目前基本完成从客户端游戏、网页游戏向手机游戏转型，在完成转型的过程中，开始积极布局融入 VR、电子竞技等新型业务。厦门目前已有 6 家动漫游戏企业成功挂牌新三板，营业收入达亿元级别的动漫企业有：四三九九网络股份有限公司、咪咕动漫有限公司、趣游（厦门）科技有限公司、厦门吉比特网络技术股份有限公司。翔通信息、中天启航等 CP 在咪咕手机动漫游戏平台收入超过 1000 万元，翔通动漫、青鸟动画、中科亚创等老牌动漫企业则在咪咕手机动漫游戏平台保持收入高速增长，并且荣获新媒体业务运营奖励。厦门市妮东科技有限公司成功研发出全市首款适合电子竞技比赛的CS竞技游戏项目、国内首款VR游戏现已上线运作。

厦门软件园作为城市动漫游戏和新媒体产业的重要新兴产业集聚地，影响力日益扩大，企业原创研发创新能力不断提高，新媒体业务保持快速发展。园区先后成功荣获“国家动画产业基地”“文化部国家级文化产业实验园区”“海峡国家数字出版产业基地”及“福建省创意产业重点园区（基地）”等重要产业基地称号，并且园区汇集咪咕动漫、飞鱼科技、4399游家网络、吉比特、大拇哥动漫、中娱文化、青鸟动画等一批业内知名动漫企业入驻，汇聚成园区别具特色的动漫游戏产业优势。

（二）移动互联网

依靠产业园集聚效应，软件和信息技术服务业基础、沿海区位优势及良好的应用环境，厦门软件园抓住新兴领域发展契机，大力发展移动互联网产业，已形成龙头企业增长强劲、小微企业蓬勃涌现、创业人才不断聚集的产业局面，培育出一批知名互联网企业。美图公司的拳头产品美图秀秀、美颜相机、美拍、海报工厂等APP连续数月荣登国际APP Store摄影榜前五名；美柚信息科技有限公司的美柚经期助手等产品成功占据《互联网周刊》2018年度APP分类榜女性APP类别排名榜首；厦门易名科技股份有限公司域名存储量多达800多万，位列全国第二。而这正是园区大力发展移动互联网，结合“互联网+”创新创业的颇多硕果之一。

秉承“推动产业发展，信息服务民生”的企业使命，以“科技园区服务运营、信息化产品服务运营、信息产业资本资产运营”为核心的三大业务板块，致力于信息化产品的研发、应用和推广。园区企业积极参与并融入智慧城市搭建工作，并且运用移动互联网、物联网、云计算、大数据等新一代IT技术，研发了“智慧交通、智慧旅游、智慧小区、智慧安防、智慧停车、智慧工地”等信息化产品和平台，让更多民众感受到信息化给生活带来的便捷性。

（三）5G应用

厦门软件园三期已实现5G信号覆盖，园区企业不仅率先体验5G带来的便利，更积极探索5G创新应用，拓展数字经济新空间。记者日前从火炬高新区管委会了解到，火炬高新区联合中国移动福建公司厦门分公司、信息集团共同在软件园三期建设5G园区，依托厦门市5G联合创新实验室搭建的“软件园5G

联合创新中心”，大力推进5G与人工智能、物联网、云计算、大数据和边缘计算的融合创新。这也是福建省首个5G园区。

随着软件园三期进入“5G时代”，园区也成为5G应用的绝佳测试场所。一大典型案例是，由厦门公交集团、中国移动、清华大学和信息集团联合打造的5G微循环网约公交就在软件园三期做测试。借助5G技术，这一复杂流程在短短数秒内就能搞定。今后，5G微循环网约公交也将在软件园三期运行，为园区企业职工提供公交定制服务。除了服务传统企业转型升级外，一些进驻园区的企业自身也充当了“互联网+”转型的角色。中小企业能给用户提供解决方案，成为IT服务提供商，实现了主打业务转型开拓了新天地。

企 业 篇

第四十章

基础软件企业

第一节 中标软件

（一）发展情况

中标软件有限公司（以下简称“中标软件”）成立于 2003 年，注册资金 2.5 亿元，是国产操作系统引领企业。作为国家规划布局内重点软件企业，中标软件拥有“中标麒麟”“中标普华”“中标凌巧”三大自主品牌及国防、民用两大企业资质。据 2019 中国 IT 市场年会暨赛迪生态伙伴大会发布的 IT 市场数据，中标麒麟操作系统再次毫无悬念地蝉联 2018—2019 中国 Linux 市场占有率第一，中标麒麟高级服务器操作系统（ARM64 版）V7.0 与中标麒麟可视化单向光闸分别获得中国软件市场和信息安全市场年度创新产品。

中标软件具有很强的科研能力和严格的管理规范，先后登记软件著作权 270 项，申请专利 272 项，其中专利授权 134 项，并通过了国家软件企业资格认证、高新技术企业认证、CMMI5 级认证等。中标软件累计获得各类奖项 240 多个，被授予“国家规划布局内重点软件企业”“国家高技术产业化示范工程”等称号，其产品已经在政府、国防、金融、教育、财税、公安、审计、交通、医疗、制造等行业得到深入应用。

（二）发展策略

1. 加强自主创新战略布局

中标软件是中国 Linux 操作系统的专业研发和推广厂商，以操作系统技术为核心，重点打造自主可控、安全可靠的国产操作系统。2019 年 8 月 15 日，中标软件有限公司与江苏航天龙梦信息技术有限公司（简称“航天龙梦”）在全面建立研发层面技术对接和在国产板卡、外设适配等方面实现无缝对接达成共识，共同建设自主创新生态圈，推进中标麒麟操作系统和航天龙梦系列产品在关键行业和重要领域的深入应用。

2. 打造完善的自主创新生态链

中标软件自成立伊始便注重生态链的打造，到目前为止，中标软件已与众多软硬件厂商建立了长期的合作关系，形成了软硬件一体化的应用体系。随着中国信息领域安全创新产业发展的需要，中标麒麟操作系统的认证证书成了基础软件产业链上下游企业的“网红标配”。2019 年上半年，大量成熟的杀手级应用完成认证，其中包含微信等即时通信软件、360 等浏览器、美图秀秀等制图工具、金山词霸等翻译软件、360 杀毒等网络安全软件及用友等财务软件等。在未来，中标软件将继续携手生态伙伴一起创新产品与服务，构建自主创新生态链，推动我国数字经济发展。

第二节　人大金仓

（一）发展情况

北京人大金仓信息技术股份有限公司（以下简称“人大金仓”）是具有自主知识产权的国产数据管理软件与服务提供商。公司由中国人民大学一批最早在国内开展数据库教学、科研、开发的专家于 1999 年发起创立，先后承担了国家“863”“核高基”等重大专项，研发出了具有国际先进水平的大型通用数据库产品。2018 年，人大金仓申报的“数据库管理系统核心技术的创新与金仓数据库产业化”项目荣获 2018 年度国家科学技术进步二等奖，产学研的融合进一步助力国家信息化建设。

人大金仓自成立以来，始终立足自主研发，专注数据管理领域，经过 20 年的发展，如今已成长为国产数据库领军企业。人大金仓构建了覆盖数据管理全生命周期、全技术栈的产品、服务和解决方案体系，累计获得专利 24 项，软件著作权 99 项，产品广泛应用于电子政务、国防军工、电力、金融等超过 20 个重点行业，完成装机部署超过 50 万套，覆盖全国近 3000 个县市。

作为中国电子科技集团有限公司（CETC）的成员企业，人大金仓在电子政务、党务、国防军工、金融、智慧城市、企业信息化等方面拥有强大的数据产品及解决方案研发能力、资源整合能力和项目实施服务能力。人大金仓在北京、上海、成都、天津等地设有研发和服务中心，在全国设有分公司、办事处及代理合作机构，能够提供 7×24 小时的本地化服务，并建立有一整套规范的服务体系，能够为客户提供全面的服务和信息安全保障。

数字化时代，人大金仓将继续立足自主研发创新，以人工智能、云计算、大数据、物联网等新兴技术需求为牵引，面向党政军及各级企业级市场，坚持“以客户为中心”企业宗旨，不断打造满足客户需求的新型数据管理和分析平台及行业解决方案，让数据创造价值，用技术驱动未来，助力我国信息化建设更好更快发展。

（二）发展策略

当前正处在国产软硬件发展的重要机遇期，人大金仓将紧密围绕“数据驱动”“云领未来”“网安天大”三大战略，聚焦政务、公共安全、国防、企业四大领域，进行基于 NLP 和计算机视觉的 AI 技术应用、自主可控、云服务（Dbass）三大产业布局，加大资源投入，打造企业的安全可靠的核心竞争力，致力成为中国最优秀的数据管理软件与服务提供商。

2019 年，在产品方面，公司将继续研发面向事务处理类、兼顾分析类应用领域的新型数据库产品 KingbaseES V8.0，用于解决高并发、高可靠数据存储计算问题。KingbaseES V8.0 是一款全面满足党政领域管理信息系统、业务及生产系统、决策支持系统等数据承载需求的高成熟度数据库产品。针对军工、公安、网安、电力、金融等重点行业，公司将深入挖掘客户需求，不断开发细分行业的特殊场景应用，针对场景应用开发数据库能力，支撑场景落地，并提供持续的服务，实现与客户的深度绑定；同时为适应大数据时代的数据全生命周期管理及智能应用，在面向计算机视觉、NLP、AI 方向进行技术预研和储备。

2019 年公司共发布三款新产品，金仓 HTAP 分布式数据库 KSOne，金仓分布式视频数据库系统 KVDB 和金仓异构数据同步软件 KFS，其中金仓分布式 HTAP 数据库 KSOne 是一款面向交易型业务场景、实时分析场景、时间序列等场景的 HTAP 分布式数据库产品，具有可横向弹性伸缩、高可用、可跨域分布部署、应用透明度高等特点，能为应用提供类似集中式数据库的数据操作访问体验，为海量数据、海量并发用户、高负载压力、高连续性要求的业务系统提供强有力的支撑。KVDB 是瞄准智能商场、停车场、写字楼、区县级公安局等视频图像智能应用场景悉心打造的一款更轻量开放的物联数据存储计算平台，该产品在公安行业已经树立了典型案例。KFS 是面向异地容灾、数据集中共享和分发，兼顾数据仓库建设场景推出的数据同步产品，进一步增强了公司数据集成域产品能力。截至目前，公司产品线覆盖数据存储计算、数据采集交换、数据应用三大类，共计 10 项产品。

在市场方面，公司主要在细分行业、业务部署、渠道建设、服务能力提升等方面加大资源投入与整体布局。2019 年公司确立了 AK（部委+地方）、军工、电力、图像 AI、金融、保险、运营商七大细分行业，配备独立的产品团队、研发团队和销售团队，采取树立灯塔客户，由点到线的发展策略，深耕行业客户，建立用户黏性。在业务力量部署上，公司组建区域销售团队，与垂直行业拓展纵横联动，形成全面的销售体系和业务保障体系。全国设立东北大区、华东大区、华北大区、华中大区、华南大区、西北大区和西南大区七个区域中心，覆盖全国 31 个省市，销售人员数量倍数增长。为配合公司业务快速发展以及应对市场快速爆发，公司统一资源构建全面覆盖的合作伙伴维护体系，建设渠道网络，通过扩大销售通道，实现业务快速增长，迅速占领全国市场。截至 2019 年 6 月，在 AK 二期试点项目中，公司中标部委数、中标省份数、中标数据库套数均位列第一，尤其在部委机关单位的中标数占半数以上，套数占三分之二以上，占据绝对优势。根据官方统计数据，人大金仓是唯一入围央采软件成交总额 TOP20 的国产数据库厂商。在服务能力保障方面，2019 年公司在成都、天津、广东、长春等地新设立分公司，建立了本地的研发实施和服务保障团队，客户服务需求的响应辐射西南、华南、华北、东北等地，同时在一些重点省份、地市发展代理合作机构，为全国客户提供全面的服务和信息安全保障。

第三节　深之度

（一）发展情况

武汉深之度科技有限公司（以下简称“深之度”）成立于 2011 年，是专注基于 Linux 的操作系统研发与服务的商业公司。深之度作为操作系统生态的打造者，不但与各芯片、整机、中间件、数据库等厂商结成了紧密合作关系，还与 360、金山、网易、搜狗等企业联合开发了多款符合中国用户需求的应用软件。截至 2018 年，深度操作系统下载超过 8000 万次，提供 32 种不同的语言版本，以及遍布六大洲 33 个国家 105 个镜像站点的升级服务。在全球开源操作系统排行榜上，深度操作系统是率先进入国际前十名的中国操作系统产品。

（二）发展策略

1. 自主开发平台，助力国产软件生态

2019 年 7 月，深之度与中科智灵完成产品兼容相互认证工作，深度操作系

统桌面版软件与中科智灵一体化智能开发平台产品共同运行。深度操作系统与中科智灵的合作，有助于提升自主软件开发、部署效率，促进国产生态圈建设。从数据库、中间件到应用软件，从芯片到整机，从桌面到服务器，深度操作系统正全面与合作伙伴开展产品兼容适配工作，以开放、共赢的合作方式构建深度操作系统生态圈，共同为我国自主创新软硬件生态贡献力量。

2. 加强版权建设，推动软件正版化

深之度作为一家专注基于 Linux 的国产操作系统研发与服务的商业公司，非常重视知识产权的建设与保护工作。2018 年，武汉深之度科技有限公司入选"2018 年度中国版权最具影响力企业"，该奖项是中国版权协会设立的重要奖项，旨在鼓励在版权创造、运用、保护和管理等方面做出贡献的优秀企业。深之度除了自身高度重视知识产权建设与保护外，还积极地参与推动软件正版化的工作，并在正版化工作中取得了优异成果。

第四节　金山办公

(一) 发展情况

金山办公软件为金山软件集团子公司，主要研发并运营 WPS 系列办公软件。WPS 是我国具有自主知识产权的民族软件代表，自 1988 年诞生以来，WPS Office 产品不断变革、创新、拓展，现已在诸多行业和领域超越了同类产品，成为国内办公软件的首选。在国内所有省级政府办公软件的采购中，WPS Office 占据总采购量近三分之二的市场份额，居国内、外办公软件厂商采购首位。在线文档协作应用"金山文档"发布后 4 个月，月活跃用户即突破 6900 万，与此同时，到 2018 年年底，其微信小程序用户超过 8000 万。WPS Office 在企业中应用也极其广泛，如中国工商银行、中国石油天然气集团公司、国家电网公司、鞍钢集团公司、中国核工业集团公司等。

(二) 发展策略

1. 坚持办公软件智能化方向，推动办公软件加速升级

WPS 的发展经历了软件时代、互联网时代、移动互联网时代和如今的人工智能时代。在移动互联网时代，WPS 率先推出移动版本，至今 WPS 移动版已覆盖全球 220 多个国家和地区，在全球 Google Play、中国 App Store 的办公软

件应用市场中排名前列，并持续保持领先地位。在人工智能时代，WPS 率先将人工智能技术融入 WPS 场景中，帮助用户实现简单创作。随着应用场景的不断延展，WPS 的服务能力也在不断扩展。

2. 坚持办公软件云服务方向，推动办公软件国际化

受益于云化趋势及用户付费理念的升级，金山办公的订阅收入占比快速提升，特别是 2C 端。WPS 已从单一办公应用工具演变为办公云服务，其客户包括阿里巴巴旗下阿里妈妈、天猫、淘宝及腾讯科技有限公司等。在微软等海外厂商移动端发展滞后时，金山办公乘势快速推出移动办公产品，并在全球迅速占领市场。

第四十一章

工业软件企业

第一节　宝信软件

（一）总体发展情况

上海宝信软件股份有限公司（以下简称“宝信软件”）是由中国宝武实际控制、宝钢股份控股的上市软件企业，其前身是1978年成立的上海宝钢自动化部，总部位于上海自由贸易试验区。历经40余年发展，宝信软件先后获得软件企业过程能力成熟度模型（CMMI5级）认证、信息系统集成及服务一级资质、ITSS信息技术服务运行维护标准符合性一级认证等，在推动信息化与工业化深度融合、支撑中国制造企业发展方式转变、提升城市智能化水平等方面做出了突出的贡献，成为中国领先的工业软件行业应用解决方案和服务提供商之一。公司产品与服务业绩遍及钢铁、交通、有色、医药、化工、装备制造、金融、水利水务、公共服务等多个行业。2018年财报显示，宝信软件实现营业收入54.71亿元，同比增长14.56%，其中软件开发及工程服务营业收入为35.22亿元，服务外包营业收入为16.90亿元，系统集成营业收入为2.42亿元；实现利润总额7.67亿元，同比增长52.56%，上市以来连续18年保持高速增长。

（二）发展策略

1. 聚焦钢铁行业信息化，积极开拓非钢领域市场

在钢铁行业信息化、自动化领域，宝信软件凭借多年的技术积累和服务优势，成功签约并实施了一批重大项目，进一步巩固了行业优势地位，市场占有

率连续多年稳居第一。依托钢铁行业智能制造的示范辐射效应，宝信软件无人化业务在有色金属、离散制造等行业取得突破，业务范围拓展至诸多有色大厂、名厂、造船及家电组装企业。此外，宝信软件以大型企业电商平台“云商”建设为标志，还开辟出非钢领域“互联网+电商”的市场格局，借助互联网技术加快服务转型，加快钢铁制造由传统制造向智能制造转型。“宝之云”建设再提速，进一步巩固扩大了以政企客户需求为核心的云服务业务。

2. 搭建产业生态圈，持续推进信息基础设施建设

在新一代信息基础设施建设方面，受益于云计算渗透率持续增长，北上广 IDC 资源依然稀缺，宝信软件 IDC 业务规模持续扩大，各项建设稳步推进，上架率不断攀升，据预测宝信软件 2019 年、2020 年 IDC 收入将分别达到 13.33 亿元、16.58 亿元，位居市场前列。此外，宝之云四期项目持续推进，武钢大数据产业园合作项目成功落地，自主开发的“宝信数据中心运营管理系统”也成功推向市场。宝信软件已经完成新一代信息基础设施业务向全国布局的发展规划，现已具备输出运维服务衍生能力，正逐步形成新一代信息基础设施产业生态圈。

第二节　航天云网

（一）总体发展情况

航天云网科技发展有限责任公司（以下简称“航天云网”）是中国航天科工集团有限公司联合所属单位于 2015 年共同出资成立的高科技互联网企业。目前，航天云网已拥有复杂产品智能制造系统技术国家重点实验室、工业大数据应用技术国家工程实验室，具备企业智能化改造、信息系统安全等级保护三级、信息系统集成等 53 项专业资质能力。基于 INDICS+CMSS 工业互联网公共服务平台，航天云网建设规划了以“平台总体架构、平台产品与服务、智能制造、工业大数据、网络与信息安全”五大板块为核心的“1+4”发展体系，以“互联网+智能制造”为支撑，面向社会提供“一脑一舱两室两站一淘金”服务，同步打造自主可控的工业互联网安全生态环境，建设云制造产业集群生态，构筑适应互联网经济的制造业新业态。2018 年工作报告显示，航天云网实现营业收入同比增长 92.55%，利润总额同比增长 115.39%，平台用户数、需求发布及成交指标、用户活跃度、国际国内网站排名持续提升，现已成为国家级跨行业跨领域工业互联网平台，进一步确立了国家工业互联网行业的领航者地位。

（二）发展策略

1. 集聚战略性资源，确保工业互联网领航者地位

依托航天科工完整的航天工业体系和新一代信息技术优势，打造具有自主知识产权的航天云网（INDICS+CMSS）工业互联网平台，面向社会企业提供智能制造、协同制造、云制造各项服务。公开资料显示，航天云网平台业务遍布全球202个国家和地区，注册用户已超过270万户，现已形成数十个基于INDICS+CMSS的柔性化制造及智能化改造应用案例，大幅缩减了研发设计周期和用工成本，生产效率提高了25%以上，确保了在工业互联网领域的领先地位。

2. 加速云平台落地，构建智能制造产业集群生态

2018年，航天云网完成长三角、珠三角、京津冀等7个区域，北京、广州、重庆、宁波等9个城市的云制造产业集群生态布局，已经逐步形成一定的辐射带动作用。与西门子公司再度携手，在打造智能制造样板间、IIDC基础设施合作、线上应用及云化软件部署和推广等方面深度合作，在工业互联网及智能制造领域成果丰厚。此外，航天云网提出的《智能制造服务平台制造资源/能力接入集成要求》标准提案在IEC/TC65投票中高票通过，成为国际上首个面向智能制造服务平台的标准规范，为智能制造生态构筑提供了良好基础。

第三节　和利时

（一）总体发展情况

北京和利时集团（以下简称“和利时”）是一家从事自主设计、制造与应用自动化控制系统平台和行业解决方案的高科技企业集团，始创于1993年。集团具有系统集成国家一级资质，是国家级的企业技术中心。公司的业务集中在工业自动化、轨道交通自动化和医疗自动化3个领域，覆盖过程自动化、离散自动化和矿山自动化、干线铁路自动化、城际铁路自动化、城市轨道交通自动化、中药调剂自动化、颗粒包装自动化及实验自动化九大方向。目前在各个领域和行业积累了超过15000家客户，累计成功实施了超过25000个控制系统项目。2018年财报（2017年7月至2018年6月）显示，和利时实现营业收入5.41亿美元，同比增长25.19%，净利润1.07亿美元，同比增长55.43%。2019年财报（2018年7月至2019年6月）显示，和利时增速放缓，实现营业收入5.70

亿美元，同比增长 5.47%，净利润 1.25 亿美元，同比增长 16.89%。

（二）发展策略

1. 融合新兴信息技术，赋能企业内三大自动化技术

2018 年，和利时持续深耕自动化领域，提出进一步融合工业互联网、工业大数据、人工智能和信息安全技术，提升自身智能制造技术能力，赋能自有工业自动化、轨道交通自动化和医疗自动化三大业务版块，提升公司方案水平和实施能力，推动集团现有业务数字化、智能化升级。

2. 开发工业互联网平台，赋能其他企业数字化转型

近年，和利时通过开发面向工业企业用户、APP 开发者、系统集成商和平台运营商四位一体的工业互联网集成开发平台（HiaCloud），助力大型制造业企业数字化转型和中小工业企业服务平台建设，构筑可持续发展的工业互联网生态环境，提升行业的智能制造水平。打造“大工业自动化”的概念，面向工业企业，和利时整合集团旗下各公司的技术力量，为用户提供智能一体化的解决方案，帮助他们解决从前期研发设计到后期运营管理的全生命周期问题。此外，和利时还积极寻找优质战略合作伙伴，强强联合，开发最贴近用户需求的产品和一体化解决方案，为用户提供高质量服务。

第四节　中望软件

（一）总体发展情况

广州中望龙腾软件股份有限公司（以下简称“中望软件”）成立于 1998 年，是国际领先的 CAD/CAM/CAE 软件与服务提供商，是国内唯一同时拥有二维 CAD，高端三维 CAD/CAM 及 CAE 完全自主知识产权的国际化软件企业。公司产品包括 ZWCAD、ZW3D、CAD 云服务、中望教育、中望仿真软件，致力于为用户提供核心二维、三维基础设计、行业专属设计、个性化定制及更多 CAX 拓展应用的整体解决方案，帮助企业提升综合竞争力。依托先进的 CAD/CAM/CAE 技术，中望软件也可为广大院校提供创新工具、课程资源、师资培训、竞赛活动、创客空间等解决方案。2018 年 12 月，凭借在国内 CAX 领域的领先地位，中望软件完成来自达晨创投等的 8000 万元融资，成为近年工业软件领域估值最高、融资额最高的公司之一，进一步巩固了其在工业软件领域的领先地位。

（二）发展策略

1. 紧抓核心技术，打造一体化CAX解决方案

作为高新技术企业，中望软件长期保持高比例的研发投入。过去两年，中望软件的研发投入占当年营业收入的比例持续高达35%以上。目前公司研发人员占总人数的比例超过30%，是国内第一家完全掌握高端三维CAD/CAM核心技术和知识产权的工业软件企业，也是国际上少数几个掌握三维几何内核的CAD/CAM工业软件供应商。2018年，中望软件成立CAE研发团队，进入电磁仿真领域。当前，公司拥有发明专利5项、软件著作权144项，在全世界60多个国家注册了商标，品牌影响力覆盖全球。

2. 布局移动云端，瞄准教育市场逆向推广

紧跟互联网发展浪潮，中望软件积极探索产品载体变动与业务模式创新，目前已在云端和移动端进行了产品部署，能够伴随市场需要及时进行产品迁移。在教育领域，中望软件业务覆盖约1500所中高职学校，市场上大部分工业绘图人员都来自这些职业学校。此外，中望软件还将业务延伸至30000余所中小学，希望通过打入教育市场，培养学生用户习惯，自下而上推广产品。

第四十二章

信息技术服务企业

第一节　中软

（一）总体发展情况

中国软件与技术服务股份有限公司（以下简称“中软”）是我国最大的软件与信息技术服务企业之一，应用开发与管理专业沉淀深厚，企业数字化转型人才充沛，在电信、政府、制造、金融、公共服务、能源等行业均取得了不菲的成绩。中软致力于使能软件企业引领发展，服务制造企业转型升级，为政企客户提供“多快好省”的信息技术服务。2018 年，中软整体盈利能力稳步提升，实现收入 105.9 亿元，同比增长 14.5%，净利润 7.2 亿元，同比增长 27.6%。其中，服务性收入 103.4 亿元，同比增长 17.4%。公司传统业务提质增效、稳步前进；新兴业务聚焦新技术，聚合生态，实现高速发展，收入占比超过公司业务收入 15%。中软 2014—2018 年营业收入增长情况如表 42-1 所示。

表 42-1　中软 2014—2018 年营业收入增长情况

年度	营业收入情况		年度溢利情况	
	营业收入（亿元）	增长率（%）	贡献利润（亿元）	增长率（%）
2014	44.3	38.2	2.5	27.5
2015	51.3	15.8	3.3	30.6
2016	67.8	32.2	4.1	24.2
2017	92.4	36.3	5.6	36.5
2018	105.9	14.5	7.2	27.6

数据来源：中软财报，2019 年 8 月。

（二）发展策略

1. 持续深入与大客户合作

中软与华为、汇丰、腾讯、中国平安、阿里巴巴等大客户合作持续深入，技术服务与解决方案业务稳健增长。2018 年，中软与华为以 SD（华为供应商发展计划）牵引业务发展，提升服务质量和价值；与腾讯共建近岸交付中心（NDC），与百度合作实现人工智能在金融领域的深入应用和场景落地。

2. 扩大解放号规模，快速推广“云集服务”

2018 年，解放号专注于软件开发领域，汇聚超过 42 万名工程师、2 万家服务商和 5.5 万家发包企业，托管代码突破 10 亿行；完成全国 GDP TOP 50 城市的 1.3 万家软件企业精准画像，建立起供应商能力和信用模型；面向政府的软件服务需求推出“云集服务”，注册政府单位超 3000 个，累计服务项目金额突破亿元。

3. 聚焦“云服务”，加速数字化转型

中软着力打造基于华为云和 Azure 云的云管理服务体系，在 AI 和 IoT 等新技术方向的云服务上取得突破。2018 年，中软形成基于华为云的云服务目录 60 余个，迁移企业云主机近 3300 多台，数据库近 1000 个，数据量近 3500TB。其全资子公司 Catapult 发布了订阅式解决方案产品 AMS，获得了 16 项微软能力认证，成为同时具备三类微软云智能产品专业能力的服务商。

4. 落地人工智能应用场景，加速战略合作与业务布局

中软在银行、保险、证券、零售、教育等行业落地 AI 应用场景，推出基于 AI 的行业解决方案，与知名企业、研究机构和政府等开展多项战略合作推进智能制造布局。2018 年，中软在多个地方政府建设智能制造创新中心和研究院；为近千家企业提供诊断服务及数字化改造服务和集成解决方案；与海尔、南瑞信通，以及德国博世、德国富勘、法国 ESI、德国菲尼克斯等国内外知名企业达成战略合作。

5. 多领域布局大数据业务，领先优势明显

2018 年，中软在机场、一卡通、政务大数据等新进入领域保持快速增长，同时开拓高科技、汽车等高潜力的制造行业客户，在行业前瞻性的数据架构、数据平台、数据服务产品化等方面能力尤为突出，具备自主知识产权的数据资产管理平台

成为国内首批通过工业和信息化部大数据产品标准评测的产品，还参与多个大数据和人工智能领域的国家级白皮书的编写。

第二节 神州数码

（一）总体发展情况

神州数码依托覆盖 30000 余家合作伙伴的生态网络，为百万家企业及上亿消费者提供数字化产品、方案及专业 IT 服务。在云+大数据时代，神州数码正在成为中国更优秀的云服务及数字化方案提供商。2018 年，神州数码营业收入为 818.58 亿元，同比上升 31.57%，实现净利润为 5.12 亿元。其中云业务收入提升 187.4%，业绩强劲增长，业务结构明显改善，云计算业务继续保持高速增长的态势，在云转售业（AGG）持续放量增长的同时，云管理服务业务（MSP）、云上数字化转型业务（ISV）的收入和占比均有明显提升，云业务实现了量质齐升。同时，神州数码 IT 分销及增值服务业务继续保持强劲增长。神州数码 2014—2018 年营业收入增长情况如表 42-2 所示。

表 42-2 神州数码 2014—2018 年营业收入增长情况

年度	营业收入情况		净利润情况	
	营业收入（亿元）	增长率（%）	净利润（亿元）	增长率（%）
2014	5.09	—	0.61	—
2015	4.58	-10.02	0.21	-65.57
2016	405.31	8749.56	4.03	1819.05
2017	622.16	53.50	7.23	79.40
2018	818.58	31.57	5.16	-28.63

数据来源：神州数码财报，2019 年 8 月。

（二）发展策略

1. 全方位提供云管理服务

2018 年，神州数码帮助全球顶级汽车企业客户实现共享车出行平台在国内落地，成为数家汽车及零售行业顶级企业的唯一云上服务商，为大型制造企业实施部署 DevOps 工具并提供技术运营服务；此外，全面加强与阿里云、亚马逊

AWS 和华为云在混合云领域的合作，强化了基于 Azure Stack 混合云咨询、规划、迁移、测试、应用部署、总代理等一揽子服务的能力。

2. 积极推进数字化解决方案

神州数码积累了包括大数据、物联网、人工智能、混合现实等 17 类自主产权的公有云解决方案，在数字化解决方案（ISV）产品化方面取得了积极进展。2018 年，神州数码利用云计算技术实现异地多分支网络智能化集中化管理的"Imcloud 智能管理云平台"，车联网服务运营管理平台 SaaS 产品"云科易服"，以及全球视频云服务产品"神州视讯云服务"和完整可靠的"零售行业大数据解决方案"均已在多个行业企业客户实际场景中应用和落地。

3. 加强云资源覆盖，完善一体化云供应链

神州数码在 2018 年持续加强与主流云服务商、AI/IoT 及大数据厂商的合作，构建起覆盖全球 80 余家主流云厂商、120 余种主流 SaaS 资源、500 余家生态合作伙伴资源的云资源池，为客户的数字化转型输出云的全栈解决方案能力。此外，基于大型行业和企业级客户的专有云需求，神州数码正在完善一体化云供应链解决方案体系，为客户提供一站式整体解决方案服务。

第三节　文思海辉

（一）总体发展情况

作为我国信息技术服务领域领军企业，2018 年，文思海辉深耕行业、深化转型，在全球经济增速下行的背景下实现了逆势增长，集团营收、利润及人均产值稳健提升。作为一家 24 年的 IT 服务企业，文思海辉在全球 33 个城市设有 54 个交付中心，汇集来自 55 个国家和地区的 3 万余名专业人才，为全球客户提供领先的数字化咨询、体验交互、技术实施与运营服务，坚持以技术创新助力行业客户实现价值提升。

（二）发展策略

1. 拓展全球布局

文思海辉是中国唯一一家具备全球交付能力的 IT 解决方案商。为积极拓展全球布局，提升跨国客户战略价值，公司于 2018 年正式进军印度，同年 2 月在

印度海得拉巴成立交付中心，打造资源+成本双极优势，公司规模已达到300余人。同时，亚太地区业务进军高端市场，提高咨询业务占比、解决方案平台化，在保险、金融、制造、TMT等核心行业攻城略地；欧美版图专注创新及解决方案，聚焦EDGE战略，业务布局迎来加速扩张。

2. 部署AI战略

2018年，文思海辉开启AI+战略，致力于成为面向全球市场的AI行业应用服务商。7月，与徐汇华泾战略签约，AI业务总部落沪；8月，第一款政务服务机器人“小华”，在徐汇华泾政府办事大厅试运营上岗；9月，“小华”亮相首届世界人工智能大会，服务性能稳定、备受赞誉；11月，发布全新AI政务战略定位：构建“行政智脑”系统，以AI技术赋能政务服务，支持建设智能政府，获“信息化影响中国——2018行业优秀应用案例”奖。公司荣膺2018中国领军人工智能解决方案提供商、“信息化影响中国——2018行业领军企业”奖。

3. 加强创新应用

数字化时代下，技术迭代速度越来越快，文思海辉深谙创新作为发展的核心推动力及科技公司作为创新主体的重要作用，联合国内TOP3银行，专注银行业营销服务解决方案，推出“金融智脑”平台，助力打造国内首家覆盖网点、线上、物联的全场景体验智慧银行。2018年，“金融智脑”AI平台支持建立国内首个智慧银行网点，斩获2018京交会“科技创新服务示范案例奖”、2018中国国际软件博览会“优秀案例”奖、2018中国国际金融展“金鼎奖”年度优秀金融智能产品奖等多项荣誉。

第四十三章

嵌入式软件企业

第一节　华为

（一）总体发展情况

华为技术有限公司（以下简称“华为”）成立于1987年，注册资金222.3亿元，是全球领先的信息与通信技术（ICT）基础设施和智慧终端提供商，其业务领域涉及通信网络设备、IT设备和解决方案以及智能终端。据统计，2018年华为销售收入为7212亿元人民币，在工业和信息化部公布的2018年（第17届）中国软件业务收入百强企业中，华为连续十七年蝉联第一。华为采用开放式技术架构，与企业、用户联合创新，企业业务快速发展，其云计算、芯片、存储、SDN等主力产品和智慧城市等解决方案在政务、民生、交通、金融、能源、教育等多领域迅速扩展。

（二）发展策略

1. 智能手机先行，布局全场景智慧化生态

华为不断加强智能手机科技研发投入，以手机上的强势增长作为打开未来智能生活战略入口。2018年6月，华为发布了软硬协同的图形加速技术GPU Turbo。2018年8月，华为在德国柏林IFA展会上发布麒麟980芯片。2019年1月，华为在MWC2019预沟通会上发布了5G基带芯片巴龙5000。华为手机依托GPU Turbo技术的加持，海思自研芯片的成熟及5G芯片的领先，在智能手机竞争中优势凸显。华为荣耀手机具有极高的性价比优势，是其占据手机市场

的重要基础，同时，在高端手机方面，Mate 系和 P 系已成为中国智能手机市场的高端品牌，赢得了中国不少商务用户的欢迎。据统计，2018 年华为手机（含荣耀）在全球市场的出货量超过 2.08 亿台，占据 14%的市场份额，同比增长约 35.9%。目前，华为手机可通过 Huawei Share 服务实现与计算机、智能穿戴、AI 音箱等智能终端的互通互联，完成了无缝连接和整合，未来还有更多的智能产品正在不断接入全场景的智慧生态。

2. 网端芯协同发展，推动 5G 商用

华为重视 5G 网络（基站、承载网、核心网等）、5G 终端（CPE 及即将发布的 5G 手机）、5G 芯片（多模终端基带巴龙 5000、5G 基站核心芯片天罡等）协同发展，极大地促进 5G 商用发展进程。截至 2019 年 6 月，华为已经在全球获得了 50 多份 5G 商业合同，销售了近 7 万座 5G 基站。2018 年，华为在世界移动大会上正式发布智简网络（Intent-Driven Network）解决方案，引入大数据和 AI 技术，构建一个智慧、极简、超宽、安全和开放的数字网络平台，并联合中国移动、德国电信等运营商，以及海思、Intel、MTK、高通等芯片厂商，率先完成基于 3GPP 的全协议栈、全信道、全流程的互操作测试，并率先完成基于 NSA&SA 的互联互通测试，打通首个基于 SA 的 5G First Call，为 5G 快速规模商用奠定了基础。2019 年 1 月 24 日，华为在 MWC2019 预沟通会上发布了全球首款 5G 基站核心芯片天罡（TIANGANG）和客户终端设备 CPE 5G Pro。从网络解决方案到芯片自主研发，华为正在向不同方向同步铺开 5G 商用的大网。

第二节　中兴通讯

（一）总体发展情况

中兴通讯股份有限公司（以下简称“中兴通讯”）成立于 1985 年，注册资本 41.9 亿元，是中国最大的通信设备上市公司，其业务范围涉及无线、核心网、接入、承载、业务、终端、服务等领域。据统计，2018 年业务收入为 855 亿元人民币，因受美国制裁同比减少 252.88%，在工业和信息化部公布的 2018 年（第 17 届）中国软件业务收入百强企业中，中兴通讯位列第二名。2018 年，中兴通讯坚持核心技术自主创新，强化研发投入，截至 2018 年年底，累计申请的专利资产超过 7.3 万件，其中，全球授权专利累计超过 3.5 万件。目前，中兴通讯集中在开发设计、生产安装及分销各类先进电信系统设备领域技术优势，积极布局电信设备领域，实施高端化、数字化策略。

（二）发展策略

1. 坚持科技创新，助力5G商用部署

中兴通讯凭借Massive MIMO、NOMA、核心芯片等产品领先优势，致力于为全球第一批5G商用部署提供产品和服务，目前已与中国移动、中国联通、中国电信、Telefonica、Orange、意大利Wind Tre&openfiber等知名运营商进行5G合作和测试。2018年，中兴通讯凭借自研5G基站产品，以及5G系统成熟度与领先性，携手velcom部署全球首个5G-ready网络。中兴通讯持续加强在5G领域的研发投入，紧抓5G发展时间窗，积极参与5G标准制定，截至2018年年底，中兴通讯向3GPP等组织提交5G NR/NexGenCore国际标准提案7000余篇，5G专利申请超过3000件，向ETSI（欧洲电信标准化协会）披露首批3GPP 5G SEP（标准必要专利）超过1200族。

2. 携手行业伙伴，共创NB-IoT应用蓝海

中兴通讯凭借在NB-IoT领域的技术积累，与各垂直行业合作伙伴共同推进NB-IoT行业发展，拓展NB-IoT应用蓝海。2018年8月，中兴通讯携手中国联通在业界中首家完成NB-IoT R14阶段多种定位功能流程验证，并现场演示了现有终端即可支持的UTDOA+指纹算法定位技术，其定位精度可达50米，满足当前主流业务需求。2018年10月，中兴通讯联合海尔空调、中国标准化研究院等共享家电生态联盟成员，在上海共同发布了物联网时代首个基于NB-IoT的共享空调标准，规范共享空调、净化器等空气设备的市场发展，保障用户共享空调的使用体验，同时填补行业空白，为共享家电新领域业务大规模部署奠定了基础。

第三节　海尔集团

（一）总体发展情况

海尔集团成立于1984年，注册资本3.1亿元，是全球大型家电第一品牌，致力于成为全球领先的美好生活解决方案提供商，其业务领域覆盖家电、数码产品、通信等多个领域，拥有海尔、卡萨帝、GEA、斐雪派克、Candy、AQUA、统帅等智能家电品牌；日日顺、海尔消费金融、COSMOPlat、顺逛等物联网服务品牌。据统计，2018年海尔集团业务收入达到2661亿元，同比增长10%，利润突破331亿元，同比增长10%，生态收入达到151亿元，同比增长75%，

在工业和信息化部公布的 2018 年（第 17 届）中国软件业务收入百强企业中，海尔集团位列第三名。

（二）发展策略

1. 布局线下体验店，引发智能家居新格局

海尔集团围绕“智家定制”的战略原点，构建食联生态、衣联生态、住居生态、互娱生态等物联网生态圈，满足全球用户不断迭代的个性化家居服务方案的需求。2018 年 1 月，海尔集团举办了以“生活 X.0：定制物联网时代的美好生活”为主题的 2018 创新年会，依托 U+智慧生活平台，海尔的 7 大生态圈实现了从硬件到软件再到服务的商业模式落地。2018 年 3 月，海尔集团在上海全球独家首发“4+7+*N*”全场景定制化智慧成套方案，并宣布海尔集团将在全国布局超过 6000 家智慧家庭体验店，在加速促成智慧家庭落地和市场引爆的同时，还“完美区隔”智能家居行业，形成了智能家居新格局。

2. 深耕工业互联网，做标准制定者和引领者

海尔集团结合物联网、云计算、大数据等先进技术布局工业互联网，助推制造业转型升级。2018 年 2 月，海尔 COSMOPlat 获批全国首家国家级“基于工业互联网的智能制造集成应用示范平台”，COSMOPlat 建设基于技术创新平台、应用示范平台、技术服务平台、标准体系认证平台、产业孵化平台五大业务平台，为各方协同创造条件，帮助更多中小制造企业借助规范的平台进行转型升级。此外，在工业和信息化部的支持和指导下，海尔集团牵头成立了家电业智能制造创新战略联盟，积极参与国家行业标准的制修订工作，还积极参与国际智能制造标准的研讨和制定，由海尔集团主导的大规模定制通用要求标准的建议书通过了电气与电子工程师协会（英文简称“IEEE”）新标准委员（Nescom）大会，海尔 COSMOPlat 模式经过实践得到了全球的广泛认可。

第四节　海信集团

（一）总体发展情况

海信集团成立于 1969 年，注册资本 8.1 亿元，包含海信电器和海信科龙电器两家在沪、深、港三地的上市公司，旗下拥有海信、科龙、容声 3 个品牌，是国家首批创新型企业、国家创新体系企业研发中心试点单位，业务涵盖多媒

体、家电、智能信息和服务业等多个领域。IHS 统计数据显示，2018 年，海信电视销售额全球占比为 20.1%，国内用户占有率为 79.9%，2018 年 1—3 季度的统计数据，海信电视全球平均出货尺寸达到 46.8 英寸，位居全球第一位，在工业和信息化部公布的 2018 年（第 17 届）中国软件业务收入百强企业中，海信集团位列第八名。

（二）发展策略

1. 坚持创新发展，定义画质新标杆

海信集团坚持创新发展战略，发挥在显示技术领域的深厚积累，通过 ULED 多分区动态背光控制技术、新一代自主画质芯片、Hi-view 超画质引擎应用，以及东芝 TVS 画质显示技术的融合，定义电视画质的新标杆。2018 年 1 月，海信在美国 CES 上发布的应用 1000 Zone 超画质技术 U9 电视，通过高达 1056 个独立背光分区和 4096 级精细调光的重大技术，突破了普通电视难以表现的层次、细节和景深感，摘得 CES“全球年度显示技术金奖”。此外，海信集团已实现激光电视完全自主研发和自主生产制造，在 4K 光学引擎、4K 镜头、激光光源、整机等方面具备充分的技术优势和产业资源整合能力，海信激光产品线拓展到 80、88、100、120、150 英寸五大规格。海信集团持续研发推广“高画质、高颜值、高体验”的产品，提升海信电视的全球市场份额。

2. 深耕智能生态，拓展互联网运营业务

海信集团依托大数据、人工智能等技术平台布局，深耕教育、视频、游戏、购物等智能业务，打造海信集团智能终端产品的云平台和运营平台，拓展海信互联网运营业务。2019 年 3 月，海信家电召开“智能生态 3.0 战略发布会”，正式对外呈现了围绕家庭生活的系统解决方案，将人工智能技术、传感器技术融合在一起，全面接入家电家居产品，为海信智能电视、智能手机及智能空调、智能冰箱和智能洗衣机等智能家电产品及设备的互联网接入提供服务，并不断拓展向第三方客户提供服务。

第四十四章

云计算企业

我国企业正在进入 Data&AI 转型阶段，国民经济的各行各业都开始深入应用普及云计算，云计算应用需求日益旺盛，并成为企业数字基础设施构建的重要一环。从长远来看，其市场前景持续向好，云计算也成为新一代信息技术产业发展的重要推动力。2018 年，以阿里云、腾讯云、华为云为代表的我国云服务商持续加大力度推广云计算，通过多种举措加大 AI+大数据+云计算的深度融合应用。一方面，我国各云计算企业持续提高云服务的计算能力；另一方面，企业也在不断深化云计算应用的服务能力。

第一节　阿里云

（一）发展情况

阿里云创立于 2009 年，是全球领先的云计算及人工智能科技公司。阿里云致力于以在线公共服务的方式，在全球 18 个地域开放了 49 个可用区，为全球数十亿用户提供可靠的计算支持。2018 年 11 月，双 11 再创纪录，阿里云新增调用 1000 万核计算能力服务全社会。同年 12 月，在斯坦福大学发布深度学习推理榜单中，阿里云获图像识别性能及成本双料冠军。

ET 大脑是阿里云研发的超级智能，用突破性的技术，解决社会和商业中的棘手问题，其目前已具备智能语音交互、图像/视频识别、机器学习、情感分析等技能。ET 大脑的核心能力在于多维感知、全局洞察、实时决策、持续进化，可在复杂局面下快速做出最优决定。飞天（Apsara）是由阿里云自主研发、服务全球的超大规模通用计算操作系统。它可以将遍布全球的百万级服务器连成一台超级计算机，以在线公共服务的方式为社会提供计算能力。飞天的革命性在于将云计算的3个方向整合起来：提供足够强大的计算能力，提供通用的计算能力，提供普惠的计算能力。

（二）发展策略

1. 加速云边一体化战略，助力更多企业实现高效创新

2018年9月21日，阿里云IoT宣布与英特尔在物联网领域达成深度合作，双方将充分整合各自在云以及边缘计算上的能力，结合英特尔在硬件及阿里云IoT在物联网平台上的优势，为全球企业带来云边一体化边缘计算产品。凭借英特尔与阿里云IoT双方的显著优势，该解决方案将在计算、软硬件、人工智能和云端上为行业的数字化转型提供强大支持，帮助更多企业实现高效创新，进一步赢得市场先机。

2. 推进混合云战略，提供无缝连接的混合云服务

全球企业正在掀起数字化转型浪潮，就目前的市场发展状况，混合云是大中型企业的主流选择。虽然很多大型企业将部分工作流留在本地，但是也越来越多地向公共云迁移。2018年9月20日，虚拟化领导厂商VMware与阿里云宣布达成全面战略合作关系，以后VMware的软件将更容易在后者的公共云上运行，这是继亚马逊AWS之后，VMware与全球第二家公共云厂商达成此类合作关系。阿里云是全球前三，亚洲第一大公共云厂商，除了提供公共云服务之外，也提供飞天专有云，为大型客户使用，通过与VMware达成合作，产品线将进一步丰富，不但提升公共云服务的竞争力，还有利于其在混合云市场上进一步吸引更多大中型客户。

第二节　腾讯云

（一）发展情况

2010年2月，腾讯开放平台接入首批应用，腾讯云正式对外提供云服务。腾讯云以市场为导向，基于QQ、微信、腾讯游戏等海量业务的技术锤炼，从基础架构到精细化运营，从平台实力到生态能力建设，进行全面整合，使之能够为企业和创业者提供集云计算、云数据、云运营于一体的云端服务体验。腾讯云面向丰富的业务场景，提供整套的行业和技术解决方案，助力客户安全高效上云，其业务范围涵盖游戏、金融、教育、大数据、智慧零售、小程序等多个领域。

从 1999 年至今，腾讯云共获得 40 多项专项认证，是国内认证最完备的云平台之一，并已为数百万开发者提供服务。2018 年 1 月，腾讯云发布《数据安全白皮书》，建立云端数据安全保护标准。2018 年 3 月，腾讯云 Tstack 斩获 OSCAR 技术创新奖。2018 年 5 月，腾讯云跻身全球七大首选云服务商之一。

（二）发展策略

1. 从云到端一体化，助力行业构建“超级大脑”

企业数字化转型需要云边端一体化，但 AI 使用门槛高，标准化和系统集成能力不足，都制约了 AI 的大规模应用。针对这些问题，腾讯云依托多年技术积累和亿级用户服务能力，整合资源打造了“云—边—端”一体化的“超级大脑 TI Matrix”智能操作系统。这一“智能操作系统”使合作伙伴和开发者无须关注底层复杂的云边端资源和智能调度，只需专注于开发落地应用，打造属于各行各业的超级大脑。未来，腾讯云将助力各行各业更好地落地“智能+”战略，打造属于他们自己的“超级大脑”，为企业在新时代的发展中抢占更多先机。

2. 打造一站式机器学习服务平台，助力 AI 技术落地

腾讯云针对 AI 大数据技术的实现与应用，正式对外公布了一站式机器学习服务平台——智能钛机器学习。腾讯智能钛是一款基于腾讯云强大计算力构建的一站式机器学习平台，该平台集合了腾讯云、腾讯 TEG、AI Lab 和优图实验室等人工智能能力，以多产品形式提供差异化的机器学习能力，最终形成一个完整的开发者生态，帮助开发者从繁重的机器学习工作中解放出来，不断助力 AI 技术的落地实现。

第三节 华为云

（一）发展情况

华为云成立于 2011 年，是华为的云服务品牌，用在线的方式将华为 30 多年在 ICT 基础设施领域的技术积累和产品解决方案开放给客户，致力于提供稳定可靠、安全可信、可持续创新的云服务，做智能世界的“黑土地”，推进实现“用得起、用得好、用得放心”的普惠 AI。华为坚持开放、合作、共赢的云生态，携手合作伙伴联合创新，持续为客户和伙伴创造价值。截至 2019 年 6 月底，华为云已上线 180 多个云服务和 180 多个解决方案，服务全球众多知名企业。

2018 年 4 月，根据 Gartner 发布的 *Market Guide for Cloud Infrastructure as a Service，China* 报告（简称“Gartner MG 报告”），华为云凭借全栈技术能力成为 Cloud IaaS 的第一梯队“Hyperscale”云厂商。2018 年 7 月，全球权威调研机构弗雷斯特研究公司（Forrester）发布了 *The Forrester Wave™：Full-Stack Public Cloud Development Platforms In China，Q3 2018* 报告，报告从战略、产品和市场 3 个维度对中国主流公有云厂商进行了全面评估，华为云凭借领先的技术实力和全栈产品能力、优秀的本地化服务能力和完善的生态体系进入了领导者象限。

（二）发展策略

1. 制定全场景产业智能战略，为智能进化奠定商业基础

产业人工智能为各行业数字转型与商业创新提供数字基石，65%的受访企业认为人工智能技术在数字化转型过程中起到非常重要的作用，86%的受访企业将其视为新一轮产业变革的核心驱动力。近年来，中国人工智能领域取得了积极的发展，技术创新加速推进，行业应用持续深入，产业集聚效应初步显现，已经成为各行业数字化转型与商业创新方面的重要支持力量。企业需要识别自身业务基因与人工智能业务场景，聚焦自动化、产品与服务差异化、体验个性化，从流程管理、产品服务、应用体验等多维度实现数字化转型，推动商业创新。

2. 拥抱全球化国际生态，构建开放的价值创新网络体系

在全球化这一大趋势下，广泛的全球合作伙伴网络将为企业提供与各行业客户协同发展和价值创新的机会，所有在选择合作伙伴时，超过七成的企业非常看重合作伙伴在生态网络上的布局。在生态支持上，本土端到端工程经验的缺乏、数字化转型经验的欠缺和国际生态系统的制约导致企业在发展产业人工智能上困难重重。企业应优先考虑战略投入人工智能开源技术，与全球范围内的各行业保持良好的商业网络，持续推动协同价值创新。

第四十五章

大数据企业

第一节　拓尔思

（一）发展概况

拓尔思成立于 1993 年，2011 年在深交所创业板上市，是国内优秀的人工智能和大数据技术及数据服务提供商，长期专注于大数据和人工智能核心尖端技术的研发和创新应用，在人工智能、大数据、知识图谱、自然语言理解等领域始终处于先进水平，曾获得国家级科技奖。公司面向政府、媒体、安全、金融、企业、知识产权、出版和网信等重点行业市场，提供通用平台产品、行业应用解决方案和数据服务，采用云服务+私有部署的服务模式，通过软件+数据和知识服务全面赋能企业级用户，目前服务用户超过 5000 家。拓尔思业务遍及全国，在全国范围拥有 30 多家分支机构，在广州、上海、成都、深圳等城市均设有分、子公司及办事处，已经发展成为拥有北京、上海、广州和成都四大区域中心，覆盖全国的市场销售和服务能力，支持全产业链赋能的生态型集团企业。

（二）发展策略

1.“大数据+行业”布局进展顺利，技术变现未来发展可期

拓尔思的“大数据+行业”，实际上是大数据技术+行业应用落地，向更多的行业推广大数据技术产品和服务，提升产品和技术服务的行业覆盖率。当前，拓尔思的“大数据+行业”战略在政府、传媒、公安、金融等行业均有亮眼表现。在政府行业，取得国家部委、地方政府和委办局大数据智慧决策支持平台的相

关项目渐成趋势，与政府门户网站集约化平台、政务舆情系统平台等行业应用需求共同支撑起公司在政府行业市场的业务发展空间。在传媒行业，则以“大数据+媒体”主导的融媒体智能生产与传播服务平台解决方案，持续获得用户的青睐和采购订单，已形成了行业市场较为显著的新一轮增长点。在公安行业，拓尔思继并购天行网安之后，相继投资控股了广州科韵、广州新谷等公司，形成了对公安行业较为完整的覆盖。在金融行业，拓尔思控股子公司金信网银开发的大数据非法集资监测预警云平台，被北京市金融工作局运用到了2015年北京市打击非法集资专项整治行动中，并取得了显著的成效。2016年，该平台实现了良好的推广效果，先后中标珠海市金融工作局和湖北省襄阳市大数据监测非法集资系统。

2.“大数据+服务”战略提升企业数据变现能力

拓尔思的“大数据+服务”战略，是利用其在技术产品销售的业务中主动积累和建设的大数据资产（主要是互联网上的海量数据资源），开发和运营基于数据的增值服务，拓展基于数据的新商业模式，包括在线SaaS和DaaS服务、数据咨询报告及数据驱动的增值业务。当前，拓尔思数据业务在Online付费用户和专项增值报告服务两个方面都取得了显著的增长，客户和业务覆盖面进一步扩大。同时，为了推进“大数据+服务”战略，拓尔思收购了耐特康赛，参股了花儿绽放、微梦传媒，与梅泰诺签署了战略合作框架协议，以期在同这些企业的深度合作中，通过互联网营销的方式变现数据资产。

第二节　百分点

（一）发展概况

百分点成立于2009年，创立之初即提供大数据驱动的个性化推荐SaaS服务；2012年以后，专注于用大数据技术支持企业用户的研发决策。当前，多个SaaS产品不仅支持实时在线处理多源异构数据，融合大小数据，而且结合深度迁移学习等人工智能技术，实现了以大数据和认知智能技术驱动的新型SaaS服务。

百分点总部设在北京，在全国设有5家分公司及研发中心，员工人数超过800人，包括500多人的研发队伍，以及由多位国际知名华人学者组成的首席科学家团队。成立十年来，多次入选Gartner、Forrester、德勤、毕马威等国际知名分析机构的权威榜单；屡获大数据和人工智能领域重量级奖项；核心产品通过多个国家级权威机构认证；先后获得 IDG 资本、高瓴资本、光大证券、国新央企运营投资基金等知名机构的五轮投资。

（二）发展策略

1. 发展数据智能，落地数据智能商业实践

目前，百分点已服务国内外超万家企业与政府客户，构建了企业级、政府级和 SaaS 服务三大核心业务体系，覆盖报业、出版、零售快消、金融、制造等多个行业，涉及数字政府、智慧政府和公共安全等多个领域，整合从基础层到应用层、从大数据到人工智能的产品和技术，形成了具有深度行业特性的解决方案，实现从数据治理到数据价值、从模型算法到决策应用的全面提升。

2. 强化创新能力，打造大数据整体解决方案

2015 年，率先推出大数据操作系统（BD-OS）。2017 年，自主研发行业 AI 决策系统 DeepMatrix。在十年发展中，百分点从多个行业、上万家政府和企业客户的实践中沉淀了智能营销套件 DeepCreator、智能对话机器人、智能检务问答系统、商业智能系统 Clever BI、舆情洞察、在线调查 、社交媒体大数据聆听、MobileQuest 等多款 SaaS 产品，打造全栈的大数据和认知智能产品，并持续在落地应用中保持迭代更新。

3. 深化渠道布局，继续推动“合作伙伴发展计划”

百分点自 2017 年起开始进行渠道拓展，通过“产品化+定制化+云化”的方式，推动协同研发、协同应用、协同运营。注重产学研用相结合，与北京大学、中国人民公安大学、中央财经大学等多家国内一流高校和研究机构成立了九大创新实验室。综合运用“云大物移智”等综合信息技术集，促进传统产业转型升级，带动新兴产业发展。主动开放资源和能力，变“传统交付模式”为“协同运营模式”，为用户提供配套的服务和技术支持。

第三节　数据堂

（一）发展概况

数据堂（北京）科技有限公司成立于 2011 年，是一家专注于人工智能数据服务，致力于为全球人工智能企业提供数据获取及数据产品服务的科技公司（以

下简称“数据堂”）。公司总部位于北京，旗下拥有 8 家全资和控股子公司，并在硅谷设立美国子公司，目前在南京、保定、合肥、贵阳等地设有多个专业数据处理中心。数据堂在非结构化数据处理、大数据云服务等方面拥有国际领先的自主核心技术，已成功地为国内外众多企业提供人工智能数据产品与服务，包括百度、腾讯、阿里巴巴等国内顶级互联网和高科技企业，Microsoft、NEC、Canon、Intel 等企业及在华研发机构。数据采集范围遍及全球 30 多个国家，合作伙伴遍布世界 10 多个国家。

数据堂 2019 年 8 月 26 日发布 2019 半年报显示，公司营业总收入为 3226.31 万元，比 2018 年同期（3123.95 万元）增长 3.28%，归属于挂牌公司股东的净利润-1968.42 万元，比 2018 年同期降低 326.46 万元，基本每股收益（元/每股）为-0.13 元。数据堂 2018—2019 年大数据相关大事记一览表如表 45-1 所示。

表 45-1　数据堂 2018—2019 年大数据相关大事记一览表

类型	概述
荣誉	2018 年 8 月 30 日，“维科杯·OFweek 2018 人工智能行业技术创新奖”； 2018 年，数据堂数据加密系统获国家专利认证； 荣登“2018 中国最具商业价值 AI 企业百强”榜单
产品	2018 年，众包服务平台“数加加”上线； 2018 年创立数据堂 AI 开放实验室
应用	2018 年 6 月，数据堂与创新奇智科技有限公司宣布达成战略合作； 2018 年，数据堂中标中移项目； 数据堂 AI 数据实验室与北京印刷学院联合发表的论文《一种大数据传输系统的数据传输安全框架》； 2019 年 1 月 16 日，数据堂与杭州中科先进技术研究院有限公司签署战略合作协议，建立杭州先进院—数据堂大数据联合实验室

数据来源：赛迪智库整理，2019 年 8 月。

（二）发展策略

1. 打造“人工智能数据工厂”，提高数据生产效率

“人工智能数据工厂”的生产方式将数据堂近 8 年积累并验证有效的技术、方法和流程应用到人工智能数据的采集和加工过程中，使得生产过程流水线化、智能化和自动化。数据堂拥有大量从事数据采集的“众客”和一批辅助进行数据加工处理的合作商，现已拥有 1000 多个团队成员，500000 以上注册用户资源，

可进行大规模、全球化的数据采集加工服务。

2. 扩大自制数据产品规模，提供人工智能数据定制服务

2018年，数据堂成立数据实验室，开发出基于“Human-in-the-loop 人在回路”人机交互参与的人工智能数据加工平台，并将其应用于自制数据产品中。目前，自有版权的数据集产品也已达2000TB、45000套。其中包括大量的城市基础数据、智能交通数据、智能医疗数据、智能教育数据、智能客服数据及其他行业数据，为客户提供涵盖语音、图像、文本等全类型人工智能数据定制服务及解决方案，满足了日益发展的人工智能行业数据需求。

3. 拓展传统领域业务，促进人工智能应用落地

“人工智能+”的应用模式开始改造一些传统产业，如医疗行业、教育行业、保险行业、通信行业等。但是部分传统企业数据来自生产系统，涉及业务隐私，不能放入云端数据工厂处理，数据堂提供数据工厂的私有化部署版本，帮助这些企业实现更加安全的数据处理方式，供企业内部的模型训练和人工智能应用使用。解决传统企业数据处理的难题，更好地服务于传统企业。

第四十六章

信息安全企业

第一节　启明星辰

（一）总体发展情况

启明星辰信息技术集团股份有限公司（以下简称“启明星辰”）成立于1996年，在国内网络安全产品、可信安全管理平台、安全服务与解决方案综合供给市场极具实力并拥有完全自主知识产权。启明星辰于2010年在深圳A股中小板上市（股票代码：002439）。通过对网御星云、杭州合众、书生电子等企业的收购，启明星辰构建了信息安全产业生态圈并实现了对数据安全、网络安全、应用业务安全等多领域的覆盖。2018年，启明星辰获得“2017年至2018年6月原创漏洞报送突出贡献单位”及“国家信息安全漏洞库一级技术支撑单位”。

当前，启明星辰拥有千余名研发人员，是我国目前规模最大的网络安全研究基地，产品型号超过100种且在不断增加。入侵检测系统硬件产品、分布式漏洞扫描系统、“安全资源管理平台”等概念或产品，在国内均由启明星辰首先提出并率先实现入侵检测系统与防火墙、漏洞扫描器联动。目前，启明星辰已在国内外注册商标60余项，申请及获得授权的国家发明专利400余项、计算机软件产品著作权250余项，是国内首批获得微软Windows操作系统源代码资格的网络安全企业之一，承担多项国家级、省部级重点科研项目，参与制定《入侵检测系统技术要求和评估方法》《可信管理平台功能规范书》等多项国家标准，《信息系统安全等级评估指南》《涉及国家秘密的计算机信息系统入侵检测产品技术要求》等18项行业标准。

（二）发展策略

1. 立足新兴业态，构建公平网络空间

自成立之日起，启明星辰在不断地发展过程中经历了自我升华的跨越式发展，当前，启明星辰已迈入独立（Independence）、互联（Interconnect）、智能（Intelligence）的“I^3”阶段，并建立了“第三方独立安全运营”新模式。立足于云计算、大数据、物联网、工业互联网、移动互联网等新兴业态领域，启明星辰致力于专业安全分析队伍的打造，可提供覆盖全行业、全技术的安全能力，并帮助城市全面提升安全能力，从而更大限度地保证网络空间的公平与正义。

2. 保持优势领域，开拓高端市场用户

在我国统一威胁管理、安全管理平台、入侵检测/入侵防御运维安全审计等细分市场领域，启明星辰多年来一直保持着最高的市场占有率。作为信息安全产业的领军企业，启明星辰已在我国政府、能源、金融、交通制造、税务等高端客户市场中保持了较好的口碑，成为他们的首选品牌。启明星辰为北京奥组委提供了核心信息安全产品、服务及解决方案并得到了国家主管部门的大力嘉奖。自此以后，G20 杭州峰会、“一带一路”峰会、金砖国家领导人峰会、上海世博会等众多国家级重大安保项目都离不开启明星辰的身影。

第二节　绿盟科技

（一）总体发展情况

北京神州绿盟信息安全科技股份有限公司（以下简称“绿盟科技”）2000 年成立于北京，并在国内外设有 40 多个分支机构，为政府、运营商、金融等行业提供具有核心竞争力的安全产品及解决方案，并帮助客户实现业务的安全顺畅运行。绿盟科技于 2014 年在深圳证券交易所创业板上市（股票代码：300369）。根据企业在安全攻防领域多年研究的积累，绿盟科技在远程安全运维服务、安全评估类、检测防御类、安全平台类等领域为客户提供抗拒绝服务攻击、入侵检测/防护、远程安全评估等多种产品、安全运营的专业安全服务。绿盟科技是国家重点发展的信息安全企业，拥有多项权威认证资质。绿盟科技产品拥有完全自主知识产权并获得：CNVD 漏洞信息报送突出贡献单位、工业控制系统信息安全产业联盟成员单位、应用安全联盟会员、北京软件和信息服务业新领域高成长企业等多项政府相关主管机构、知名媒体及社会团体授予的业界荣誉。

（二）发展策略

1. 核心技术创新突破，军工安全赋能发展

当前，随着世界新一轮科技革命兴起，以人工智能、5G通信物联网等新一代信息技术为代表的技术加速崛起，我国军工信息化的发展对信息安全的要求也越来越高。绿盟科技加快核心技术创新的投入，把握当前信息技术变革和新军事变革的历史发展机遇，致力于在国家网络信息安全建设重点的军工信息系统方面取得技术突破，为我国先进安全可控的防护体系的构建而努力。

2. 信息安全高度重视，下一代解决方案提前布局

绿盟科技高度重视信息安全及下一代威胁防御解决方案，防病毒、IPS等基于签名技术的传统安全防护方案已经不再适合当前网络安全的威胁，亟须新的方案来检测和防御APT等新型威胁。绿盟科技为了应对以APT为代表的高级持续性威胁，前瞻性地推出了“下一代威胁防御”解决方案，即NGTP解决方案。NGTP 解决方案是由多个不同功能模块组成的，其中包含了绿盟全球威胁信誉系统、邮件过滤模块、威胁分析系统、入侵防护模块、内网流量感知模块和本地的安全管理平台。

第三节　深信服

（一）总体发展情况

深信服科技股份有限公司（以下简称“深信服”）成立于2000年，是一家专注于企业级安全、云计算与IT基础架构的产品和服务供应商，员工数量超过4500人，其中全公司近40%的人员为研发人员，在北京、硅谷、深圳和长沙4个城市设有研发中心，用户分布在美国、新加坡、阿联酋等全球50多个国家和地区。深信服是我国第一批国家高新技术企业，连续六年获得“深圳市重点软件企业”，连续五年被评为“国家规划布局内重点软件企业”，连续八届获得“亚太地区德勤高科技高成长500强”，连续两届获得《财富》杂志评选的“中国卓越雇主奖”。

（二）发展策略

1. 持续保持高水平研发投入，加大产品技术创新

当前，深信服保持公司年收入的 20%投入研发创新，拥有前沿先进的测试实验室，用于测试的设备超过 3000 台，在全球拥有硅谷、北京、深圳、长沙四大研发中心，研发人员占总员工的 40%左右，测试和研发人员比例约为 1∶2 并获得 CMMI5 国际认证。在创新成果方面，深信服推出 IPSec/SSL 二合一 VPN 和下一代防火墙，已累计申请专利总数近千件，其中“下一代应用防火墙系统及防御方法”“利用网页进行动态寻址的方法和系统”和“添加网站访问记录的方法和装置”3 项获得“中国专利优秀奖”，产品更新换代速度较快，每 1～2 年推出一款新产品，每季度更新一个新版本。

2. 市场服务全情投入，提高产品市场信誉

深信服具有较高的市场反应速度，能够快速响应市场需求，95%的订单能够在两天内完成发货，研发人员每月会例行拜访客户，每年收集有效需求超过 10000 条并迅速转化为产品版本。在市场服务方面，深信服也非常重视并在全国 50 多个城市设立备品备件中心，6500 多名认证工程师，50 多个直属办事处设有原厂工程师，深圳、长沙、吉隆坡三地设有 CTI 中心，7×24 小时的 400 电话咨询和远程调试。深信服的多款产品国内市场占有率独占鳌头，产品享誉全国，其中硬件 VPN 连续 11 年中国市场占有率第一（Frost & Sullivan、IDC），上网行为管理连续 10 年中国市场占有率第一（IDC），SSL VPN 连续 11 年中国市场占有率第一（Frost & Sullivan、IDC），广域网优化中国市场占有率第一（Frost & Sullivan），应用交付连续 5 年中国市场占有率第一的国产品牌（Frost & Sullivan、IDC）及下一代防火墙获得国际权威安全检测机构 ICSA 的防火墙认证，在稳定性、兼容性及各方面功能获得高度认可。

第四节　美亚柏科

（一）总体发展情况

厦门市美亚柏科信息股份有限公司（以下简称“美亚柏科”）成立于 1999 年，是全球电子数据取证行业两家上市企业之一，长期深耕于电子数据取证及大数据信息化等业务，逐步成长为电子数据取证行业龙头企业、网络空间安全及大数据信息化专家，业务覆盖全国各省、市、自治区及部分“一带一路”沿

线国家。2018年，公司实现营业收入16.4亿元，同比增长22.4%，营业利润3.4亿元，同比增长 12.9%。美亚柏科被认定为“国家规划布局内重点软件企业”“国家高新技术企业”及“国家创新型试点企业”；获评 “中国软件和信息技术服务综合竞争力百强企业”及全国网络安全企业50强。公司将秉承以“让数据改变生活”的企业使命，努力将自身打造成为国际领先的电子数据取证产品及服务提供商、网络空间安全与大数据信息化专家。

（二）发展策略

1. 秉持数据改变生活理念，提供社会公众便民服务

当前,美亚柏科正致力于将大数据技术和大搜索技术应用到执法部门开展网络空间社会治理并提供产品和服务，助力执法部门实现“大数据打造无贼天下”的远大目标。围绕“网络安全+大数据信息化”双核心，美亚柏科不断完善产业链布局，业务领域由军警司法向网信、税务、市场监管等政府部门的政务监管，以及不断向民用市场延伸。未来，美亚柏科将继续充分发挥公司技术及资源优势，借助“互联网+大数据”的力量，为更广大的社会公众提供便民服务。

2. 主动实施战略扩张，加强大数据战略布局

随着大数据产业的快速崛起及大数据信息化市场需求的增加，美亚柏科抢抓大数据发展带来的商业机遇，在大数据产品的研发和市场推广方面，公司持续加大资源投入并增加了研发及人员的投入和储备。近年来，美亚柏科在大数据信息化平台业务收入增长较快，大数据业务已成为企业的一个重要业务增长领域和利润来源，因此，公司将进一步加快对大数据相关产品的资源投入和支持力度，以在未来的竞争中占据有利的战略先机。

第四十七章

人工智能企业

第一节　百度

（一）总体发展情况

百度公司（以下简称“百度”）成立于2000年1月，是全球最大的中文搜索引擎网站。近年来，百度致力于技术创新，将人工智能作为重要的技术战略方向，建有世界一流的研究机构——百度研究院，致力于人工智能等相关前沿技术的研究与探索，着眼于从根本上提升百度的信息服务水平。2005年8月5日，百度在NASDAQ成功上市，截至2019年6月底总市值约410亿美元。2018年年报显示，百度当年总收入为人民币1023亿元，同比增长28%，净利润为人民币276亿元，同比增长51%。2019年二季报显示，百度当季总营收为人民币263.26亿元，同比增长1%，净利润为人民币24.12亿元，同比下降62%。

（二）发展策略

1. 加速产品研发，不断完善人工智能布局

百度在人工智能方面的布局已经相对完善，经过多年的发展，百度已跻身全球人工智能第一梯队。2018年7月百度AI开发者大会上，百度公布了全球首款L4级量产自动驾驶巴士、中国第一款云端全功能AI芯片、百度大脑3.0等新产品。2018年11月百度世界大会上，L4级自动驾驶乘用车、AI城市、AI眼底筛查一体机、农业遥感自动监测系统、无人自主挖掘机等涉及不同领域的新技术、新产品亮相。

2. 建立AI硬件生态联盟，推动软硬一体化发展

百度在整个百度大脑生态积极推动硬件产品研发，与业界伙伴共同建立AI硬件生态联盟，使AI软件技术与硬件设备一体化发展。2019年1月百度大脑AI硬件平台及产品发布会上，百度大脑团队和硬件生态合作伙伴首次发布面向AI端应用的硬件平台与产品矩阵，包括计算工具、多款开发套件及硬件评测与认证服务等。会上公布了百度大脑AI硬件开放与合作的完整框架，百度大脑与超过100家合作伙伴共同开发硬件产品，打造硬件生态。

第二节 科大讯飞

（一）总体发展情况

科大讯飞股份有限公司（以下简称“科大讯飞”）前身是安徽中科大讯飞信息技术有限公司，成立于1999年12月，主营业务为人工智能技术研究、软件及芯片产品开发、语音信息服务等。公司在国际上获得多项该领域人工智能大赛的冠军，先后两次荣获“国家科技进步奖”。目前，公司在国内智能语音核心技术应用方面的市场占有率超过80%。其中，中文语音技术市场份额占比60%以上，语音合成产品市场份额占比70%以上，在主要应用行业，如电信、金融、电力、社保等的市场份额占比80%以上。截至2019年6月底总市值为人民币731.61亿元。2018年年报显示，科大讯飞当年营业收入为人民币79.17亿元，同比增长45.41%，净利润5.42亿元，同比增长24.71%。

（二）发展策略

1. 加大科研力度，持续推进核心技术研发与产品创新

科大讯飞持续加大在核心技术研发上的投入与产品创新力度。2019年2月，科大讯飞获批建设认知智能国家重点实验室，主要发展认知计算方面的深度学习共性技术、知识自动构建与推理技术等认知智能基础理论，同时攻关评测、医疗、辅助审判等领域的认知智能支撑技术。在语音合成、医疗影像、机器阅读理解等领域的诸多国际比赛中，科大讯飞凭借自身技术取得诸多佳绩。讯飞听见2.0、讯飞听见APP、讯飞听见M1转写机器、讯飞智能办公本、讯飞翻译机2.0等新产品不断面市，科大讯飞的产品更为新颖丰富。

2. 推进多领域合作，与政企伙伴协同发展

科大讯飞积极谋求与政府企业建立良好合作关系，实现协同发展，合作伙伴数量不断增加。科大讯飞与华为签署战略合作协议，在公有云服务、ICT 基础设施产品、智能终端及办公 IT 等领域进行深入合作。与中国外文局签署战略合作协议，共同建设人工智能翻译平台，为党政机关与企业提供高质量的翻译服务。与中信银行、交通银行等金融企业达成合作，科大讯飞以人工智能技术与银行业务需求相结合，探索更多人工智能技术与服务的应用场景。

第三节 商汤科技

（一）总体发展情况

北京市商汤科技开发有限公司，简称“商汤科技（SenseTime）”，成立于 2014 年。公司自主研发并建立了全球领先的深度学习平台和超算中心，推出了一系列人工智能技术，包括人脸识别、图像识别、文本识别、医疗影像识别、视频分析、无人驾驶和遥感等。公司已与国内外 700 多家世界知名的企业和机构建立合作，包括美国麻省理工学院、高通、英伟达、本田、SNOW、阿里巴巴、苏宁、中国移动、OPPO、vivo、小米、微博、万科、融创等。

（二）发展策略

1. 以智能视觉技术为先导，持续推进人工智能技术自主研发

2018 年 9 月，科技部宣布依托商汤集团建设智能视觉国家新一代人工智能开放创新平台。商汤科技自主研发的 AI 训练框架 SenseParrots 拥有自主知识产权和完整技术线条，整体性能水平业内领先。自主研发的大规模 AI 超算平台集合不同类型的存储后端，按照 AI 应用的特点进行针对性优化，能够实现海量数据高速读写。在人脸与人体分析、图像识别、视频理解、图像增强等领域商汤科技掌握大量先进技术。

2. 重视校企合作，深化产学结合

商汤科技重视与高校在人才培养、技术研发、市场拓展等领域进行深入合作，推进产业与学术机构协同进步，2018 年 6 月，商汤科技与新加坡南洋理工大学等三家机构达成战略合作，共同促进人工智能研究，加速企业数字化，拓展商汤科技海外布局。2018 年 12 月，商汤科技与上海交通大学达成战略合作，

内容涵盖科研合作、人才培育、师资建设、行业应用等多个领域。2019 年 3 月，商汤科技与香港中文大学合作，在未来三年中联手培养人工智能人才。

第四节　旷视科技

（一）总体发展情况

北京旷视科技有限公司（以下简称“旷视科技”）成立于 2011 年 10 月，是中国领先的人工智能产品公司。旷视科技以深度学习和物联传感技术为核心，立足于自有原创深度学习算法引擎 Brain++，深耕金融安全、城市安防、手机 AR、商业物联、工业机器人五大核心行业，为企业级用户提供领先的人工智能产品和行业应用解决方案。自成立以来，公司发展迅速，在科技部火炬中心发布的“独角兽”企业榜单中，旷视科技排在人工智能类首位。目前拥有超过 1400 名研发人员，国内外在申请及授权专利 1100 余件，累计获得 AI 竞赛世界冠军 22 项。2019 年 6 月公司登上《麻省理工科技评论》“2019 年 50 大聪明公司榜单”。

（二）发展策略

1. 打造软硬结合的人脸识别技术与物联网平台

旷视科技旗下的产品 Face++已成长为世界最大的人脸识别技术平台，有着强大的软硬结合能力，并以最简单易用的云服务方式提供人脸识别、图像识别的开放服务，还开发了应用于金融、安防、智能手机等版块的 Face++ Financial，Face++ Security，Face++ BI 等垂直人脸验证解决方案。旷视洞见智能城市管理操作系统与旷视河图机器人网络操作系统是旷视科技开发的两大物联网数字化软件平台，致力于用数字技术实现对现实物理世界的仿真与还原，优化管理过程。旷视科技自主研发的 MegEye 感知、MegCube 计算、MegMaster 机器人三大系列产品是分工不同的 AI 智能设备，致力于搭建 AIoT 连接控制硬件生态。

2. 立足核心技术，持续推进行业应用拓展

旷视科技作为一家技术驱动的产品型 AI 企业，其核心能力是深度学习算法能力，围绕这一能力公司开发了 Brain++深度学习框架和 Data++数据管理平台，实现数据、算力与算法的深度布局。旷视科技立足于自身核心技术，积极拓展行业应用，构建个人设备大脑、城市大脑、供应链大脑业务体系，并开放旷视

智能云解决方案助力开发者应用创新，与 OPPO、华润集团、科捷物流、北京银行及其他伙伴在不同领域展开深入合作。

3. 搭建产学研体系，推动技术研发与人才培育

为增强研发能力，培育专门人才，旷视科技搭建了专门的产学研体系，包括在北京、上海、南京、成都、西雅图的五家研究院，与西安交通大学、香港科技大学、上海科技大学联合成立的三家实验室，以及博士后科研工作站一级站点、北京智源—旷视智能模型设计与图像感知联合实验室两处科研站点。依托这一产学研体系，旷视科技在深度学习、计算机视觉、视觉导航与控制、计算摄影学、大规模机器学习系统和机器人学等领域取得了丰富成果，持续探索人工智能技术的研究与应用开发。

第四十八章

开源软件企业

近三年来，国内企业在拥抱参与开源社区方面热情显著提升。以阿里巴巴、华为、腾讯、360、百度等著名大企业为代表的国内信息技术企业在开源社区、顶级项目中的参与度和贡献度较前几年有了明显增加。当前，阿里巴巴仍然是我国参与开源项目数量最多的企业，而华为是我国拥有开源项目贡献者最多的企业，中兴通讯、小米、360、百度、腾讯等企业也正在逐步加大对全球开源世界的贡献量，力图获取更多的产业发展要素和国际话语权。

第一节　华为

（一）总体发展情况

华为是我国最大的民营通信科技公司，其主营业务是通信设备的销售和相关行业解决方案。在 2018 年《财富》评选的世界 500 强企业中，华为排名全球第 72 位，比 2017 年上升 11 位。在 2018 年第十七届中国软件业务收入前百家企业中，华为再次蝉联软件业务收入居百家企业首位。近年来，华为积极参与国际大型开源项目，成为在全球开源世界中做出贡献最多的中国企业，在开源项目发展中不断发出中国声音。

（二）发展策略

近年来，中国开源市场不断快速增长，呈现市场空间大、开源参与者人数剧增和贡献度提升的特点。华为坚持“源于开源，强与开源，回馈开源”的理念向全球开源社区贡献自己的力量，并以商业实践引领开源生态的发展。华为致力于与众多合作伙伴一起打造开放生态圈，将创新回馈开源社区，推动更多的基于开源社区的解决方案落地。

1. 基于自身在 ICT 产业的深厚影响构建开发者生态

从 2012 年开始，华为就着手构建自己的开发者生态圈，将自己的 ICT 基础设施能力开放出来，同时建立华为开发者社区，向开发者与合作伙伴提供能力开放交流与支持平台，实现华为产品统一的能力开放。目前，华为开发者社区提供了云计算、大数据、物联网、SDN、敏捷网络、企业移动安全等 15 个热门产品的开放能力和解决方案，开发者可以基于华为的 ICT 开放能力构建属于自己的创新解决方案或应用。

2. 加快核心技术开源软件研发

基于在开源软件领域的代码贡献，华为已掌握了 Linux、OpenStack、Hadoop 等开源软件的核心技术，并实现着基于开源软件的技术和产品创新。近年来，华为瞄准桌面虚拟化及网络功能虚拟化为核心的电信虚拟化市场，继续加快发展基于开源 Xen 虚拟机为基础的云服务产品 FusionSphere。

3. 将开源视为企业重大发展战略

当前，开源软件的研究、应用、回馈已成为华为面向未来新信息技术环境下的发展战略，在企业内部，华为已构建完成了开源软件战略研究、开源社区建设、开源项目推动等多个业务部门。未来，华为将以汇集开源软件为基础，继续加大对开源社区的资金、智力投入，以获取更多的开源软件发展话语权，并以此实现企业价值的不断提升。

2018 年，华为在开源领域依旧取得了不俗的成绩。2018 年 10 月，华为贡献给 Apache 社区的开源项目 ServiceComb 从 Apache 孵化器毕业，正式成为 Apache 顶级项目（TLP）。此外，华为开源了 DMM 协议栈框架、Go Chassis 微服务快速开发框架等一系列开源项目。

第二节　阿里巴巴

（一）总体发展情况

阿里巴巴成立于 1999 年，总部位于浙江杭州。阿里巴巴旨在利用互联网创造公平的竞争环境，让小企业通过创新与科技扩展业务，并在参与国内或全球市场竞争时处于更有利的位置。公司业务和关联公司的业务包括淘宝网、天猫、聚划算、全球速卖通、阿里巴巴国际交易市场、1688、阿里妈妈、阿里云、蚂蚁金服、菜鸟网络等。在2018年《财富》评选的世界500强企业中，阿里巴巴前进162位，排名全球第300位。

（二）发展策略

自从2011年宣布第一波开源项目以来，阿里巴巴的技术人员一直积极参与开源社区共建。开源项目数量每年都有所增长，阿里巴巴目前已经有150多个开源项目，其中数个项目star破万。相关的GitHub数据统计显示，阿里巴巴曾是唯一一家入围GitHub顶尖贡献名单的中国公司。

1. 早期积极利用开源软件发展自身业务

阿里技术体系开始涉足开源生态，可以追溯到淘系业务的搭建，到今天阿里云上面向企业提供的INS和Caffe服务，阿里技术的底层系统借鉴了非常多的开源项目，从服务器到大数据以及最新的人工智能应用。通过早期对开源项目的吸纳与借鉴，阿里巴巴快速搭建起了自身的业务系统。

2. 基于自身业务需求发展开源新项目

阿里巴巴在将开源应用与自身业务流程整合的过程中，还发现了非常多的具体项目和方案是开源项目中尚未涉及和推出的。于是，阿里巴巴基于自身业务需求在开源项目中不断改进和设计，并将这些结果推而广之，再反哺到开源社区中，反过来成为开源社区的积极贡献者，不断推动开源生态发展

2018年，阿里巴巴在推进软件开源方面持续发力，充分彰显了自身的技术势力与拥抱开源的积极态度。开源了DFSMN语音识别模型，Sentinel轻量级流量控制组件。同时，还开源了数据驱动的高交互可视化图形语法AntV-G2，自动化测试解决方案Macaca，跨平台移动开发工具Weex等工具或方案，以及基于Python开发了矩阵的统一分布式计算框架Mars。

第三节　恒拓开源

（一）总体发展情况

恒拓开源信息科技股份有限公司（以下简称“恒拓开源”）由首位华人世界级开源技术奖获得者于2007年创办，是国内第一家以开源技术进行企业服务的高新技术公司，为中国大中型企业和政府机构客户提供软件开源化技术服务。

恒拓开源采取互联网社区、企业服务并行的业务模式。公司致力于为企业客户提供专业的开源技术产品、IT 咨询、解决方案及外包服务。

（二）发展策略

1. 打造专业化的国产代码托管平台

码云是由恒拓开源打造的国产代码托管平台，专为开发者提供稳定、高效、安全的云端软件开发协作平台，无论是个人、团队或是企业，都能够用码云实现代码托管、项目管理、协作开发。码云由开源中国出品，旨在树立国内代码托管和协作开发的行业标杆，灵活便捷地支撑个人、团队、企业的开发需求的产品。通常可以将码云视为中国版的 GitHub，但两者还是有本质上的区别的，那就是码云的私有库也是完全免费的。码云企业版则针对国内中小型开发团队敏捷开发实践需要，除了代码托管功能之外，重点强化了与代码联系最密切的项目/任务管理和文档功能（技术文档协作、知识沉淀），以及持续集成（内测阶段）。

2. 积极承办各类线下活动

开源中国一直不遗余力地推动国内开源软件的应用和发展，同时也为本土开源能力的提高、开源生态环境的优化提供长期推进的线下交流平台。开源中国以深圳为起点，打造了覆盖北上广杭成都等各大主流 IT 城市的源创会系列线下活动，在行业内积累了较高的影响力与知名度。2018 年，开源中国在深圳主办了《2018 年 OSC 深圳源创会年终庆典》。截至 2019 年 3 月，源创会已经举办了 8 年，举办次数达 83 场。

第四十九章

区块链企业

第一节　众享比特

（一）总体发展情况

北京众享比特科技有限公司（以下简称“众享比特”）成立于2014年，是国内最早从事区块链底层平台和应用案例开发的技术服务公司；总部位于北京，在上海、南京、苏州、深圳、广州、长沙、合肥、杭州、新加坡等地设有子公司，是国际领先的金融与监管科技解决方案提供商、区块链技术服务解决方案领跑者。

战略融资层面，2014年完成光速投资A轮融资；2016年完成信中利领投B轮融资；2017年完成用友旗下幸福投资B+轮融资；2019年完成上海军民融合产业投资基金领投的C轮融资。至此，已完成过亿元累计融资。

产品方面，众享比特开发了全球首款区块链数据库应用平台——ChainSQL，提供不可篡改且能在任何时间点恢复的数据库服务，保证数据的真实性、完整性和可获取性，已全部开源；WisChain区块链应用平台，实现区块链平台一键部署，解决现有区块链平台部署困难的痛点；另外，对区块链产品的密码算法进行国产化改造。2019年3月，公司推出区块链供应链金融平台、区块链积分管理平台、区块链存证管理平台、区块链数据共享平台和区块链溯源管理平台五大产品平台，以创新产品模式重新定义区块链解决方案。

公司现为国家高新技术企业、中关村高新技术企业、中国密码学会会员单位、区块链超级账本Hyperledger成员。截至2019年6月，共取得了74项软件著作权，已申请56项核心专利，并有18项获得授权，区块链专利授权数量国内排名前三。它是国内乃至国际上唯一一家获得国家密码管理局颁发的商用密码产品型号证书、公安部网络安全保卫局颁布的计算机信息系统安全专用产品销售许可证，以及入选中央国家机关软件协议供货采购项目的中国区块链企业，同时参与编写了工业和信息化部区块链产业白皮书、区块链国家标准等工作。

（二）发展策略

1. 加大研发投入，增强核心技术竞争力

众享比特始终重视技术的投入和发展。在数据通信和传输方面，即时通信工具沙话能够实现点对点加密通信、阅后即焚，充分保障数据安全；在数据存储方面，开发了区块链数据库应用平台——ChainSQL，提供不可篡改且能在任何时间点恢复的数据库服务，充分保证数据的真实性、完整性和可获取性，且已全部开源；WisChain 区块链应用平台能够实现区块链平台的一键部署，解决现有区块链平台部署困难的痛点。此外，对区块链产品中的密码算法均进行了国产化的改造，以满足国内业务的需求。

2. 打磨好用易用区块链系统，全面提升工程化能力

将技术全面落地应用，提供易用好用的产品是区块链技术工程化的基础。区块链的工程化意味着该技术从论文到代码、代码到软件、软件到能够在客户原有的生产环境中正常运行使用产品的过程。众享比特提出了“传统产业+区块链”的工程实现方式，为客户提供能用、好用、易用的区块链系统，在不改变客户原有的业务逻辑和使用习惯的情况下，在客户原有的业务系统中加入区块链技术，降低原有的业务成本、提高业务运作及协同效率。区块链行业的竞争也将是工程化的竞争。

3. 深耕渠道，与合作伙伴携手共赢

众享比特用软件厂商 To B 的模式来做区块链应用场景落地。众享比特专注于区块链底层技术平台搭建，上层业务系统由合作伙伴（系统集成商或客户本身）建设，用各自领域的专业力量，打造一个完整的、好用的、易用的系统。这让公司的业务变得更“轻”、更专注，更利于项目工程化实施。目前，公司在金融、政务、公安、能源、通信、农业、溯源、存证、工控、物联网等场景下服务客户超百家。包括中国银行业协会、中国建设银行、招商银行、中信银行、民生银行、江苏银行、南京银行、苏宁金服、福建农村信用联合社、南京市政府、株洲市政府、润和软件、天阳宏业、聚量集团、凯晟物联、江西国储、

江苏电力、中国联通、中南智能、长泰机器人等行业客户。

第二节 聚农科技

（一）总体发展情况

北京聚农科技有限公司（以下简称“聚农科技”）成立于2015年9月，位于北京市海淀区。旗下全资子公司天津市绿浓恒基科技有限公司位于天津市宝坻中关村高科技园，专业从事农业区块链应用平台。其信天翁数据科技（深圳）股份公司专业从事全民健康数据平台“简医ENERGY”。总注册资金1.4亿元，员工总人数100余人，其中80%为专业的产品和研发人员。

聚农科技专注于区块链底层技术开发和商业应用的落地。是国内首家应用DAG（有向无环图）进行底层技术开发的企业。2018年聚农科技被赛迪研究院、清华大学评选为全国区块链百强企业第六位，2019年获得区块链最佳应用奖。公司是中关村区块链产业联盟成员、工业和信息化部绿色供应链联盟成员、广东省区域与创新研究会秘书长单位。公司已成功与中粮我买网、天猫生鲜、韩国希杰、工商银行、顺丰优选、美菜等大型生鲜平台合作。2018年与中健生物集团、贵州铜仁生物集团共同发起“分布式生命银行”一个建立在区块链上的免疫细胞库，开创了生物细胞上链的先河。2019年“分布式生命银行”联合北京中医药大学、中国健康促进基金会、全民上链数据（北京）科技有限公司、光彩基金、上源立真、统捷控股共同发起“简医”建立在区块链上的全民健康大数据项目。

（二）发展策略

1. 提升技术核心，加快区块链和人工智能的深度融合

随着产业信息化、互联网化的进步，生产力已经发展到瓶颈，同时软件技术由于是独立针对企业单独开发的，存在标准不统一、数据隔断不能有效交流的问题。通过分布式数据交互体系，让产业链上的每一个环节都能得到所有信息反馈，在过程中就能完成原料、生产、物流、维修工厂的实时在线、产业链协调、信息前置反馈，以及全程即时的资金配套服务。形成多中心的供应链金融，可以极大地提高社会效益，大幅度降低成本，增加国际竞争力。随着人工智能、5G及数据交互系统的上线普及，配套的芯片及硬件产业，可以自然发展形成，从而建立一套由我国发起的新型安全可信分布式数据交互技术标准，随着产业产能的对外输出，标准也随之推广到世界各地，完成独立于现有的西方

标准的新型可信数据技术的标准建立。随着央行的数字货币发行，深圳作为中国特色的社会主义和数字货币的试验区，在国家的引导下可以完成全球普惠金融体系，以及工业 4.0 的标准建立，这将极大地改善全球的治理体系，完成中国价值对外输导，进而团结发展中国家共同完成第三世界国家迈向先进国家行列共建人类命运共同体的历史使命。

2. 注重行业应用，持续推动发展“全民健康数据上链工程”

未来世界的原动力是数据，5G 解决数据的传输，区块链解决的是数据的存储和加密确权，物联网解决的是数据的采集，它们是数据的 3 个支点。在众多的数据中个人健康数据是含金量最高的，把它利用好了将是所有商业的基础。聚农科技新推出的“简医 ENERGY”基于国际个人健康数据标准，预设了数据模板和基础算法，再联合了十余家与健康数据相关的上下游企业，搭建了“简医 ENERGY”平台，发动全民共同参与。用区块链技术为用户的个人健康数据加密、确权，用通证经济激励用户上传数据，参与社区建设，把健康数据价值对应出来，用于用户的医疗、购物，激活了用户的无形资产，在这基础上建立、推广分布式商业。

第三节　成都链安

（一）总体发展情况

成都链安科技有限公司（以下简称“成都链安”），是全球最早专门从事区块链安全的公司，也是全球最早将形式化验证技术应用到区块链安全领域的公司。团队核心成员由从事信息安全长达 10 多年的海内外知名高校和实验室的教授、博士后、博士及曾任职于阿里巴巴、华为等知名企业的网络安全精英组成，公司技术研发人员超过 80%。自成立以来，成都链安通过对全球 1000 多份智能合约、近 50 家公链和钱包、近 100 家交易所的安全审计与防御部署，已经在区块链领域积累了丰富的安全攻防经验，并研发了多个专门面向区块链的安全产品。申请软件发明专利和著作权 12 项。

在安全产品方面，已经建立了面向区块链系统的“安全设计和开发、基于形式化验证的代码自动安全监测、运行时安全监控与防护”覆盖区块链系统整个生命周期的完善安全体系，已发布的具体产品有智能合约开发工具（Beosin-IDE）、基于形式化验证的一键式智能合约安全检测平台（Beosin-VaaS）、区块链安全态势感知（Beosin-Eagle Eye）、EOS 防火墙（Beosin-EOSFW）、链上资产溯源追踪系统和安全舆情系统等安全产品。在安全解决方案方面，包括安全审计、安全咨询、威胁情报、安全防护、防御部署等服务并配套相关安全产品。在安全服务方面，提供全生态的安全审计服务，包括对智能合约、区块链底层链平台、交易所、钱包、DApp等，并提供资金溯源追踪和反洗钱服务等全方位的安全服务体系。

成都链安入选Etherscan智能合约安全审计推荐名单及普华永道创新加速器，全国首届中小微企业“SaaS”应用创新创业大赛荣获冠军，“2018中国区块链企业百强榜”，且荣获“OKEx最佳安全审计合作伙伴奖”“2018年度最专业安全服务机构”“2019中国区块链安全领军企业”“最佳区块链数据安全团队”等多项荣誉。同时与包括蚂蚁金服、普华永道、微众银行、万向集团、火币、OKEx、ONT、Celer、布比区块链等上百家区块链生态伙伴建立了深度合作关系。

（二）发展策略

1. 将形式化验证技术做到产业化，持续增强核心竞争力

作为全球最早将形式化验证引用到区块链的公司，成都链安一直专注于将形式化验证这个高门槛的技术做到产业化，为区块链领域提供实质性的服务。在采用形式化验证技术解决智能合约安全问题方面，成都链安首先研制出了基于形式化验证的“一键式”智能合约安全检测平台（Beosin-VaaS）。采用自有知识产权的形式化验证引擎，为智能合约和区块链应用提供“军事级”的形式化验证服务，能够“一键式”自动检测出智能合约的28大安全问题，2万多用户。智能合约安全检测精度全球最高，达到97%。目前已经支持ETH、EOS、Fabric、蚂蚁区块链BaaS平台、ONT等多个主流区块链平台。同时，成都链安依托具有自主知识产权的VaaS“一键式”形式化验证平台，展开覆盖ETH、EOS、ONT、Fabric等平台的智能合约审计服务，精准发现合约代码中的各类风险，提供改进意见帮助用户修改缺陷代码，保障合约安全，出具交易所认可安全审计报告；由此不断拓展交易所、链平台、DAPP等全生态领域的安全审计服务，实现形式化验证技术在区块链领域的产业化。

2. 不断完善全生态一站式安全产品平台架构体系

成都链安现已建立面向区块链系统的“安全设计和开发、基于形式化验证的代码自动安全监测、运行时安全监控与防护”覆盖区块链系统整个生命周期的完善安全体系，在这一体系中，目前已发布的具体产品有智能合约开发工具

（Beosin-IDE）、基于形式化验证的一键式智能合约安全检测平台（Beosin-VaaS）、区块链安全态势感知（Beosin-Eagle Eye）、EOS 防火墙（Beosin-EOSFW）、链上资产溯源追踪系统和安全舆情系统等安全产品。同时还可根据用户需求，定制化或移植 Beosin-IDE、Beosin-VaaS、Beosin-Eagle Eye 和防火墙产品到用户使用场景中。基于此基础，成都链安将继续产品研发路程，将形式化验证、大数据和人工智能分析等技术结合起来，服务于区块链安全产品应用，不断完善安全体系，从产品服务层面上为区块链生态提供更加完善的技术支持。

3. 从整体上完善区块链全生态安全解决方案

围绕安全审计、安全咨询、威胁情报、安全防护、防御部署等安全层面提供全生态的安全审计服务，包括对智能合约、区块链底层链平台、交易所、钱包、DApp 等，并提供资金溯源追踪和反洗钱服务等全方位的安全服务体系及配套相关安全产品。并根据实际发展情况，区块链生态发展需求，不断改进、增强各项安全服务，拓展新的安全服务项，完善整套安全服务体系，与产品体系同步进行，从整体、全方位上，完善区块链全生态安全解决方案。以“举安全之盾，防漏洞之患”为使命，推动区块链安全规范的搭建，为行业保驾护航，让区块链生态更安全。

第四节　信任度

（一）总体发展情况

北京信任度科技有限公司（以下简称“信任度”）是国内领先的数权经济司法服务提供商，致力于以技术创新驱动互联网司法服务升级，以生态链接保障数字经济的合法权益。通过建立关于人、行为、数据之间的互联网可信应用体系，提升互联网环境下的信任水平、降低网络信任的成本。作为北京互联网法院、广州互联网法院区块链电子证据平台的建设方，信任度以数权经济下的司法保障需求为目标，以数据的可信性为主线，构建了包含互联网业务合规服务、可信司法电子证据服务、互联网司法辅助裁判服务等为一体的综合服务体系。通过打通各类司法辅助机构、司法审判机构等全链条司法体系，解决各类金融机构、知识产权机构、电子化交易机构等对合法数字权益的保护需要。

信任度总部位于北京新互联网经济的集聚区域——望京地区，拥有丰富的产业配套资源与产业人才集聚优势。公司下设广州子公司，负责华南区域的营销服务落地业务。同时，公司已在江苏、湖北、福建、山东等十余个省市建立了营销渠道网络，实现公司业务的本地化营销推广。目前公司已经获得以中宣部、交通部、海洋局为代表的党政机关，以最高人民法院、北京互联网法院、广州互联网法院为代表的公检法行业，以百度图腾、阿里文娱、安妮股份为代表的互联网行业，以民生银行、众安保险、广东南粤银行为代表的金融行业，以国家电网、北京电信、中国太平集团为代表的大型国企等客户的认可。

（二）发展策略

1. 坚持以技术创新为核心竞争力

自公司成立以来，为更好地落地产业融合，满足客户的需求，在人才储备及公司人员布局上研发人员始终保持在 60%左右。公司以区块链为底层设施，以构建可信的互联网信任关系为目标，打造深度适配业务场景的可信产品体系，形成了信证-数字资产确权服务平台、信享-数据共享交换支撑平台、信治-主动式数据治理平台三大服务平台产品，以及信源链区块链存证系统、大象合同服务平台、手机盾全平台数字身份系统、信签全场景电子签名系统、IDChain 区块链身份认证系统五大核心产品，为客户提供一体化综合网络信任产品服务体系。

2. 注重应用落地，以科技创新带动产业发展

信任度与国研智库、清华 Xleb 实验室、塔链智库等学术机构保持紧密联系，从学术角度不断创新，支持科研项目落地；与赛迪区块链研究中心、电子认证服务产业联盟等协会组织保持深度合作与交流，触达行业精英，共同探讨挖掘区块链产业融合方法论与实操解决方案。以此形成了“产”“学”一体化的生态模式，为客户提供更好的服务。目前在交通、司法、金融债权、医疗健康等行业均有实际落地的应用。公司将以区块链赋能产业发展作为战略发展目标，以科技创新打造可信网络应用体系，为更多企业客户提供紧跟技术时代潮流、具备司法级保障水平，全方位、梯度化的数权经济司法科技服务。

政 策 篇

第五十章

《关于加快推进虚拟现实产业发展的指导意见》

第一节　政策背景

虚拟现实（含增强现实、混合现实，简称 VR）融合应用了多媒体、传感器、新型显示、互联网和人工智能等多领域技术，能够拓展人类感知能力，给经济、科技、文化、军事、生活等领域带来深刻影响。通过改变产品形态和服务模式，逐步走向成熟的虚拟现实产业正在开辟上万亿元的新兴市场，引领全球新一轮产业变革，成为经济发展的新增长点和行业信息化进程的重要推手。

当前，全球虚拟现实产业正处于起步培育期向快速发展期迈进的阶段，我国面临的机遇与挑战并存。一方面，面临同步参与国际技术产业创新的难得机遇；另一方面，存在关键技术和高端产品供给不足、内容与服务较为匮乏、创新支撑体系不健全、应用生态不完善等问题，低端化、无序化发展苗头初步显现。为加强政策引导和支持，促进虚拟现实产业持续健康快速发展，工业和信息化部于 2018 年 12 月印发了《关于加快推进虚拟现实产业发展的指导意见》（工信部电子〔2018〕276 号，以下简称《指导意见》）。

第二节　主要内容

《指导意见》的主要内容包括总体要求、重点任务、推进措施。

（一）关于总体要求。《指导意见》提出以习近平新时代中国特色社会主义思想为指导，全面贯彻党的十九大精神，将“加强技术产品研发”和“丰富内容服务供给”作为抓手，将“优化发展环境”“建立标准规范”和“强化公共服务”作为支撑，推动我国信息产业高质量发展，为我国经济社会发展提供新动能。《指导意见》提出我国虚拟现实产业 2020 年和 2025 年两个阶段的发展目标，到 2020 年建立比较健全的虚拟现实产业链条，到 2025 年使我国虚拟现实产业整体实力进入全球前列。

（二）关于重点任务。《指导意见》从核心技术、产品供给、行业应用、平台建设、标准构建和安全保障 6 个方面提出了发展虚拟现实产业的重点任务，包括突破近眼显示技术、感知交互技术、渲染处理技术和内容制作技术等关键核心技术，丰富整机设备、感知交互设备、内容采集制作设备、开发工具软件、行业解决方案和分发平台等产品有效供给，推进虚拟现实技术产品在制造、教育、文化、健康、商贸等重点行业领域的应用。建设共性技术创新、创新创业孵化、行业交流对接等公共服务平台，加快推进标准规范体系建设、重点标准研制、检测认证等工作，加强虚拟现实系统平台安全防护及重要数据和个人信息保护。

（三）关于推进措施。发展虚拟现实产业，关键在于营造良好的政策环境和市场环境，激发市场主体创新活力，并将政策支持重点放在补齐产业发展短板上。《指导意见》坚持问题导向、目标引领，从政策支持、地方政府作用、示范应用推广、产业发展基地、产业品牌打造、专业人才培养、行业组织发展和国际交流合作等方面提出了发展虚拟现实产业的着力方向。

第五十一章

《工业互联网 APP 培育工程实施方案（2018—2020 年）》

第一节　政策背景

工业互联网 APP（以下简称“工业 APP”）是基于工业互联网，承载工业知识和经验，满足特定需求的工业应用软件，是工业技术软件化的重要成果。我国工业 APP 发展正处于由点及面、规模突破的窗口期，部分行业领军企业正在积极探索发展工业 APP，急需加快突破共性关键技术，亟待提升制造企业软件化能力，加快促进工业数据资源开放共享，推动工业 APP 向工业互联网平台汇聚，提高工业 APP 发展质量水平。

培育工业 APP 是通过工业技术软件化手段，借助互联网汇聚应用开发者、平台运营商等各方资源，打造资源丰富、多方参与、协同共赢的工业互联网平台应用生态，是发展工业互联网平台的重要路径。为深度推进两化融合，进一步发展工业互联网平台应用生态，培育产业发展新动能，工业和信息化部编制了《工业互联网 APP 培育工程实施方案（2018—2020 年）》（工信部信软〔2018〕79 号，以下简称《实施方案》）。

第二节　主要内容

《实施方案》在系统研究制约工业 APP 培育的基础性和系统性问题的基础上，提出了未来三年工业 APP 培育的总体要求、主要任务和保障措施，明确了工作推进的时间进度。方案编制的主要思路是贯彻新发展理念，突出问题导向，构建发展基础，打造应用生态。《实施方案》规划了培育重点的 4 个方向：一是面向国内制造业重点项目推进、重大工程实施和重要装备研制需求，发展高支撑价值的安全可靠工业 APP；二是面向“工业四基”领域，发展普适性、复用率高的基础共性工业 APP；三是面向行业需求，发展推广价值高、带动作用强的行业通用工业 APP；四是面向企业个性化需求，发展高应用价值的企业专用工业 APP。

《实施方案》提出了 2020 年工业 APP 培育的发展总体目标，并明确了 2018 到 2020 年每年的重点任务和目标。在总体目标上，力争到 2020 年年底，面向特定行业、特定场景培育 30 万个工业 APP，全面覆盖制造业关键业务环节的重点需求。在细化目标上，《实施方案》从技术、应用、生态等方面提出了相应的发展目标。技术方面提出突破一批工业技术软件化共性关键技术，建成工业 APP 标准体系，形成一批高价值、高质量、具有竞争力的工业 APP 产品及企业；应用方面提出示范企业关键业务环节工业技术软件化率达到 50%；生态方面提出初步形成工业 APP 市场化流通和可持续发展能力。

围绕工业 APP 的培育，聚焦夯实基础、平台汇聚、应用创新和提升质量 4 个方面，《实施方案》提出了夯实工业技术软件化基础、推动工业 APP 向平台汇聚、加快工业 APP 应用创新、提升工业 APP 发展质量 4 大主要任务，并细分为 10 项具体任务。同时，《实施方案》明确在 2018—2020 年从形成工业技术软件化解决方案，到培育和部署工业 APP，再到 APP 产品的市场应用和企业化的逐年工作进度安排。

《实施方案》提出了 3 个方面的保障措施。一是组织保障，加强部省合作，鼓励地方探索发展路径，整合政产学研用各方力量，形成协同推进的工作格局。二是政策引导，依托国家新型工业化产业示范基地和中国软件名城，加快工业 APP 培育，带动工业大数据发展。三是资金支持，主要是充分发挥财政资金导向作用，鼓励地方政府设立专项资金，探索多元化资金投入机制，加强对工业 APP 的资金投入。

第五十二章

《工业互联网平台建设及推广指南》

第一节　政策背景

当前，新一轮科技革命和产业变革正蓬勃兴起，党中央、国务院高度重视互联网、大数据、人工智能等新一代信息技术和实体经济融合发展，习近平总书记强调，要深入实施工业互联网创新发展战略。2017 年 11 月，国务院印发《关于深化“互联网+先进制造业”发展工业互联网的指导意见》，提出着力建设网络、平台、安全三大功能体系，实施工业互联网平台建设及推广工程，形成多层次、系统化的平台发展体系。但目前各方对平台内涵、技术、功能及建设路径尚未形成统一认识，在平台培育与推广方面没有可参考的成熟经验。因此，制定“工业互联网平台建设及推广指南”，为发展工业互联网平台提供切实可行的指引迫在眉睫。2018 年 7 月 9 日，工业和信息化部发布《工业互联网平台建设及推广指南》（工信部信软〔2018〕126 号，以下简称《平台指南》）。

第二节　主要内容

《平台指南》以习近平新时代中国特色社会主义思想为指导，聚焦工业互联网平台发展，以平台标准为引领，坚持建平台和用平台双驱动，优化平台监管环境，打造平台生态体系。对于工业互联网平台的发展目标，《平台指南》提出到 2020 年，培育 10 家左右的跨行业跨领域工业互联网平台和一批面向特定行业、特定区域的企业级工业互联网平台，工业 APP 大规模开发应用体系基本形成，重点工业设备上云取得重大突破，遴选一批工业互联网试点示范（平台方向）项目，建成平台试验测试和公共服务体系，工业互联网平台生态初步形成。

标准制定方面，《平台指南》围绕平台标准体系建设、标准推广机制建设以及推动标准国际对接 3 个方面制定工业互联网平台标准。一是面向工业互联网平台基础共性、关键技术和应用服务等领域，制定一批国家标准、行业标准和团体标准，建立平台标准体系；二是发挥产学研用各方和联盟协会作用，建设标准管理服务平台，开发标准符合性验证工具及解决方案，开展标准宣贯培训，形成平台标准的制定及推广机制；三是建立与德国工业 4.0 平台、美国工业互联网联盟的对标机制，加快国际标准的国内转化，推动平台标准国际对接。

平台培育方面，《平台指南》围绕打造跨行业跨领域、企业级两类平台目标，提出平台培育具体举措。对于跨行业跨领域平台，结合《工业互联网平台评价方法》，在地方普遍发展工业互联网平台基础上，遴选 10 家左右的跨行业跨领域工业互联网平台，加强跟踪评价和动态调整。对于企业级平台，通过制定工业互联网平台服务能力规范，组织开展工业互联网试点示范和平台能力成熟度评价，培育一批具备独立自主运营能力的特定行业、特定区域企业级平台。同时，通过建立协议开源社区，整合高校、科研院所等各方资源，提升工业互联网平台设备管理能力，加速工业机理模型开发与平台部署。

平台推广方面，《平台指南》围绕重点工业设备上云、企业业务系统上云、培育平台应用新模式新业态 3 个方面，提出平台应用推广的推进方向。一是实施工业设备上云“领跑者”计划，鼓励平台企业在线发布核心设备运行绩效榜单和最佳工艺方案，引导企业通过对标优化设备运行管理能力。二是积极推动企业业务系统上云，鼓励龙头企业打通、开放和共享业务系统，鼓励地方通过创新券、服务券等方式加大企业上云支持。三是培育平台应用新模式，组织开展工业互联网试点示范，培育平台应用新模式。

生态建设方面，《平台指南》从建设试验测试体系、开发者社区和新型服务体系 3 个方面打造工业互联网平台生态。针对平台技术、产品和商业模式不完善，平台解决方案或工业 APP 创新能力不足的现状，面向企业接入平台后认证需求从线下发展到线上的趋势提出了具体的重点规划。

平台管理方面，《平台指南》提出从推动平台间数据与服务互联互通，开展平台运营分析与动态监测，完善平台安全保障体系 3 个方面对工业互联网平台进行统一高效的管理。

第五十三章

《工业互联网平台评价方法》

第一节 政策背景

当前，互联网创新发展与新工业革命正处于历史交汇期，工业互联网平台逐渐成为工业全要素、全产业链、全价值链连接的枢纽和工业资源配置的核心，在领军企业竞争、产业布局、制造大国竞争中发挥着重要作用。随着全球范围内工业互联网平台在数量、体量、行业覆盖等维度上的规模不断扩大，我国各领域、各地区的企业纷纷加快平台布局，市场呈现“百舸争流”格局。然而，各方对于工业互联网平台能力水平尚未形成统一的评价标准，未形成一套可量化、可操作、体系化的平台评价指标，用以指导工业互联网平台建设及推广。

为规范和促进我国工业互联网平台发展，支撑开展工业互联网平台评价与遴选，在广泛调研了 50 余家国内外企业，组织召开了近 30 次专题研讨会征求意见的基础上，工业和信息化部编制形成《工业互联网平台评价方法》（工信部信软〔2018〕126 号，以下简称《评价方法》）。

第二节 主要内容

《评价方法》的编制聚焦平台资源管理与应用服务两类“工业操作系统”核心能力，按照从“基础共性”到“特定行业、特定区域、特定领域”再到“跨行业跨领域”平台能力要求逐步递增的基本思路，构建 5 大类 17 个能力评价要求，着重从平台的设备接入、软件部署、用户服务等角度给出评价内容，为编制具体评价指标和标准提供依据。主要内容有以下 3 点。

一是基础共性能力要求。工业互联网平台向下连接海量工业设备，向上对接面向各类工业场景的优化应用，发挥着工业资源汇聚和配置的关键作用。《评价方法》的基础共性要求主要考虑平台作为“工业操作系统”的定位，即对设备、软件、用户、开发者、数据等不同要素的管理与服务能力，同时考虑了平台的基础技术和投入产出要求。其中，平台资源管理和应用服务，重点包括设备接入、软件部署、用户和开发者管理、数据管理、存储计算服务、应用开发服务、平台间调用服务、安全防护服务和新技术服务共 9 个子项；平台基础技术和投入产出能力，涵盖了平台架构设计、关键技术、研发投入、产出效益、应用效果和质量审计 6 个方面的内容。

二是特定行业、特定领域、特定区域平台能力要求。《评价方法》在基础共性能力要求的基础上，面向特定行业平台的特殊要求，重点围绕设备接入、软件部署、用户覆盖 3 个方面提出量化指标，明确工业互联网平台在某一特定行业的规模化应用能力；面向特定领域平台，重点围绕研发、制造、服务 3 个核心生产环节，即平台应用的 3 个核心领域，提出具体要求，强调平台关键数据打通能力和关键领域优化能力，明确工业互联网平台在某一特定领域的应用能力；面向特定区域平台，重点考虑平台在地方落地与应用推广能力，提出涵盖地方合作、资源协同、规模推广 3 个方面的要求，明确工业互联网平台在某一特定区域的规模化应用能力。

三是跨行业跨领域平台能力要求。《评价方法》在基础共性能力要求基础上，综合特定行业、特定区域、特定领域平台能力要求，围绕跨行业、跨领域、跨区域、开放运营及安全可靠 5 个能力，重点对跨行业、跨领域工业互联网平台的行业、领域、区域覆盖数量提出了要求。其中，有效行业须满足行业设备接入、软件部署和用户服务的数量要求；有效领域须满足某一环节专用软件部署的数量要求，以及具备不同领域的数据打通要求；有效区域须满足用户服务的数量要求，并具有在区域内运营的实体。此外，跨行业、跨领域平台还需要具备开放运营、安全可靠能力，能够具有国际影响力，引领带动我国工业互联网发展。

第五十四章

《关于发展数字经济稳定并扩大就业的指导意见》

第一节　政策背景

互联网、大数据、云计算、人工智能等数字技术的快速发展带动了新一轮科技和产业革命，数据资源已经成为重要生产要素，全面推动社会数字化转型。数字经济的蓬勃发展造就了一系列新的就业形态和领域就业的快速增长。但同时，数字人才供给缺口大、适应劳动者流动性和就业方式多样化的就业服务及用工管理制度有待完善等问题仍较突出。为抢抓发展机遇，大力发展数字经济稳定并扩大就业，促进经济转型升级和就业提质扩面互促共进，国家提出了《关于发展数字经济稳定并扩大就业的指导意见》（发改就业〔2018〕1363 号，以下简称《意见》）。

第二节　主要内容

《意见》指出坚持“市场主导、政府引导”“就业优先、协调发展”“盘活存量、创造增量”“包容创新、共建共享”的四项基本原则，以大力发展数字经济促进就业为主线，以同步推进产业结构和劳动者技能数字化转型为重点，加快形成适应数字经济发展的就业政策体系，着力实现更高质量和更充分就业。《意见》提出我国数字经济带动就业的发展目标，到 2025 年，国民数字素养达到发达国家平均水平，数字人才规模稳步扩大，数字经济领域成为吸纳就业的重要渠道。同时，适应数字经济领域就业要求的法律制度框架基本完善，数字化公共就业创业服务能力大幅提升，人力资源市场配置效率明显提高。

《意见》提出 4 个方面的重点任务，一是加快培育数字经济新兴就业机会，在推动数字产业发展壮大的基础上，深度融合实体经济，促进传统产业数字化转型，加大融资政策支持力度，切实落实支持新产业新业态发展。二是持续提升劳动者数字技能，通过深化教育改革提升数字人才教育，创新人才培养方式，加强数字技能职业培训，建设终身学习数字化平台体系。三是大力推进就业创业服务数字化转型，深入实施“互联网+”公共就业创业服务，鼓励发展数字化人力资源市场服务机构，做大做强数字经济创新创业服务孵化平台。四是不断完善政策法律体系，不断完善新就业形态劳动用工，继续完善适应新就业形态的社会保险参保缴费政策和管理服务机制，加强健全激励机制。

在保障措施方面，《意见》明确要从 4 个方面入手：第一，加强引领示范，支持有条件的地方积极开展发展数字经济促进就业改革示范和探索创新，形成可复制可推广的好经验好做法。第二，注重市场驱动，支持市场资源设立发展数字经济促进就业产业基金，着力培育数字经济市场主体。第三，优化发展环境，全面实施市场准入负面清单制度，建立健全信息保护、数据交易和共享等方面的相关制度，规范交易行为。第四，强化风险应对，提高就业形势感知、科学决策和风险预警能力，充分利用信息化手段，加强数字经济新产业、新业态、新商业模式和新就业形态统计监测。

第五十五章

《关于推动创新创业高质量发展打造“双创”升级版的意见》

第一节　政策背景

创新是引领发展的第一动力，是建设现代化经济体系的战略支撑。近年来，大众创业万众创新持续向更大范围、更高层次和更深程度推进，创新创业与经济社会发展深度融合，对推动新旧动能转换和经济结构升级、扩大就业和改善民生、实现机会公平和社会纵向流动发挥了重要作用，为促进经济增长提供了有力支撑。但同时，还存在创新创业生态不够完善、科技成果转化机制尚不健全、大中小企业融通发展还不充分、创新创业国际合作不够深入以及部分政策落实不到位等问题。

为推动创新创业高质量发展，有利于提升科技创新和产业发展活力，国务院在 2018 年 9 月印发《关于推动创新创业高质量发展打造“双创”升级版的意见》（国发〔2018〕32 号，以下简称《意见》），充分强调了互联网、大数据等新兴技术在推动创新创业中的重要作用。

第二节　主要内容

《意见》提出“双创”升级的六大主要目标：预期实现创新创业服务全面升级，创业带动就业能力明显提升，科技成果转化应用能力显著增强，高质量创新创业集聚区不断涌现，大中小企业创新创业价值链有机融合，国际国内创新创业资源深度融汇。《意见》包含八大项，三十二小项，在发展环境和动力以及创新创业服务两部分重点说明了信息技术在“双创”升级中的重要地位。

在升级创新创业发展环境和动力方面，《意见》指出要简政放权释放创新创业活力，推进审查事项、办事流程、数据交换等标准化建设，稳步推动公共数据资源开放，加快推进政务数据资源、社会数据资源、互联网数据资源建设。建立完善对“互联网+教育”“互联网+医疗”等新业态新模式的高效监管机制，严守安全质量和社会稳定底线。建立完善国家数据共享交换平台体系，推行数据共享责任清单制度，推动数据共享应用典型案例经验复制推广。《意见》重点强调在知识产权保护中“互联网+”技术发挥的作用。通过完善知识产权运营公共服务平台，逐步在全国建立起统一的知识产权交易市场。鼓励和支持创新主体加强关键前沿技术知识产权创造，形成一批战略性高价值专利组合。聚焦重点领域和关键环节开展知识产权“雷霆”专项行动，进行集中检查、集中整治，全面加强知识产权执法维权工作力度。积极运用在线识别、实时监测、源头追溯等“互联网+”技术强化知识产权保护。

在优化创新创业服务方面，《意见》强调要融通大中小企业，加快培育一批基于互联网的大企业创新创业平台、国家中小企业公共服务示范平台。深入推进工业互联网创新发展，与智能制造、电子商务等有机结合、互促共进。实施工业互联网三年行动计划，强化财税政策导向作用，持续利用工业转型升级资金支持工业互联网发展。推进多层次、系统性工业互联网平台体系建设，引导企业上云上平台，加快发展工业软件，培育工业互联网应用创新生态。推进“国家创新创业政策信息服务网”建设，及时发布创新创业先进经验和典型做法，进一步降低各类创新创业主体的政策信息获取门槛和时间成本。鼓励建设“互联网+”创新创业平台，积极利用互联网等信息技术支持创新创业活动，进一步降低创新创业主体与资本、技术对接的门槛。推动“互联网+公共服务”，使更多优质资源惠及群众。

热点篇

第五十六章

从国内外双视角看我国工业 APP 发展

第一节 事件回顾

随着制造强国战略的深入实施和软件定义的不断深化，工业领域的软件和信息技术服务应用需求加速释放。工业 APP 作为工业技术、工艺经验、制造知识和方法承载、传播和应用的重要载体以及软件在工业领域发挥“赋值、赋能、赋智”作用的重要体现，已成为推动我国制造业由大变强、实现我国制造业换道超车、推动软件产业进一步发展壮大的切入点、突破口和关键抓手。在此形势下，梳理我国在发展工业 APP 方面具备的基础与优势，梳理全球工业 APP 发展的路径与模式，分析促进我国工业 APP 发展的方式与举措，对加快推动我国工业 APP 发展至关重要。

近年来，我国一直稳居世界第一制造大国地位，制造业持续快速发展，总体规模大幅提升，综合实力不断增强，500 余种主要工业产品中有 220 多种产量位居世界第一。但我国制造业尤其是高端制造业综合实力仍不强，与国际先进水平存在较大差距。工业软件尤其是工业 APP 在现代化工业研发设计、业务管理、生产调度和过程控制等方面的集成应用，将推动工业领域新一代基础设施、运营平台和创新环境的构建，加速工业技术推广，进而有效改善制造业的研发设计效率、生产管理和服务模式，推动我国制造业由大变强。

工业 APP 已经吸引了洛马、波音、空客、NASA、GE、西门子等国际工业巨头竞相布局，但该领域当前仍处于探索与起步阶段，尚未形成成熟的模式和统一的体系，世界各国均有机会成为其领导者。此外，全球工业进入新旧动能加速转换的关键阶段，工业 APP 将推动工业生产模式和商业模式加速变革，为我国重塑制造业体系，实现制造业换道超车提供重要手段。

目前，我国软件和信息技术服务业总体保持稳中有升态势，但业务收入在国民生产总值中的占比仍然不高，而作为制造业大国，我国工业以及与工业相关的市场空间巨大，并且随着制造强国战略的深入实施和软件定义的不断深化，工业领域的软件和信息技术服务应用需求加速释放，推动软件向工业领域渗透融合，加速拓展软件在工业领域的市场空间已成为推动软件产业进一步发展壮大的务实选择。工业 APP 作为推动软件产业与工业业务场景深度融合的重要手段，必将成为拓展软件产业发展空间、带动软件产业爆发式增长的有力举措。

第二节　事件评析

（一）我国发展工业 APP 独具优势

我国作为全世界唯一拥有联合国产业分类中全部工业门类的国家，拥有 39 个工业大类、191 个中类、525 个小类，工业应用场景众多。同时，工业全流程涉及研发设计、生产制造、组装测试、销售运维、经营管理等多个环节，存在制造业生产过程优化、企业管理与决策优化、资源优化配置与协同、产品全生命周期管理与服务优化等多种业务需求。此外，网络协同制造、个性化定制、服务型制造等制造业新模式不断发展，这些均为工业 APP 发展提供了巨大的潜在市场空间。

近年，我国移动 APP 爆发式发展，涌现出了支付宝、微信、滴滴等世界领先的消费端 APP，政务民生领域 APP 已超过 2000 个，逐步探索出了一条支持 APP 发展的成功路线，这为我国探索工业 APP 发展的技术模式、商业模式提供了有力支撑。移动 APP 发展过程中，还培育集聚了大量的开发者，开发者社区不断成熟，为我国工业 APP 发展奠定了宝贵的智力资源基础。同时，我国制造业数字化、信息化、智能化程度不断提高，积累了大量数据资源、知识资源，软件等相关产业综合实力持续增强，大数据、人工智能等前沿领域发展势头强劲，为我国工业 APP 发展奠定了数据基础和技术基础。此外，我国工业互联网平台建设不断推进，工业 APP 的承载基础不断夯实。

我国深入实施制造强国战略，工业软件作为软件与实体经济深度融合的关键抓手，在《国务院关于深化制造业与互联网融合发展的指导意见》等文件中均被列为重点发展对象。同时，工业软件作为软件产业的关键组成部分，《软件和信息技术服务业发展规划（2016—2020 年）》《信息产业发展指南》等文件也将推动工业软件发展作为重要方向。此外，《软件和信息技术服务业发展规划（2016—2020 年）》《国务院关于深化“互联网+先进制造业”发展工业互联网的指导意见》等文件还明确提出了推动工业 APP 研发和应用试点示范以及实施百万工业 APP 工程。《工业互联网 APP 培育工程实施方案（2018—2020 年）》对工业 APP 的发展方向、目标和主要任务均做出了部署。国家政策的不断出台，为我国工业 APP 发展带来重大利好。

（二）我国发展工业 APP 的几点建议

1. 技术支撑，推进工业 APP 核心能力

一是鼓励建设通用的工业 APP 开发环境。整合主流工业系统和平台的各种 API，开发适用于多种框架、语言、运行环境的开发环境插件，从而保证开发人员快速、便捷的实现功能。二是扎根发展垂直细分领域。深入研究工业细分领域的市场规则、需求特点，开发满足客户个性化需求的工业解决方案。三是推动开发工具的开发和共享。提供强化的实现功能，包括对运行环境进行仿真的开发沙盘、资源管理工具等。四是加快建设工业知识库。推动制造业工业知识关键技术研发，鼓励大型企业围绕产品设计、制造、服务等各生产周期，以及工业数据采集、传输、处理、分析等各数据周期提炼专业工业知识，对其进行软件化、模块化，并封装成可重复使用的标准模块。

2. 应用牵引，强化工业 APP 商业模式

一是扩展工业 APP 的服务范围。同时推进资产监控管理、智能化操作、工业数据汇集、决策优化等多种类型的工业 APP，尤其发力基于工业大数据的深度学习和分析，引入机器学习能力，发展用于预测预计的预测性分析，以及用于模拟“假设分析”以支持决策的规范性分析，提早布局边缘计算分析。二是鼓励结果导向性创新。以客户购买力为驱动，触发应用时能，通过发展客户定制方案、调整产品迎合市场机遇。三是建立优质的工业 APP 发行渠道。定位有效用户，增强运行推广能力；建立完善的上线审核机制，保证工业 APP 快速上线。四是探索多种盈利模式。形成适合工业 APP 的有效盈利模式，调动开发者积极性。

3. 生态引领，优化工业 APP 发展环境

一是依托实施百万工业 APP 培育工程，支持 IT 企业、OT 企业和 CT 企业的联合创新。发挥龙头企业带头作用，聚集生态资源，鼓励信息化水平高的制造业龙头企业自主开发工业 APP，聚集用户和数据资源；鼓励龙头企业开放共享工艺模型、知识组件、算法工具、开发工具等共性组件，引导第三方开发者开发面向重点行业和细分领域的新型工业 APP。二是构建开源的开发者社区，打造创新生态环境。打造完整的开发环境及社区，通过向开发者提供丰富的 API、开发模板、开发工具、微服务等多种方式，吸引并鼓励开发者进行应用开发及技术经验交流共享。三是成立工业 APP 发展联盟，有效整合政产学研用金各方资源，建立政府、企业、联盟协同工作体系和工业 APP 发展咨询评估服务体系，推动形成工业 APP 开发、流通、应用的新型网络生态系统。

第五十七章

我国人工智能发展需警惕核心深度学习框架的“双缺”问题

第一节　事件回顾

（一）深度学习框架是推动人工智能跨越发展的核心引擎

深度学习是神经网络及其应用的统称，旨在将复杂的神经网络架构应用在数据建模上，而带来前所未有的准确性，其已在计算机视觉、语音识别、无人自动驾驶等众多领域取得了突破性的进展。深度学习框架能够提供进行深度学习的底层架构、接口，以及大量神经网络模型，减少重复编程的时间和精力，降低应用深度学习的难度，提高深度学习的效率。有目共睹，深度学习框架加应用场景成为当今主流发展模式。例如，2012 年 Google Brain 项目通过使用深度学习让系统自动学习并识别猫，激起了全世界范围研究深度学习的热潮。再如，2016 年 Google DeepMind 开发的基于深度学习的 AlphaGo 以 4:1 的总比分战胜了世界围棋冠军李世石，让人们对深度学习的认知跨越到一个新的阶段。因此，人们更加深刻地认识到，深度学习框架已然成为应用深度学习进行人工智能发展的基础和核心，能够极大地推动人工智能跨越式发展。

（二）全球科技巨头是布局深度学习框架开发开源的主要力量

深度学习框架作为人工智能跨越发展的重要突破口，引起了科技界、产业界的高度重视。全球科技巨头纷纷抢先布局，开发了一批具有影响力的深度学习框架。目前，该领域的主要竞争者有谷歌、亚马逊、微软、Facebook 等，主流框架有 TensorFlow、Theano、Torch、Caffe、CNTK、MXNet、DL4J、DSSTNE、Paddle、Keras、Lasagne 等。其中，谷歌开发并开源了分布式深度学习框架 TensorFlow，是理想的卷积神经网络和循环神经网络的实现工具，已应用于谷歌的搜索、邮件、语音助手、机器翻译等功能中。类似的大型科技公司开发开源的框架还有 Facebook 的 PyTorch、Torchnet、Caffe2，亚马逊的 DSSTNE、MXNet，微软的 CNTK 等，成为深度学习重要的研究工具和应用工具。特别要指出的是，大型科技公司通过开源的方式，一方面吸引了更多开发者，加快框架更新迭代的速度；另一方面降低了开发门槛，培养用户，扩大其深度学习的市场规模。尤其，谷歌的 TensorFlow 自开源以来，基于谷歌强大的人工智能研究水平，以及自身优异的质量表现，迅速成为 GitHub 上最受欢迎的深度学习开源项目。

（三）科研机构、创业公司成为深度学习框架研究的重要组成

随着深度学习框架研究开发过程中的要求和需求不断增加，开发快速、高效的深度学习框架成为国际权威科研机构及团队的追求目标。一方面，科研领域研究工具型深度学习框架层出不穷，大大推动了深度学习框架研究的进程。例如，贾扬清及其团队开发的 Caffe 及 Caffe2、普林斯顿大学视觉工作组的 Marvin、斯坦福大学的 ConvNetJS、卡内基·梅隆大学研发的 DyNet 等，均内嵌先进、完善的卷积神经网络模型。另一方面，具有商业前景的深度学习框架不断涌现，在学术界和产业界都具有深远的影响。例如，蒙特利尔理工大学研发的 Theano，其易用、高效且运行稳定，是 Keras、Lasagne、Blocks 等框架的基础，更是 Facebook 等互联网公司大量应用的基础。再者，部分创业公司也研发了性能优越的服务型深度学习框架。例如，SkyMind 公司开发的集成 Hadoop 和 Spark 的商业级框架 DL4J、Nervana System 公司开发的具有领先运行速度优势的 Neon 等，这些创业型公司提供框架的同时，也提供第三方的商业支持服务。

第二节　事件评析

（一）我国深度学习框架研究领域在国际战略缺位，依赖国外开源框架

我国人工智能产业蓬勃发展，在特定领域甚至已处于世界先进水平。但也可以看到，我国在人工智能核心环节即深度学习框架领域的国际发声较少、战略缺位明显，特别是开发、开源方面仍远落后于欧美发达国家。例如，2017 年

GitHub 中最受欢迎的开源框架 TensorFlow、Caffe、Caffe2、CNTK、MXNet、Torch、DL4J 和 Theano 均由美国科技公司或科研团队开发。其他具有国际影响力的框架还包括瑞士的超级深度神经网络框架 Brainstorm、日本的动态计算图神经网络框架 Chainer 等。反观我国，比较知名的深度学习框架仅有百度于 2016 年 8 月开源的 Paddle，由于缺乏资源支持和正面反馈，在国际开源社区的活跃度一般，国际影响力十分有限。我国在深度学习框架的国际战略缺位还表现在严重依赖国外开源框架，阿里巴巴的分布式深度学习框架 Pluto 是在 Caffe 的基础上扩展而来的，小米的深度学习平台 Cloud-ML 则是基于 TensorFlow 和 Kubernetes 等框架开发而来的。

（二）我国深度学习框架核心技术缺失，核心生态圈未建立

人工智能是前沿尖端的研究领域，其技术突破对产业发展的作用非常突出。经多年积累，我国在若干技术领域已实现重要突破。但同时，在深度学习框架方面，我国一直处于跟随阶段，创新引领能力十分有限，核心技术缺失表现得愈发凸显。具体来看：一是基础研究无法支撑深度学习框架核心技术的研发，特别是对于神经网络模型可用性、稳定性、运行效率等基础问题探索不足；二是缺乏对深度学习框架的超前设计和开发，包括跨平台移植、分布式学习、模型模块化等核心部件的研究滞后；三是尚未开发适用特定场景的深度学习框架和服务型产品，缺乏对其应用场景的探索。更为重要的是，深度学习框架作为决定人工智能技术、产业、应用的核心环节，是人工智能核心生态圈建立的基础和关键。深度学习框架核心技术的缺失，直接影响到生态圈关联的深度学习芯片、深度学习系统、深度学习软硬件平台等产业发展，可能造成巨大的生态圈红利损失，甚至阻碍我国人工智能的跨越发展。

（三）推动我国深度学习框架发展的几点建议

1. 整体布局，抢占战略制高点

一是制定深度学习框架发展指南，确定发展方向和重点任务，明确深度学习框架研究和应用推广的时间表和路线图。二是建立以研发深度学习框架为核心任务的人工智能创新中心，统筹协调大型科技公司和科研机构，推动深度学习框架关键技术研发和成果产业化。三是设立深度学习框架研究重大科技项目，支持研发并开源一批有国际影响力的深度学习框架。四是统筹政府和市场多渠道资金投入，对深度学习框架研发提供优先支持，引导社会资本关注深度学习

框架方向的创业企业和创业项目。

2. 自主创新，推动核心技术攻关

一是以深度学习算法框架协同攻关为基础，形成芯片、平台、应用协同的集成创新平台，加快深度学习算法框架的核心技术发展和应用创新，夯实技术基础。二是支持科研团队开发用于科研、教学和测试的深度学习框架，特别针对神经网络模型稳定性、运行效率、可用性等方面进行重点研究，强化高性能深度学习框架的基础支撑能力。三是支持大型科技公司开发商业级和工业级的深度学习框架，重点突破深度学习框架跨平台移植、跨系统运行、分布式学习等核心技术，利用所拥有的海量数据对神经网络模型进行训练，形成开放式、模块化、可重构的训练模型。四是支持科技创业企业对框架语言、接口、性能等应用问题进行研究，开发针对特定领域的专用深度学习框架。

3. 研用结合，壮大产业实力

一是引导科研机构与产业界积极合作，借鉴国际先进科研机构开发深度学习框架研发的成功经验，坚持理论研究与应用模式结合，研发先进的、高可用性的深度学习框架。二是鼓励科研资源开放共享，为科研人员提供平台设施、数据资源和计算资源，用以训练和改进深度学习框架。三是建立政产学研用相结合的创新型组织，联合芯片、软件、硬件、互联网等行业的企业及科研机构，打造研用结合、广泛参与、合作共赢的生态系统，壮大产业整体实力。四是鼓励企业积极探索深度学习框架应用场景，加强在制造业、金融、医疗、农业、安全等行业的应用创新，在应用中加速技术的迭代创新。

4. 开放开源，营造创新环境

一是引导参照国际中立的联盟和基金会的运作模式，整合国内科技界、产业界的研发力量，联合建设国家主导的开源社区。二是组织制定开源社区发展指南，制定社区技术和数据共享规范，指导企业、高校和开发者积极参与开源社区的管理、建设和维护。三是建立以深度学习框架研发为核心，深度学习芯片、深度学习系统、深度学习软硬件平台研发布局为支撑的科技创新体系，促进创新主体互动，协同推进发展，完善人工智能核心生态圈。

第五十八章

人脸识别的信息安全问题

第一节　事件回顾

近来，人脸识别掀起了新一轮热潮。苹果手机推出“Face ID”人脸识别功能，蚂蚁金服、京东、苏宁等互联网企业推出刷脸支付功能，中国农业银行启用刷脸取款机。伴随着人工智能时代的到来，人脸识别技术在深度学习和大数据驱动下，取得革命性突破，展现出巨大的发展潜力，其应用场景被不断拓展，正由安防等公共领域向支付及验证等商业领域逐步扩展。不容忽视的是，在人脸识别技术持续演进、应用不断扩展的同时，也带来了数据泄露、个人隐私遭受侵犯等信息安全问题。

自 2015 年以来，我国密集出台了《关于银行业金融机构远程开立人民币银行账户的指导意见（征求意见稿）》《安全防范视频监控人脸识别系统技术要求》，以及《新一代人工智能发展规划》等政策文件，为人脸识别技术在安防、金融等领域的应用拓展奠定了坚实基础。未来，人脸识别政策红利将持续释放，产业将呈现高速发展的态势，预计至 2022 年，我国人脸识别应用市场规模将达到 66.73 亿元。

随着人脸识别技术突破演进，其应用领域从传统的公共安防领域向商业领域逐步拓展。一是人脸识别在公共安防领域应用不断深入。人脸识别将推进视频监控系统的智能化转型，高效提升视频数据采集及处理能力。目前，安防市场是人脸识别的最大市场，在智慧城市、平安城市等重要战略部署推进下，人脸识别在公共安防领域的应用将加速推进。二是人脸识别凭借其高效、便捷的优势，逐渐渗透至对安全可靠性需求较高的支付及验证等商业领域。不仅在在线开户、在线支付认证、柜台身份验证等传统金融领域展开应用，在 O2O、P2P

等互联网金融领域也将成为保障网络交易和支付安全的重要手段。

各大企业正争先布局人脸识别市场，抢占市场先机。海康威视、旷视科技等人脸识别科技公司早已切入以安防为主的人脸识别市场，国内外互联网巨头，包括百度、阿里巴巴、腾讯、谷歌等，也加速进军人脸识别市场。互联网巨头的涉足为市场扩张带来有利影响：一方面，互联网巨头在竞争中具有明显的用户规模及数据优势，有望率先打开人脸识别的消费者市场；另一方面，互联网巨头涌进市场，促使国内人脸识别技术专利数量不断攀升，为商业化产品的迅速普及打下坚实基础。从目前累计的专利数量来看，我国人脸识别公开专利已达 4000 多例，在国际上位列前茅。

第二节　事件评析

人脸识别技术在实验条件下取得长足进步，但在现实场景中的应用尚不成熟，仍存在较大的误判风险、网络安全隐患和个人隐私泄露风险。

（一）识别技术应用尚不成熟，误判风险难以消除

图像识别的准确性对机器学习并执行用户指令的有效性至关重要，也是保障人脸识别广泛应用的先决条件。然而，人脸识别技术发展尚未成熟，在现实应用中仍存在较大的误判风险。

第一，依赖于传统算法的人脸识别技术存在很大的局限性。基于模板匹配、几何特征、代数特征、人工神经网络等传统算法的人脸识别技术，由于其特征提取方法由人工设计，导致其在应对处理复杂多变的表情、姿势、分辨率和环境等非线性因子上存在重大缺陷，加之，传统方法受到算法能力和计算机设备的限制，尚无法训练大规模的人脸数据集，因此无法有效提升识别精度，存在很大误判风险。例如，在 USENIX 安全论坛上，北卡罗莱纳大学的研究团队通过构建人像 3D 模型，并将其放入手机端的 VR 系统中，轻易地骗过了 iOS 和 Android 平台上的人脸识别系统。

第二，基于深度学习的人脸识别技术尚未发展成熟。相对传统人脸识别技术，基于深度学习的人脸识别技术能有效处理复杂非线性因子及海量数据集，识别能力得到了极大提升。然而，其目前尚处于发展初级阶段，面临诸如缺乏成熟人脸预处理方法、人工智能决策系统产生错误信息等问题，在环境复杂多变的现实应用中也存在较大的误判风险。例如，国外研究机构 CMU 就研制了一种眼镜，利用深度学习的算法缺陷轻易地骗过了 Face++等著名商业人脸识别软件。

（二）网络安全防护能力不足，存在数据泄露隐患

人脸识别与大数据融合发展趋势，导致人脸识别成为汇集海量数据、产生关键基础信息的重要载体。但当下，我国网络安全防护能力薄弱，使人脸识别面临极大的数据泄露威胁。

第一，人脸识别的系统环境安全防护能力不足。目前，我国智能监控设备存在严重的安全漏洞。例如，2017 年 3 月，海康威视智能摄像头因通用网关接口协议存在漏洞，导致黑客通过模拟账户实现对智能摄像头系统的管理控制，造成大规模视频数据泄露。另外，个人影像数据库的系统防护能力较弱，已造成多起数据泄露事件。例如，全国居民身份证号码查询服务中心的生物特征数据库加密技术滞后，部分运营商通过违法接入或缓存造成泄露的数据量多达数亿条。

第二，网络传输安全防护能力不足。一方面，在数据的网络传输环节，个人影像数据即使配合指纹进行多重生物特征识别，也必须转换为二进制代码进行网络传输，存在失窃风险。另一方面，蓝牙传输存在严重的安全漏洞。例如，2017 年 9 月，美国物联网安全公司 Armis 公布了新型物联网攻击手段 BlueBorne，能够攻击所有具有蓝牙功能的设备，进而窃取数据。目前，人脸识别系统所依赖的智能摄像头、移动设备几乎都具有蓝牙功能，存在重大的数据泄露安全隐患。

第三，针对机器学习的深度攻击构成全新威胁。随着信息技术发展进入人工智能时代，针对人工智能系统的恶意软件已发展成为“对抗机器学习”，通过对抗性数据污染、算法修改、恶意样本攻击等方式对深度学习框架进行深层次、智能化攻击，导致计算设备被入侵、错误命令被执行及连锁反应，造成严重后果。这已成为攻击人工智能系统的主要趋势，美国《国家人工智能研究和发展战略计划》早已指出这一安全威胁，并极为重视此类新型攻击对人工智能系统造成的独特危害。

（三）个人影像数据疏于管理，个人隐私遭受威胁

人脸识别市场刚刚兴起，个人影像数据的采集、储存、使用等环节尚缺乏相应的管理机制，个人影像数据面临泄露及滥用风险，一旦与用户的其他信息相结合，就极易识别定位出特定个人。

第一，在识别核心算法上，拥有自主知识产权的企业极少，市场上人脸识别产品质量良莠不齐、安全防护技术不统一，系统安全漏洞大量存在，因系统

安全漏洞造成个人影像数据泄露的事件频有发生。例如，因某支付平台存在人脸识别系统安全漏洞，四川省宜宾市发生网络账户失窃事件，涉案账户 20 余个，涉案金额 20 多万元。

第二，在各类社交平台、电子商务、自助服务、拍摄软件等商业领域，已广泛使用人像采集功能，智能摄像头可以随时随地采集个人影像数据，而且，企业大量个人影像数据被滥用的现象比比皆是。例如，在 360 水滴直播事件中，用户通过 360 智能摄像机，将餐厅、健身馆、短租公寓等公共场所的视频在水滴平台进行直播，导致个人隐私遭受侵犯。

第三，人脸识别在商业领域的应用，将使个人影像数据成为身份认证的关键生物信息，各类私营互联网企业、金融机构掌握着海量的个人影像数据，对个人隐私、信息安全保护造成极大考验。

第四，公民普遍缺乏信息安全知识及个人隐私保护意识，疏于防范，如向不安全的网站、软件上传个人影像数据，就容易暴露个人隐私。

第五十九章

我国软件产业税收优惠政策进入调整窗口期

第一节　事件回顾

2000年和2011年印发的《鼓励软件产业和集成电路产业发展若干政策的通知》和《进一步鼓励软件产业和集成电路产业发展若干政策的通知》，确立了当前软件产业税收优惠政策体系，但随着产业变革调整和改革深入推进，软件产业税收优惠政策面临新的挑战。

（一）产业深刻变革，倒逼税收优惠政策革新

当前，软件技术创新进入加速期，技术架构云端化、产品形态多样化、开发工具智能化的趋势日益明显，开发、部署、运行和服务向移动网络平台加快转移。基础软件成为重要支撑工具，定制化、网络化的应用软件大量产生，软件即服务逐步成为产业发展的主流模式，大数据、人工智能、工业互联网等领域新产品、新模式、新业态不断涌现，基于主流软件平台构造以产品、资源和服务为核心要素的产业生态体系建设快速推进。软件企业加速业务重构、流程优化和服务提升以实现转型发展。

相较之下，我国软件产业税收政策更新缓慢，对产业变革趋势下快速发展的云服务模式，大数据、人工智能等新技术新业态，以及重要的软件平台等的支撑日显不足，配套性、适应性较差，亟须重新梳理和调整。

（二）改革深入推进，要求税收优惠政策调整

行政改革方面，党中央、国务院深入推进简政放权、放管结合、优化服务。2015 年 3 月，国务院做出了取消“软件企业认定及产品的登记备案”等非行政许可审批事项的决定，在提高行政效率、切实减轻企业负担的同时，也使软件企业所得税等优惠政策继续落实的前置措施出现暂时空缺。

税制改革方面，2016 年我国营业税改增值税制度全面推行。增值税税率有 17%、11%和 6%三档税率。营改增之前，软件企业提供软件服务的营业税税率为 5%，其计税基础是软件服务收入总额。营改增之后，软件企业提供软件服务不再缴纳营业税，而是按照 6%的增值税税率缴纳增值税，计税依据是增值额。税制改革给营业税优惠政策的落实带来重大挑战，如提供软件开发预测、信息系统集成等服务免征营业税优惠因营改增全面实施和上游转移税负而落空，并造成软件产品和软件服务增值税税收优惠政策不统一。

（三）软件的地位和作用提升，亟须创新税收优惠政策

当前新一代信息技术迅猛发展，不断加速与实体经济融合，软件定义进一步提升软件的地位和作用。党的十九大报告强调，要“加快建设制造强国，加快发展先进制造业，推动互联网、大数据、人工智能和实体经济深度融合，在中高端消费、创新引领、绿色低碳、共享经济、现代供应链、人力资本服务等领域培育新增长点、形成新动能”。

为充分释放软件产业效能，需要以新手段、新模式、新思路创新税收优惠政策。例如，加大对大数据、人工智能等新技术创新的税收政策支持，缩短退税周期减少对企业资金的占用，研究制定有利于软件企业引进人才的个人所得税政策等，进一步扫除技术、资金、人才等制约产业发展的关键要素瓶颈，促进资源优势整合和高效配置，加快培育产业创新发展新动能，构筑新优势。

第二节　事件评析

分析来看，税收政策调整需面临以下三大挑战。

（一）税收增速远高于产业发展导致企业负担增加

软件产业税负持续上涨。近年来，软件产业在经济新常态下加快转型调整，整体保持稳中趋缓发展态势，2017 年软件产业增速约为 14%，分别低于 2016 年和 2015 年增速 2.6 个百分点和 0.9 个百分点。财政部数据显示，近年来我国

软件产业税收收入呈持续上升的态势，从 2014 年的 11.7%持续增长到 2016 年的 37%，2017 年软件产业税收增长 34.8%。税收的过快增长导致软件产业税负从 2013 年的 2.4%增长到 2015 年的 2.8%，2016 年提高到 3.4%，企业负担增加，营业利润空间被压缩。

现有的税收优惠政策与软件产业的发展方式不协调是造成上述问题的主要原因。软件产业是典型的知识、技术密集型行业，产业变革和技术创新高速演进，发展模式属于创新驱动的内涵式增长。在这一发展模式下，软件企业普遍研发投入高，不可抵扣的人力成本占比超过 70%，直接造成所得税和增收中可扣除项目较少，导致以所得税和增值税为主体税种的税收增速明显高于产业增速。例如，调研中很多企业反映所得税负担较重，成本中允许税前扣除的项目范围较小，挤压企业的盈利空间。

（二）营改增导致软件企业税负普遍增加

1. 软件企业能够计入增值税抵扣的进项税金比重偏小

软件企业主要依靠人力资本产生效益，其成本主要集中在员工工资、差旅费用等方面，无法获得能够抵扣的增值税发票。软件企业用办公用品等进项税抵扣企业增值税，可抵扣额很少，占比几乎可以忽略不计。在该情况下，软件开发服务增值额与营业额相差无几，营改增后相应税率从 5%上升到 6%，增加了软件开发服务的税负。

2. 混合销售行为在实际操作中不能分开核算

在软件产业不断服务化、云化趋势下，企业既销售软件产品又提供软件相关服务的行为已成为常态。同时，客户为增加其进项税额从而减少其增值税缴纳，一般不愿将两者分开核算，该类销售行为一般被认定为混合销售。依据现行税收政策，混合销售应统一适用 16%税率计算缴纳增值税，不能分别依据销售软件产品税率 16%和提供软件相关服务税率 6%进行分开核算，这导致软件企业税负明显加重。

3. 免征营业税优惠政策无法落实

国发〔2011〕4 号文明确营业税免税优惠政策，即“对符合条件的软件企业和集成电路设计企业从事软件开发与测试，信息系统集成、咨询和运营维护，集成电路设计等业务，免征营业税，并简化相关程序”。实际贯彻落实中因遇到营改增全面实施和实际业务中银行等上游强势客户转移税负，免征营业税政策实际落空，软件企业无法切实享受到营改增带来的税制改革红利。

（三）软件企业享受所得税优惠政策面临不确定性风险

1. 双软认定取消后软件企业享受所得税优惠方式面临重大调整

软件企业享受的所得税优惠主要是新办软件企业享受所得税“两免三减半”，国家规划布局内重点软件企业减按 10%的税率征收企业所得税等税收优惠，双软认定（软件企业认定及产品的登记备案）是企业享受所得税优惠的重要前提条件。2015 年 3 月，国务院做出了取消“软件企业认定及产品的登记备案”等非行政许可审批事项的决定。为做好双软认定取消后所得税政策的落实衔接，2016 年 5 月，财政部、税务总局联合工业和信息化部、国家发展改革委等部门印发了《关于软件和集成电路产业企业所得税优惠政策有关问题的通知》，明确了软件企业所得税优惠政策采取“先备案，后核查”的方式执行。

2. 新的享受税收优惠方式带来较大的不确定性风险

在“先备案，后核查”的税收优惠方式下，企业自主申报备案、自行承担核查不通过、被税务部门处罚的风险。由于很多企业尤其是新企业对政策把握不准确，有限时间内来不及核查补充，加上对企业声誉的考虑，很多企业选择宁愿少报不愿多报，导致所得税优惠的执行力度和政策效果大打折扣。有些企业转而通过申请高新技术企业认定享受税收优惠，减少不确定性风险。这一不确定性还催生了民间双软评估业务和机构的发展，天津、西安等市提出将评估证书作为退税等的必要条件。另外，退税的不确定性给很多上市公司的审计带来负担，导致税负在财报中不能反映当年的情况。

第六十章

波音 737 坠机事故对软件业发展的警示

第一节　事件回顾

作为全球最大的航天航空器制造商，波音公司在推动数字化转型、促进工业技术软件化方面一直走在全球前列，其 2017 年提出的数字化转型“3E”法则得到了业界的广泛认可和推崇。但短短半年时间，波音新型客机 737-MAX 接连发生两起空难，300 余名乘员全部遇难，在全球范围内引起极大震动，欧盟、加拿大、美国、中国等国家和地区均对该机型发出了禁飞令。

1. 全面数字化在大幅提升波音 737-MAX 综合性能的同时，也带来了安全隐患

波音 737-MAX 是波音 737 配备新型发动机的衍生机型，包括 737 MAX7、737 MAX8、737 MAX9 等多个型号，推出后广受市场欢迎。新型软件的融合应用是新机型改进的重要方向，包括：电传扰流板系统，可提高操控可靠性，缩短降落滑行距离；电动引气系统，用以优化客舱压力和防冰系统；机载网络系统，包括数字化飞行数据获取组件（eDFDAU）和网络文件服务器（NFS）。通过一系列改进，波音 737-MAX 建立了由软件和网络构建的“大脑”和“神经”，包括传感器在内的诸多硬件的功能可通过软件进行管控。相比于传统机型，波音 737-MAX 在燃油经济性、飞行操控性、机舱舒适度、飞行状况透明度等方面均有了显著提升。但是，新兴软件技术的融合应用也是一把双刃剑，如果缺乏

必要的自适应调节能力，存在明显的设计漏洞，操控设置过于复杂，应急保障组件不完善，均可能导致始料未及的严重后果。

2. 数据错误和软件漏洞导致了两起坠机事故的发生

调查结果显示，综合飞机残骸中提取到的最新信息及卫星追踪系统所记录的飞行数据，埃航和狮航的两起波音 737 MAX8 坠机事故存在相似之处。专业人士分析，事故原因是飞机迎角传感器“数据错误”触发“防失速”自动操作，进而导致机头不断下压，同时机头失控后飞行员多次手动拉升操作无效，以致飞机坠毁。据此推断，迎角传感器和自动控制下压机头的 MCAS（自动纠正失速系统）是导致事故发生的关键。MCAS 主要用于预防波音 737-MAX 配备新型发动机后所带来的大迎角飞行失速风险，其设计初衷在于，如果飞机机身上的传感器检测到高速失速情况，即使在没有飞行员输入信号的情况下，该系统也会强制将飞机的机头下压。然而，当传感器信号有误时，如果飞行员无法第一时间按照要求进行相应操作，就会使飞机在 MCAS 的控制下下坠。根据已有资料初步分析，两次事故情况类似，客机出事前均出现异常俯冲及爬升，传感器数据采集错误和客机本身软件系统问题应是导致事故发生的主要原因。

3. 软件系统升级成为波音公司应对坠机事故的主要补救措施

埃航事故发生后，波音公司已经向全球发出停飞建议，并宣布暂停交付 737-MAX 系列机型。作为应对事故发生的补救措施，波音公司针对 MCAS 的系统升级将在全球范围内展开。据最新消息，波音公司彻底修改了 737-MAX MCAS 系统软件，并组织举行软件升级计划说明会。波音公司称 MCAS 系统软件更新研发工作自狮航事故后就已开展。波音公司针对软件系统的补救措施，同样表明软件是导致事故发生的重要环节。

第二节 事件评析

经历了软硬一体化、软件产品化、软件服务化 3 个阶段，软件的服务化、网络化和智能化成为当前发展趋势。伴随数字化进程的不断加快，目前的波音公司，既可看作是航天航空器造商，也可看作是一家软件公司或大数据公司。波音公司基于飞机飞行产生的海量数据，再利用软件来对数据进行整合、分析，进而改进飞机的各项性能。据统计，波音公司研发中使用了 8000 余种软件，其中 7000 多种由波音公司自行开发，飞机研发设计和系统控制的软件技术已成为波音的核心技术机密和核心竞争力。当前，我国制造业转型升级的一个重要方向是工业技术软件化，提高软件技术研发和应用能力已成为能否赢得未来竞争的关键。

波音 737 事故表明，在工业技术软件化过程中，需要重点关注软件能力建设、软件可控力、软件安全检测 3 个方面。

1. 软件能力建设要逐步从以“开发为主”向“开发应用平衡”转变

当前，软件正逐步渗透到经济社会发展的各个方面，软件化驱动传统行业改造升级，软件需求也在向应用端延伸。一方面，技术创新更加聚焦于与行业应用场景的适配，定制化软件开发的需求正在上升。以波音公司为例，8000 多种软件中仅有 1000 多种是通用软件，绝大部分都是飞机制造领域的专用软件。因此，在软件技术创新中，对既懂软件开发又懂应用需求的复合型人才的需求将更为迫切，这也是未来我国软件人才培养的方向。另一方面，应用方的软件应用能力也至关重要，软件价值的更大化既依赖于软件本身，也依赖于应用水平。这一问题在波音空难中尤为突出。事实上，导致空难的 MCAS 是能够由驾驶员完全关闭的，倘若驾驶员熟悉该软件控制方式并合理操作，有极大的可能会化险为夷。因此，我国软件产业在快速发展和应用渗透的同时，必须加大对软件基础技术的普及和应用能力的培养。

2. 软件可控力要更加强调对核心代码的理解程度和管理能力

在软件领域，代码是核心技术载体，可以说，谁掌握了代码，谁就拿到了核心技术创新的主动权；谁主导技术创新，谁就拥有更多软件可控力。一方面，应当对软件的设计细节做到了然于胸，以避免出现设计缺陷和低级漏洞。另一方面，应当提高软件更新迭代的效率，在出现问题后能够及时补救，使损失最小化。波音空难的发生，与这两个方面均有关联。有研究人员指出，波音 737-MAX 的 MCAS 存在非常低级的逻辑错误问题，同时原定的系统软件更新也一再推迟。其原因可能与波音公司软件开发依赖他国公司外包、自身缺乏主导权且疏于管理有关。围绕软件可控力，软件代码的控制权和软件创新的主导权在未来市场竞争中的价值正在凸显，2018 年微软花费 75 亿美元收购全球最大的开源代码托管平台 Github 就是例证。当然，提高软件可控力也不完全等同于系统框架下每个软件都需要完全自主开发，我国 C919 飞机就使用了来自派克宇航、霍尼韦尔、利勃海尔等国外公司的多类系统，实现了多类软件的高效管理，做到及时更新也是提高软件可控力的表现。

3. 软件系统安全检测要防止“掉链子”以避免软件化前功尽弃

安全是发展的前提，只有保证了安全，软件的新功能、新性能才有用武之地，否则将会前功尽弃。由波音 737-MAX 事故可以知道，任何安全问题都不容忽视，安全管理应当被放在首位。一方面，任何软件系统都无法做到绝对安全，及时发现漏洞、填补漏洞可以最大限度地消除安全隐患。微软 Windows 系统历经 30 余年的持续更新，仍然无法做到所有漏洞全部消除，至今依然在持续不定期地发布安全补丁。另一方面，安全管理不容忽视，特别是对于核心软件系统，都应进行全面的第三方安全漏洞检测，做到没有通过安全检测的坚决不使用、不上线。有媒体指出，波音 737-MAX 系统的安全评估并非完全依托于第三方机构，而是部分由自己完成，这也为事故的发生埋下了隐患。

展望篇

第六十一章

主要研究机构预测性观点综述

第一节　Gartner 的预测

（一）2019 年十大战略科技发展趋势

美国时间 2018 年 10 月 14 日至 18 日，高德纳公司（Gartner）在号称“全球最重要的 CIO 和高级 IT 领导者聚会”的高德纳 IT 博览会（Gartner Symposium/ITxpo）上发布 2019 年十大战略科技发展趋势，涵盖智能、数字、网格三大领域，具体包括自主设备、增强分析、AI 驱动的开发、数字孪生、边缘计算、沉浸式体验，区块链、智能空间、数字道德与隐私、量子计算 10 项技术趋势。Gartner 认为，战略性技术趋势是具有颠覆性潜力的技术趋势，这些技术已经开始从新兴的突破进一步发展成为具有广泛影响的应用，或者是正处于快速增长期，将在未来五年内达到临界点。

趋势 1：自主设备（Autonomous Things）

自主设备是指利用 AI 技术代替人类完成任务的工具，自动驾驶车辆、机器人、无人机、智能化应用、自动化代理五类应用覆盖了陆地、海洋、大气及数字世界四个维度，五类应用、四个维度交织出多种可能。

Gartner 认为，未来每个应用程序、服务，或者 IoT 设备都将包含某种程度的自动化。据预测，到 2021 年，10%的新车将拥有自动驾驶能力，而 2017 年时这一数据不到 1%。

趋势 2：增强分析（Augmented Analytics）

增强分析侧重于增强智能的特定领域，利用机器学习来彻底改变开发、使用和共享分析内容的方式。增强分析功能会迅速发展而得到主流采用，成为数据准备、数据管理、现代分析、业务流程管理、流程挖掘和数据科学平台的一项关键功能，它可使数据准备、洞察力获取和洞察力可视化过程实现自动化，在很多情况下不再需要专业的数据科学家。

Gartner 预测，到 2020 年，平民数据科学家的数量将比专家数据科学家的数量多五倍。人们将进入“分析的第三个时代”，从基于语义层的平台转向基于视觉的数据发现平台以扩展分析。

趋势 3：AI 驱动的开发（AI-Driven Development）

AI 驱动的开发着眼于将 AI 嵌入到应用程序中，并使用 AI 为开发过程创建 AI 驱动的工具、技术和最佳实践。市场正迅速转变，以前盛行一种方法：专业的数据科学家必须与应用软件开发人员合作，共同开发大多数由 AI 增强的解决方案；现在则流行另一种模式：专业的开发人员可以单枪匹马，使用作为一项服务而提供的预定义模型。这种转变将有助于“平民应用程序开发人员”新时代的到来。

Gartner 预测，到 2022 年，至少 40%的新应用程序开发项目将在团队中拥有 AI 共同开发人员。

趋势 4：数字孪生（Digital Twins）

数字孪生是指将现实世界中的实体或系统进行数字化表示。

Gartner 表示，24%的实施物联网项目的企业正在使用数字孪生。这些企业会不断改进数字孪生，提升收集和可视化可用数据的能力，运用合适的分析工具和规则，高效地应对业务目标，并使用操作数据或其他数据来模拟业务流程。

趋势 5：边缘计算（Empowered Edge）

边缘是指人们使用的端点设备或嵌入在人们周围的端点设备。边缘计算的计算拓扑结构使信息处理和内容收集及传递更靠近端点，它保持流量和处理本地化以减少流量、缩短延迟。

今后五年，专用 AI 芯片更强大的处理能力、存储能力和其他先进功能将被添加到更广泛的边缘设备上。嵌入式物联网世界极具多样性，加上工业系统等资产，将具有很长的生命周期，这将对管理带来巨大的挑战。

从长远来看，随着5G日渐成熟，不断扩展的边缘计算环境会有更可靠的通信技术连回到集中式服务。5G提供更低的延迟、更高的带宽，并且每平方千米的节点（边缘端点）数量急剧增加，最后一点对边缘计算来说非常重要。

趋势6：沉浸式体验（Immersive Experience）

对话式平台正在改变人们与数字世界互动的方式。虚拟现实、增强现实和混合现实正在改变人们感知数字世界的方式。感知模式和交互模式共同的转变将造就未来的沉浸式用户体验。

随着时间的推移，将从考虑单个设备和分散的用户界面技术转变为注重多渠道多模式体验。多模式体验将把人们与数字世界连接起来，周围有成百上千的边缘设备，包括传统计算设备、可穿戴设备、汽车、环境传感器和消费类电器。多渠道体验不仅使用多模式设备中先进的计算机感官（如热量传感器、湿度传感器和雷达），还使用人类的所有感官，人们周围的空间将构成“计算机”，而不再是单个设备构成“计算机”，实际上，环境就是计算机。

Gartner预测，到2022年，70%的企业将尝试使用沉浸式技术进行消费和企业使用，25%的企业将其用于生产。

趋势7：区块链（Blockchain）

区块链是一种分布式账本，有望重塑各行各业，它能够实现信任，提高透明度，减少业务生态系统之间的摩擦，因而可能降低成本，缩短交易结算时间，并改善现金流。

今天，人们对银行、票据交换所、政府及充当中央权威的许多其他机构寄予信任，“单一版本的真相”安全地保存在它们的数据库中。集中式信任模式给交易增添了延迟和摩擦成本（佣金、手续费和货币的时间价值）。区块链提供了另一种信任模式，无须负责仲裁交易的中央机构参与。

Gartner认为，到2030年，区块链将创造3.1万亿美元的商业价值，但这将是一个漫长的过程。

趋势8：智能空间（Smart Spaces）

智能空间是一种物理或数字环境，人员和技术支持的系统在日益开放、互联、协调和智能的生态系统中彼此交互。多个要素（包括人员、流程、服务和设备）汇集在智能空间中，为目标人群和行业场景打造更沉浸式、更交互式、更自动化的体验。

Gartner 认为，市场正在进入加快提供强大智能空间的时期，技术成为人们日常生活中不可或缺的一部分，无论是员工、客户、消费者、社区成员还是公民。

趋势 9：数字道德和隐私（Digital Ethics and Privacy）

数字道德和隐私越来越受到个人、组织和政府的关注。Gartner 表示，人们越来越关注公共和私营部门组织如何使用他们的个人信息。

Gartner 认为，到 2021 年，那些绕过隐私要求且被发现缺乏隐私保护的组织，其合规成本将比遵守最佳实践的竞争对手多 100%。因此，组织需要从合规驱动转变为道德驱动，以建立用户对其品牌的信任。由隐私驱动转向道德驱动意味着人们关注的焦点不仅仅围绕“我们是否合规”，而是转向“我们是否在做正确的事”。

趋势 10：量子计算（Quantum Computing）

量子计算是一种非经典计算，是对亚原子粒子（如电子和离子）的量子状态进行操作，这些粒子代表的信息就是由量子比特（qubit）表示的元素。

量子计算机的同步执行和指数级可扩展性意味着，它们擅长处理对于传统方法而言过于复杂的问题，或者传统算法需要很长时间才能找到解决方案的问题。汽车、金融、保险、制药和军事等行业，以及研究机构有望从量子计算领域的进展获得最大的好处。例如，在制药行业，量子计算可用于为原子层面的分子相互作用建模，从而缩短新型抗癌药的上市时间；量子计算可以加快分析并更准确地预测蛋白质的相互作用，因而开发出新的制药方法。

Gartner 预测，到 2023 年，20%的组织将为量子项目编制预算，而目前这一比例不到 1%。Gartner 表示，量子计算仍处于初期阶段，但需要监控其情况。早期采用者可以在优化、材料科学、化学及密码学等领域使用量子计算。但量子计算不会在未来几年彻底改变世界，预计大多数企业会在 2022 年之前了解和关注量子计算，可能从 2023 年或 2025 年开始使用这项技术。

（二）2019 年数据和分析技术十大趋势预测

2019 年 2 月 18 日至 19 日，Gartner 在数据与分析峰会上发布 2019 年数据和分析技术十大趋势预测。

预测1：增强分析

增强分析（Augmented Analytics）是数据和分析市场的下一波颠覆性技术。它使用机器学习（ML）和人工智能技术来转换分析内容的开发、使用和共享方式。到2020年，增强分析将成为分析与商业智能、数据科学与ML平台及嵌入式分析的主要推动力。随着平台功能的成熟，数据和分析领导者应计划采用增强分析。

预测2：增强型数据管理

增强型数据管理（Augmented Data Management）利用ML功能和AI引擎来制定企业信息管理类别，包括数据质量、元数据管理、主数据管理、数据集成及数据库管理系统（DBMS）自我配置和自我调整。增强型数据管理将以往仅用于审计、沿袭和报告的元数据转变为支持动态系统。元数据正在从被动走向主动，并成为所有AI/ML的主要驱动。到2022年年底，通过添加机器学习和自动化的服务级管理，手动数据管理任务将减少45%。

预测3：持续型智能

持续型智能（Continuous Intelligence）是一种设计模式，在这种模式中，实时分析集成在业务操作中，处理当前和历史数据，以指定响应事件的操作。它提供决策自动化或决策支持。持续型智能利用多种技术，如增强分析、事件流处理、优化、业务规则管理和机器学习。到2022年，超过50%的主要新业务系统将集成使用实时上下文数据改进决策的持续型智能。

预测4：可解释型AI

人工智能模型越来越多地被用于帮助和取代人类决策。然而，在某些情况下，企业必须证明这些模型是如何得出决策的。为了与用户及权益方建立信任，应用程序的领导者必须使这些模型更易解读与理解。

不幸的是，这些高级人工智能模型大多数都是复杂的黑匣子，无法解释它们为什么会得出特定的建议或决定。而在数据科学和机器学习平台中的可解释型人工智能可以运用自然语言从准确性、属性、模型统计及特征等方面自动生成模型提供解释说明。

预测5：图分析

图（graph）分析是一组分析技术，它用于探索感兴趣的实体（如组织、人员和事务）之间的关系。到 2022 年，图形处理和图形 DBMS 的应用将以每年 100%的速度增长，从而不断加快数据准备工作，并支持更加复杂且适配的数据科学。

预测 6：数据结构

数据结构支持在分布式数据环境中的访问和数据共享。它支持单一且一致的数据管理框架，允许通过其他孤立存储的设计进行无缝数据访问和处理。到 2022 年，定制的数据结构设计将主要作为静态基础设施部署，迫使各企业机构进入新的成本浪潮，以设计更动态的全新数据网格方法。

预测 7：自然语言处理/会话分析

到 2020 年，50%的分析查询将通过搜索、自然语言处理（NLP）或语音生成，或者将自动生成。分析复杂的数据组合并使企业机构中的每个人都可以访问分析的需求将推动其更广泛的应用，使分析工具的使用像在搜索界面的查询或与虚拟助手的对话一样简单。

预测 8：商业化人工智能和机器学习

商业供应商现在已经在开源生态系统中构建了连接器，它们为企业提供了扩展 AI 和 ML 所需的功能，如项目和模型管理、重用、透明度、数据沿袭、平台凝聚力及开源技术缺乏的集成性。到 2022 年，75%利用 AI 和 ML 技术的新终端用户解决方案将会是商业解决方案而不是在开源平台上构建的。

预测 9：区块链

区块链和分布式账本技术的核心价值主张是在非置信的参与者网络中提供去中心化信任。分析用例的潜在影响是显著的，特别是那些利用参与者关系和交互的用例。然而，四五种主要的区块链技术要成为主流还需要几年的时间。在此之前，技术终端用户将被迫集成由其主要客户或网络决定的区块链技术和标准，这包括与现有数据和分析基础设施的集成。集成的成本可能会超过任何潜在的优势。区块链是一种数据源，而不是数据库，不会取代现有的数据管理技术。

预测 10：持久型内存服务

新的持久型内存（Persistent Memory）技术将有助于降低采用支持内存计算（IMC）的体系结构的成本和复杂性。持久型内存是 DRAM 和 NAND 闪存之间的一种新的内存层，可以为高性能工作负载提供高性价比的大容量内存。它有望提高应用程序的性能、可用性、启动时间、集群方法和安全实践，同时保持成本可控。它还将通过减少对数据复制的需求，帮助企业机构降低应用程序和数据架构的复杂性。

第二节　IDC 的预测

（一）全球 IT 市场十大预测

北京时间 2018 年 11 月 5 日，国际数据公司（IDC）发布报告对 2019 年全球 IT 产业提出十大预测。

预测 1：数字化的经济

到 2022 年，60%以上的全球 GDP 将都是数字化的，2019—2022 年与 IT 相关的投资将达到 7 万亿美元。

预测 2：数字化原生 IT

到 2023 年，75%的 IT 支出将用于第三代平台技术，超过 90%的企业会建立数字化原生 IT 环境，在数字经济中快速发展。

预测 3：边缘计算快速增长

到 2022 年，超过 40%的机构的云部署将包含边缘计算，25%的终端设备和系统将执行人工智能算法。

预测 4：应用的革命

到 2022 年，90%的新应用将采用微服务架构，提高设计、调试、更新和利用第三方代码的能力，35%用于生产环境的应用将原生支持云计算服务。

预测 5：新的开发者阶层

到 2024 年，新出现的不使用定制脚本的专业开发人员将使开发者数量增加 30%，加速数字化转型。

预测 6：数字化创新爆发

从 2018 年到 2023 年，借助新工具（平台）、更多开发者、灵活的方法和大量代码重用，新开发的应用数量将达到 5 亿款，相当于过去 40 年的总和。

预测 7：通过专业化实现的增长

到 2022 年，25%的公共云计算服务将基于非 x86 处理器（包括量子计算机）；届时，机构在垂直领域的“软件即服务”应用方面的支出超过水平应用。

预测 8：人工智能成为新的用户界面

到 2024 年，采用人工智能技术的用户界面和过程自动化将取代目前三分之一的基于显示屏的应用；到 2022 年，30%的企业将利用对话式语音技术提供客户服务。

预测 9：更高的信任度

到 2022 年，50%的服务器对数据进行加密，超过 50%的安全警报由采用人工智能的自动化过程处理，1.5 亿人将拥有基于区块链的数字身份。

预测 10：机构使用多种云服务

到 2022 年，排名前四位的云平台将托管 80%的 IaaS/PaaS 部署，但到 2024 年，9 成的全球 1000 大机构将通过采用多云或混合云技术和工具来减轻对某一云服务的依赖。

（二）2019 年人工智能十大趋势预测

2018 年 12 月 20 日，IDC 与百度 AI 产业研究中心（BACC）联合发布报告，从技术走向、落地实施、应用价值、市场生态四个维度预测了 2019 年人工智能十大趋势。

预测 1：机器学习/深度学习开始走进传统企业

机器学习/深度学习将走进企业内部，为企业提供以决策为中心的服务。同时，深度学习也将继续广泛应用在图像、音频、文本等非结构化数据的处理中。尤其是传统行业中的大中型企业，采用机器学习平台开发人工智能应用将逐渐成为主流。IDC 预计到 2020 年，行业前 15%的企业都将采用机器学习。

预测 2：融合视觉、语音、语义等多模态计算开始落地

仅能够看清听清的机器智能已经不能满足人类的需求，融合视觉、语音、语义及情感的多模态计算成为实现真正智能的迫切刚需。预计未来三年多模态计算将在实际应用中开始落地。

预测 3：多模型数据库开始走向市场

随着物联网的投资及企业数字化转型的进程，企业内各种非结构化数据高速增长，使得能够支持多种格式数据管理的多模型数据库成为迫切需求。IDC 预计到 2023 年，多模型数据库的支出将达到 NoSQL 数据库支出的 30%。

预测 4：低代码量开发平台降低 AI 技术使用门槛

低代码量/无代码开发平台促进 AI 部署自动化，降低技术使用门槛，使中小企业也能平等使用 AI，实现普惠 AI。用户上传图片、音频、文本等原始数据，系统即可自动训练出合适的模型。典型的案例如谷歌 AutoML、百度 EasyDL。

预测 5：人工智能从云端部署向边缘计算扩展

基础架构开始向靠近数据源的边缘位置及端侧设备转移，而人工智能将成为最先受益于边缘计算的应用程序。边缘设备将包含 AI 算法并将驱动计算能力的交付。IDC 预计到 2022 年，25%的物联网端设备都将运行 AI 算法模型。

预测 6：业务流程智能化、自动化水平达到新高度

机器学习驱动的人工智能将推动新一轮的业务流程重构的浪潮，众多应用程序将被高度简化。典型的案例如财务流程自动化、核保自动化等众多流程自动化水平将达到新高度。IDC 预计到 2023 年，人工智能将取代 50%的 IT 业务工作量，节省 20%以上的运营成本。

预测 7：人机交互界面趋向智能化

一方面语音赋能的程序越来越广泛，语音对话能力将嵌入到硬件及应用程序软件中。另一方面融合语音、图像、视频及语义理解能力的 AI 将成为人类与应用程序交互的主流方式。IDC 预计到 2023 年，支持 AI 的人机交互接口将取代目前 50%的基于屏幕的 B2B 和 B2C 的应用程序。

预测 8：六大行业全面采用 AI

政府行业、金融业、互联网行业在经过近年的应用实践后将全面扩展 AI 的应用。而新零售、新制造、医疗领域也将成为 AI 市场的新增长点。IDC 预计未来这六大行业采用 AI 的 3 年复合增长率将超过 30%。

预测 9：软件及应用引领基础架构

软件定义计算已成为芯片厂商的重要战略之一。软件及应用驱动 AI 专用芯片的阶段也将到来。未来，机器学习应用的普及程度、机器学习是否始终需要大量的数据集、深度学习神经网络的演化，都会影响加速计算类硬件的发展路线。机器学习技术演进、AI 应用趋势对基础架构供应商日益重要。

预测 10：生态资源整合成为制胜关键

人工智能技术正在向端侧智能渗透，成功的应用离不开硬/软件的高度适配，这使技术型厂商与传感器、摄像头、模组等细分产业的整合愈加重要。能够整合解决方案中的各种生态要素并构建合作伙伴网络平台成为制胜关键。

第六十二章

2019 年中国软件产业发展形势展望

2018 年，在国内产业加快变革调整背景下，我国软件和信息技术服务业保持平稳快速增长，同比增速达 15%，比去年同期提高 0.9 个百分点。2019 年，产业发展既面临《扩大和升级信息消费三年行动计划（2018—2020 年）》《工业互联网 APP 培育工程实施方案（2018—2020 年）》等政策红利释放、大数据等新兴动能深层次拓展等发展机遇，也面临着国内经济持续放缓、产业向高质量发展转型调整等重大压力和挑战，预计 2019 年我国软件和信息技术服务业将延续平稳增长态势。

第一节　整体产业发展形势展望

（一）整体发展态势依旧良好

展望 2019 年，从国际来看，全球经济持续复苏回暖态势明显，以数字经济为代表的新经济成为新动能。从国内来看，国内经济将在新常态下保持稳中向好的发展态势，新旧动能加快转换，为软件产业发展创造良好的外部环境。随着《扩大和升级信息消费三年行动计划（2018—2020 年）》《工业互联网 APP 培育工程实施方案（2018—2020 年）》《促进新一代人工智能产业发展三年行动计划（2018—2020 年）》《推动企业上云实施指南（2018—2020 年）》《工业控制系统信息安全行动计划（2018—2020 年）》等国家政策的深入推进和贯彻落实，云计算、大数据、人工智能等新一代信息技术加速渗透到经济和社会生活的各个领域，软件产业服务化、平台化、融合化趋势更加明显。预计 2019 年，我国国民经济各个领域对软件和信息技术服务产业的需求持续强劲，产业发展进入融合创新、快速迭代的关键期，产业整体将保持平稳健康发展态势。

（二）工业 APP 有望实现跨越式发展

展望 2019 年，工业技术软件作为工业技术、工艺经验以及制造知识和方法承载、传播与应用的重要载体，将持续深入发展，推动软件在工业领域更好地发挥“赋值、赋能、赋智”作用。随着《工业互联网 APP 培育工程实施方案（2018—2020 年）》等政策的颁布、实施和软件定义的不断深化，工业领域的软件和信息技术服务应用需求将加速释放，工业软件尤其是 APP 将成为推动软件产业与工业业务场景深度融合的重要手段。

（三）新技术驱动新动能快速形成

1. 大数据

展望 2019 年，与大数据相关的信息采集、管理和分析软件具有较大发展潜力，企业数据采集工具、数据质量改善和集成工具、数据分析工具等软件的销售额将稳步增长，数据驱动业务发展成为企业共识。大数据与实体经济融合将更加深入，对智能制造的赋能效应将进一步释放。

2. 人工智能

展望 2019 年，随着相关政策的落地实施，以及大数据、云计算等新一代信息技术的加速迭代演进，人工智能与实体经济的深度融合将进一步加强，推动传统行业走向智能化，其应用场景将面向工业、家居、医疗、教育等重点领域快速扩张，迎来更加广阔的发展前景与市场机遇。

3. 云计算

展望 2019 年，企业上云进程将进一步提速，传统软件厂商加快向 SaaS 提供商转变，基于云平台的 SaaS、PaaS、IaaS 成为软件的主流模式，各类软件产品将加速向云端迁移。随着云计算产业生态链不断的完善，行业分工细化趋势更加明显，工业云、政务云、医疗云等领域存在巨大的市场潜力。

（四）在开源世界中的影响力稳步提升

展望2019年，随着国家政策的贯彻落实和重点项目工程的建设实施，开源发展环境将持续优化，科技企业间竞争将更加激烈，软件开发者格局将重新划分。来自争夺市场份额的竞争，将促使企业开源更多的软件项目，开源软件将迎来高速发展期。随着全球技术创新进入新阶段，国内开源软件规模将持续扩大，影响力持续增强，围绕活跃社区，由开发者、使用者等多方参与的开放式发展环境和创新模式将进一步普及。

（五）国际化发展步伐进一步加快

展望2019年，伴随“一带一路”基础设施的互联互通及各类国际合作不断落地，对“一带一路”沿线国家和地区的软件出口呈明显上升趋势，国际化发展正在成为国内企业实现业务增长的新动能，国内企业跨国经营活动深度和广度将不断拓展。同时，受全球宏观经济弱势复苏、主要国家政治不稳定因素激增等影响，整体来看，我国软件出口将延续低速稳定增长态势，国内软件企业国际化进程将不断加速。

（六）产业发展仍面临多方挑战

1. 中美贸易摩擦凸显核心技术缺失

2018年，中美贸易摩擦持续升级，科技成为竞争核心，从传统货物贸易，蔓延至知识产权、市场准入；从对单一产品采取“双反”关税等贸易救济措施，升级为大范围征收高关税、加紧对华高科技出口限制。美国对我国的狙击力度不断升级，给我国软件产业加快核心技术产业发展带来了阻力。在研发创新方面，企业多进行跟随式创新，越来越多的企业在国际竞争中面临技术瓶颈，存在技术储备和技术来源不足、核心竞争力不强的突出问题。重要信息系统、关键基础设施中的核心技术产品和关键服务还依赖国外，软件、芯片、标准等方面的自主研发水平与发达国家相比还存在较大差距。目前，我国高端工业软件市场80%被国外企业（如西门子、GE等）垄断，中低端市场的自主率也不超过50%。在云计算、移动互联网、大数据、物联网等对传统软件产业可能产生颠覆性冲击的领域，我国目前还处于跟随式发展阶段。

2. 工业互联网发展生态亟待构建

我国工业产业基础较为薄弱，工业互联网发展生态亟待构建，主要体现为：

一是工业系统建设落后，数据汇聚难度大。我国制造业数字化、网络化程度低，高端装备和关键核心技术对外依赖度高。各大工控系统制造商主导封闭协议，大量生产数据被留存在各个独立的工业系统中，设备通信和数据汇聚难度很大。二是工业知识体系不健全，应用创新能力薄弱。我国工业知识体系建设起步晚，工业基础和工业 know-how 方面落后，尤其在制造技术、知识和经验方面积累不够，还不具备将核心经验知识封装为模块的标准组件能力。提供的分析服务较少涉及预测性分析和规范性分析，边缘计算分析也处于起步阶段。三是工业云应用平台缺失，核心支撑能力受限。目前，我国 PaaS 的发展明显落后，缺乏面向工业应用的 PaaS 平台和具备行业主导力的工业云平台，对工业互联网平台建设的支撑能力不足。四是工业微服务建设能力不足。我国工业技术知识薄弱，整合控制系统、工业资产、通信协议、管理工具、专业软件等各类资源的能力不足。微服务资源池覆盖面不够广泛，同质化现象比较严重。我国平台的微服务资源池存在为建设而建设的盲目性问题，微服务开发的业务导向性不强。

3. 企业的国际开源影响力有待提升

随着开源逐渐成为全球信息技术创新和软件产品创新的重要手段，各大企业对开源的重视度不断提升。但相比国际大企业，中国企业在全球开源世界中的影响力和贡献度不足。导致中国企业国际开源影响力不足的主要原因有：一是以华为、腾讯、阿里巴巴等企业为代表的 IT 大企业虽不断加大对开源世界的回馈力度，但我国企业在主导或引领国际主流大型项目方面的实力还比较薄弱，与国际巨头存在差距。二是开源式技术创新生态尚未形成。目前企业缺乏生态的积累和长远的规划，人才培养与实体经济发展相结合的意识还不够。

4. 人才结构性短缺日益突出

随着大数据、人工智能、物联网、数字经济等新一代信息技术的发展，领军型人才、复合型人才和高技能人才紧缺，软件人才结构性短缺导致的供给能力不足正成为我国新兴产业高质量发展面临的重要问题。一方面，高端创新型人才匮乏，人才培养不能满足产业发展实际需求。“企业招不到人才”“人才找不到合适单位”的矛盾突出。另一方面，复合型人才匮乏，既熟悉创新技术又熟悉各行业领域业务流程的复合型人才数量与新兴产业需求不匹配。导致人才供给不足的主要原因有：一是我国软件人才培养有待强化产教融合。目前尚未充分发挥信息技术新工科产学研联盟等社会组织作用，高等院校、科研院所和软件企业产学研用对接不够深入。二是我国软件人才培养基础教育亟须推广。

软件基础教育滞后，公众软件技术素养有待提升，对复合型人才的培养不够重视。三是我国缺乏针对软件新兴技术的专业人才培养。高等院校开设大数据、云计算、人工智能等软件专业新课程力度不够，尚未满足软件新技术、新业态、新模式发展对高端人才的大量需求。

5. 产业生态建设与国际影响力不匹配

我国在支持软件和信息服务产业发展的资金、政策、龙头企业、人才、公共服务体系、知识产权保护等生态环境方面，与美国、欧盟、日本等发达国家和地区相比还存在较大差距，导致产业国际竞争优势不足，处于全球产业价值链的低端。一是行业龙头企业与世界级领先企业相比，在产业生态圈构建、新技术变革引领等方面仍存在较大差距。由于骨干企业整合发展资源的能力和带动产业链能力不足，生态链企业缺乏深度合作，尚未形成良性发展的产业生态，因此制约了产业国际竞争力的提升。二是产业融资环境差。由于产业多元化程度不足、创新创业氛围有待改善、资本市场不够活跃，尚未形成较为完善的风险投资体系和金融体系，因此对软件企业的资金支撑力度不够。三是扶持政策力度不足。在软件产业新形态不断涌现的情况下，如何调整优化税收政策，发挥财税政策的引导、鼓励作用，进一步促进软件产业结构优化升级，成为当前面临的重要问题。

第二节　重点行业发展展望

（一）基础软件

展望 2019 年，我国基础软件在“核高基”等重大政策扶持下，逐步积累关键技术，补足传统短板，在部分重点领域有望打破国外主流基础软件形成的技术、知识产权、市场等多重壁垒，实现短板补足、重点突破、优势做强。

从长远来看，开源成为我国发展自主可控基础软件的重要路径。从需求推动来看，在云计算、大数据、人工智能、智能制造等方面的国家战略规划和行动计划的推动下，新兴领域的蓬勃发展有力地带动了对基础软件的需求，催生出工控、汽车和智能终端等应用热点，持续推动基础软件做扎实、推创新和深融合。从安全性来看，基础软件作为保障国家信息安全的基础设施必然会迎来新的要求和创新挑战，有望在多方面实现突破。

可以预见，国产操作系统厂商积极性不断提高，应用场景不断拓展，技术实力不断增强；国产中间件厂商将在网络体系结构、关键技术、标准规范和平台研发等方面取得突破；国产数据库厂商发展迅速，技术不断进步，尤其在并发事务处理、高可用方案、高性能集群等方面已实现突破，逐步推广普及应用，迈入商品化阶段；国产办公软件厂商在移动定制化、功能多样化、操作便捷化等方面取得进展，用户群体不断增多，市场占用率稳步提高，品牌形象和质量也日益增强，实现国产办公软件好口碑。

（二）工业软件

1. 市场规模将保持平稳增长的态势

我国工业软件市场规模将呈现出平稳增长态势，据预测，2019 年我国工业软件产业规模将超过 1900 亿元，同比增长超过 16%。

2. 行业龙头加速抢占产业布局

主流研发设计类工业软件企业均纷纷通过兼并收购的方式迅速填补企业自身技术短板，并利用合作联盟的形式降低研发风险。工业仿真仍是工业软件龙头企业技术能力建设的主攻方向。此外，研发设计基础功能与制造、管理、协作等新功能及 AI、AR 等新技术的融合也是行业企业布局的重点。顺应全球软件服务化发展整体趋势，控制管理类工业软件企业将持续积极探索云服务的业务模式，努力推动现有控制管理类工业软件产品的 SaaS 化，同时，将积极通过和云服务商合作等方式搭建综合的一体化管理服务平台，重构工业软件产品生态体系。

3. 创新主体培育成发展关键

凭借深厚的工业技术积淀和丰富的工业数据积累，工业企业将在研发设计类软件技术创新领域占据重要的领导地位。同时，随着工业云生态建设的持续深入，工业企业在控制管理类软件创新应用中的作用也将逐渐加大。我国工业企业特别是制造业企业的全球竞争力大幅提升，这也为我国加快壮大工业软件研发实力、培育新型工业软件主体创造了良好条件。

（三）信息技术服务

1. 产业规模将延续有力增长态势

2020 年是“十三五”规划的收官之年，也是信息技术服务业面临重大机遇与挑战的攻坚之年。我国信息技术服务业将迎来数字经济政策优化落实、新一代信息技术与实体经济深度融合的巨大机遇，同时也面临宏观经济结构调整、市场需求不断升级的挑战。预计 2020 年，我国信息技术服务业将保持 17%以上的增长。

2. 行业数字化转型需求推动产业变革加速

数字经济已成为全球经济增长的重要驱动力，传统行业数字化转型成为行业共识，为信息技术服务业带来巨大的成长空间，推动 IT 企业由原来的服务提供商向长期深入的合作伙伴转变。如何在加强新兴技术研发投入和深入行业摸清客户痛点需求之间保持平衡成为重大考验。

3. 国际开放合作步伐加快

随着《“一带一路”数字经济国际合作倡议》的不断推进，我国将与其他各国加大大数据、云计算、人工智能等技术在制造业、交通、能源、教育、医疗等领域的应用，为我国的信息技术服务业带来新的发展机遇。把握数字丝绸之路建设机遇，“一带一路”数字经济将助力“中国方案”走向国际；企业通过输出服务、人员与资金实现发展空间扩张。

（四）嵌入式软件

展望 2019 年，嵌入式软件开发仍然是物联网最重要的技术之一。未来的物联网设备都将是功能安全（Safety）和信息安全（Security）的融合体，智能系统的安全也要依赖于信息安全与功能安全的反复迭代集成。物联网的应用将进入深入发展的新阶段，随着窄带物联网技术逐渐成熟，一些典型应用将陆续展开，国产 MCU 和针对行业应用的 SoC 也将驶入发展的快车道，在市场上影响力也会逐步提升，而这一切都离不开嵌入式操作系统的支撑。此外，今天 IT 行业的宠儿——人工智能，也正在对嵌入式产生深远的影响。无论是“边缘计算”还是“嵌入式人工智能” 都将把人工智能思想转移到嵌入式系统之中，或者将以前完全依靠云端的智能计算转移一部分到嵌入式计算节点，以满足应用系统对强实时性的需求，如智能汽车和智能工业。2019 年嵌入式产业在度过了芯片企业兼并整合的调整期后，在大数据、人工智能和虚拟现实等新技术的刺激下，将迎来快速发展的一年，并将带动产业链上下游企业蓬勃发展。

（五）云计算

展望 2019 年，我国云计算市场会进入竞速稳定阶段，行业将初步形成巨头引领、中小企业跟进的协同发展局面。

从发展趋势来看，人工智能、大数据及工业互联网进一步发展，云计算能力已经深度融入工业设备和与国计民生相关的交通等其他方面。信息技术的发展越来越渗透到人们生活和工作的方方面面，云计算行业发展前景广阔。社会经济将与互联网更加融合，企业机构的业务也将全面转变为互联网业务。我国云计算企业逐步在开发互联网分布式架构、下一代数据库、中台技术、云原生的产品等方面取得突破，这些创新能力将帮助我国实体经济企业实现核心技术的云化。各行各业正在向公共云上全站迁移，我国云服务商在提供安全稳定的云的同时，开发了上云的多种路径和工具，帮助企业零改动上云。在此基础上，我国广大制造业企业将实现数据智能驱动生产，实现制造的数据化和智能化。

在基础设施支出方面，企业支出稳步增长，云计算市场渗透率也将快速提升。在云计算的多种推动政策的助力下，企业上云、工业互联网平台培育等多重需求将快速拉升云计算在实体经济中的应用。在市场竞合格局方面，中国云计算市场集中度逐年提高，向互联网巨头聚集趋势显著。在跨行业跨领域方面，云计算企业向上游延伸，涉足芯片、服务器等核心环节。在商业模式创新方面，多云策略逐步成为国内企业的共识，催生云监控、云管理服务等新业态。在技术融合创新方面，云计算、大数据、AI 等技术进一步深度融合，推动算力快速增长。

（六）大数据

1. 各地大数据局积极完善推进机制，区域大数据特色化发展路径加快形成

随着大数据爆发式发展，有力推动大数据产业发展、高效开展大数据管理成为各地政府的共同需求，在这一背景下，全国各地纷纷建立大数据管理部门，截至 2019 年 6 月，我国已有 17 个地方成立了独立省级大数据主管机构，也有地方在工信系统下设立大数据处。各地大数据管理机构立足本地禀赋与发展需求，明晰职责定位，积极完善工作推进机制，加快探索特色化的发展路径。贵州作为大数据的策源地，以建设国家大数据综合试验区为抓手，聚力推动产业发展和企业引进培养。福建以“数字福建”战略为引领，以政务数据资源整合共享为突破口，大力推动大数据行业应用深化。在贵州、福建等地引领下，预计 2019 年下半年，各地将重点聚焦数据资源管理、产业生态建设、数据治理等重点领域，积极探索适合本地特色的大数据发展路径。

2. 工业互联网平台发展势头强劲，带动工业大数据应用价值持续深化

随着工业互联网创新发展战略深入实施，我国工业互联网平台建设步伐加快，航天云网 INDICS、海尔 COSMO、三一重工根云、阿里云 ET 等工业互联网平台不断完善，和利时、用友、东方国信等企业的工业互联网平台不断推出。工业大数据作为工业互联网平台的核心部分和价值出口，伴随着各类工业互联网专项的启动实施和工业互联网平台应用的深化，工业大数据实时采集、跨界流动、动态分析、敏捷响应的能力将不断增强，数据驱动的创新应用在设备、企业和产业链等不同层级上将得到广泛深入的拓展，数据应用将不断深化，数据价值和数据效能将加速释放，催生出更多基于数据驱动的制造业新模式、新业态。

3. 产业大数据平台建设提速，数据驱动精准施策加快普及

随着政府大数据应用进入深化期，以监测产业发展现状、评估诊断产业发展问题和预警预判产业发展趋势为目标的产业大数据平台建设提速，通过打通政府各部门业务系统，构建逻辑集中、物理分散的数据中心，系统梳理数据资源目录体系，合理规划应用场景，实现以大数据为支撑的政策科学制定、行业有效监管和社会高效服务。苏州市相城区建立“工业云图”，实现了工业用地和企业的全覆盖，通过综合评价对企业实行差别化资源要素价格和管理服务，为扶优扶强和淘汰落后提供了重要依据。在制造强国加快建设的背景下，苏州之外将有更多产业大数据平台加快建设，为政府、企业等不同主体科学决策提供有力支持。

4. 数字化转型需求旺盛，大数据应用由政府应用领域向商业应用领域拓展

随着大数据工具的门槛降低和企业数据意识的不断提升，与大数据结合紧密的领域正在从传统的政务服务、电信业、金融业扩展到健康医疗、工业、交通物流等领域。以健康医疗领域为例，基于大数据分析的肝癌影像辅助诊断系统可以帮助医生更加高效地对肝癌患者进行筛选。此外，大数据与行业的融合程度也将不断向深层次拓展，从系统融合、数据融合逐步过渡到技术融合、业务融合，再到行业融合，这将有力推动大数据行业应用“脱虚向实”，与实体经济的融合更加深入。

5. 关联产业政策红利释放，融合创新推动大数据实现新增长

随着科技和产业革命不断推进，大数据也进入了融合发展期，加速与人工智能、云计算、物联网、边缘计算等新兴技术产业渗透融合。近年来，与大数据紧密相关的云计算、5G产业迎来新的政策机遇，工业互联网、工业大数据、制造业数字化转型等的相关政策措施也正在加紧推进或研制，这将极大地激发对数据驱动的云计算、数字化转型等服务的需求，新模式、新业态不断涌现，从而拉动大数据产业实现新发展。

（七）信息安全

1. 政策与市场需求驱动产业发展新空间

2018年以来，我国先后出台了国家网络安全等级保护制度2.0标准、《国家网络安全产业发展规划》、《云计算服务安全评估办法》等多项政策标准和法律法规，进一步激发了我国网络信息安全需求和市场空间。此外，我国网络信息安全攻击逐年增加，根据国家互联网应急中心统计，2018年我国境内感染计算机恶意程序的主机数量达到655万个，移动互联网恶意程序捕获数量283万个，5年间增长197.6%；国家信息安全漏洞共享平台收录安全漏洞数量14201个，5年间增长55.0%。我国网络信息安全市场有望在未来2～3年持续释放。

2. 信息技术变革催生产业融合应用新场景

近年来，随着我国云计算、大数据、物联网、人工智能、区块链等新技术的快速发展，在推动新兴技术市场不断增长的同时，也催生了新的安全需求和融合应用的新场景。在新技术、新模式和新场景下，信息安全防护对象发生改变，企业网络边界逐渐消失，政府和企业网络信息安全防护理念发生较大变化，网络信息安全不再是被动修补模式，而是向主动防护转变，信息系统的安全防护贯穿整个信息系统建设全生命周期。以云安全、工控安全、工业互联网安全、态势感知、数据安全等为代表的新兴领域成为行业新的增长点。

3. 工业互联网安全将成为产业新的增长点

2018年，针对工业制造、金融、通信、能源等关键基础设施领域的攻击事件频频发生，攻击范围不断扩大，造成后果也愈加严重，工业互联网安全的市场热点持续攀升。我国工业互联网企业多采用传统网络信息安全防护技术，尚无面向工业互联网OT侧安全的专用防护设备，整体安全解决方案成熟度不足，

工业互联网平台数据安全风险隐患较大。2019年8月，工业和信息化部、国家能源局、国家国防科工局等十部门联合发布了《关于加强工业互联网安全工作的指导意见》（工信部联网安〔2019〕168号），聚焦设备、控制、网络、平台、数据安全，明确提出了制定工业互联网行业企业分类分级指南，建立工业互联网数据分类分级管理制度，构建工业互联网全产业链数据安全管理体系，打造国家、省、企业三级协同的安全技术保障平台等17项重点任务，旨在全面提升工业互联网创新发展安全保障能力和服务水平。

（八）人工智能

1. 人工智能整体将延续稳中向好的发展态势

AI核心基础技术的带动效应不断增强，在技术突破和应用需求的双重驱动下，人工智能将不断向各个产业和领域加快渗透，产业化水平也将大幅提升。由于深度学习算法在处理海量数据方面具备的独特优势不断显现，以及它在计算机视、听觉领域的成功应用，将不断推动传统算法框架迭代创新。随着FPGA、FPU等各类异构AI芯片的兴起，能满足更快速、更便捷的使用需要。预计在未来，人工智能产业还将维持较长一段时间的平稳增长态势，市场规模将持续扩大，不断带动关联产业与融合应用发展，产业协同能力将进一步提升。

2. 5G将加速人工智能在边缘领域的应用落地

现阶段5G商用已正式到来，人工智能的发展基础进一步完善，随着各类资本快速涌入AI赛道，未来在边缘领域的AI应用发展将不断加快。在物联网领域，有了5G网络加持，“AI+物联网”将构建出一个智能化的万物互联环境，移动互联网技术与智慧城市、智能家居、远程医疗等领域的结合将越趋紧密。在工业领域，工业数字化、网络化、智能化不断加快，人工智能将被应用到生产、制造、销售等多个环节中，改进现有的制造控制、管理和保障体系。根据HIS数据测算，边缘领域的AI需求市场预计在2019年全年增长超过400%。未来，将有更多的AI产品与应用部署在边缘领域，从而实现更低延迟、更小体积、更低能耗的应用需求。

（九）开源软件

1. 开源模式将成为技术创新的主要途径

回顾近年来每一种新兴信息技术的发展历程，其背后都可以看到开源的影子，越来越多的开源项目与开源技术深刻影响着前沿领域的技术演进方向。在人工智能领域，TensorFlow、Caffe、PaddlePaddle 等开源的深度学习算法框架起到了极大的推动作用；在区块链领域，各种主流的公有链也都是开源的。究其原因，是开源软件所倡导的合作、开放、共治的开发模式，使软件可以随技术的需求得到快速更新，反过来更好地推动技术发展。未来，开源模式对原创性技术的影响将持续加深，数字孪生、边缘计算等技术有望在开源的帮助下实现进一步突破。

2. 开源将成为越来越多 IT 企业的共同战略选择

如今，开源也逐渐从单一地对技术发展产生影响，到现在越来越深刻地影响着企业的战略制定。大量高科技企业已经将开源开放纳入核心发展战略中，以便企业自身能更好地赢得市场竞争的胜利。与此同时，企业在开源领域的并购进一步加快，也充分反映了开源的影响逐渐从技术圈扩散到了产业圈。2018 年 6 月，微软宣布以 75 亿美元收购代码托管平台 Github。无独有偶，2018 年 10 月 IBM 宣布将以 340 亿美元的价格收购红帽所有股票，这更是创造了开源市场有史以来最大的一笔收购案。相信在未来，以 IT 企业为主的投资方将更加活跃，并带动风险资本等投资机构入局，开源领域的投融资、并购模式将更加多样。

（十）区块链

1. 区块链技术不断迭代创新，正在向大融合方向发展

2019 年，国内资本对区块链行业投融资力度加大，科技和互联网巨头逐步布局，推动区块链技术和行业业务紧密融合发展，驱动区块链技术体系迭代创新。从技术创新来看，区块链技术的发展主要有两个方向：一是区块链核心技术组件由单一键值数据库向 IPFS（点对点的分布式文件系统）、关系式数据库、分布式数据库等方向发展；二是共识机制由单一共识机制向混合共识机制演进。从融合发展来看，区块链技术的大融合主要有两个方向：一是与公有的基础设施进行融合；二是公有链与联盟链有望优势互补，进一步深度融合，提高区块链技术持续创新能力，加强区块链公共基础设施和创新载体建设。

2. 区块链应用场景日益复杂，跨链互联重要性凸显

2019 年，随着区块链技术的不断发展，应用场景日益丰富，跨链互联应用效果逐步显现。在司法和数据存证、金融、供应链等领域，由于区块链技术涉

及多方实体数据互联互通，需协调多方机构进行应用落地及推广。在政务、物流、供应链、溯源等领域，参与主体较多，且各主体之间信息化建设程度参差不齐，区块链平台建设和协调难度较大。此外，区块链并不是技术的颠覆性创新，而是对生产关系的变革，需要多方决策。多方决策的前提是信息要共享，规则要透明，共识要提前达成，基于区块链的跨链互联应用将有望加速发展。

后 记

《2018—2019 年中国软件产业发展蓝皮书》由中国电子信息产业发展研究院赛迪智库信息化与软件产业研究所编撰完成，力求为中央及各级地方政府、相关企业及研究人员把握产业发展脉络、研判软件和信息技术服务业前沿趋势提供参考。

本书由黄子河担任主编，张洪国统稿。全书主要分为综合篇、行业篇、区域篇、城市篇、园区篇、企业篇、政策篇、热点篇和展望篇九部分，各篇章主要编写人员如下。

前言和综合篇：蒲松涛；行业篇和企业篇：韩健、蒲松涛、王菲、孙悦、钟新龙、杨婉云、黄文鸿、王宇霞；区域篇：郭丽君、孙悦、黄文鸿；城市篇：郭丽君、孙悦、黄文鸿；园区篇：钟新龙、孙悦、黄文鸿；政策篇：郭丽君；热点篇：蒲松涛、钟新龙、许亚倩、王宇霞、何明智；展望篇：韩健、蒲松涛、王菲、石健、孙悦、钟新龙、杨婉云、黄文鸿、王宇霞、吕海霞。

参与本书编写的实习人员有：董丰、李斌、王越、丁忠贤、贾阳光、贾英巍、李文轩、杜燕妮、雒水稞、刘丽超、刘胜语。参与本书修改完善的人员有：姚磊、蒲松涛、刘帅。

在研究和编写过程中，本书得到了工业和信息化部信息化和软件服务业司领导及行业协会等专家的大力支持和指导，在此一并表示诚挚的感谢。

本书虽经过研究人员和专家的严谨思考和不懈努力，但由于能力和水平所限，疏漏和不足之处在所难免，敬请广大读者和专家批评指正。同时，希望本书的出版，能为我国软件服务业管理工作和软件及信息技术服务业的健康发展提供有力支撑。

反侵权盗版声明

举报电话：（010）88254396；（010）88258888
传　　真：（010）88254397
E-mail：　dbqq@phei.com.cn
通信地址：北京市万寿路 173 信箱
　　　　　电子工业出版社总编办公室
邮　　编：100036

赛迪智库

面向政府　服务决策

思想，还是思想
才使我们与众不同

《赛迪专报》
《赛迪前瞻》
《赛迪智库·案例》
《赛迪智库·数据》
《赛迪智库·软科学》
《赛迪译丛》
《工业新词话》
《政策法规研究》
《安全产业研究》
《工业经济研究》
《财经研究》
《信息化与软件产业研究》
《电子信息研究》
《网络安全研究》
《材料工业研究》
《消费品工业“三品”战略专刊》
《产业政策研究》
《军民结合研究》
《工业和信息化研究》
《科技与标准研究》
《无线电管理研究》
《节能与环保研究》
《世界工业研究》
《中小企业研究》
《集成电路研究》

通信地址：北京市海淀区万寿路27号院8号楼12层
邮政编码：100846
联 系 人：王　乐
联系电话：010-68200552　13701083941
传　　真：010-68209616
网　　址：www.ccidwise.com
电子邮件：wangle@ccidgroup.com